朝鮮時代 檀君墓 認識

김 성 환

문학박사(한국사)
경기도박물관 학예연구관
Harvard Korea Institute Reserach Scholar(2003~2005)
현재 실학박물관 학예연구실장

대표논저

『고려시대 단군전승과 인식』(경인문화사, 2002),
『한국역대문집총서목록』Ⅰ·Ⅱ·Ⅲ(경인문화사, 2000)
『하바드옌칭도서관한국귀중본해제』Ⅰ~Ⅴ(경인문화사, 2005)
「조선시대 단군묘에 관한 인식」(2006),
「강화도 단군전승의 이해와 인식-문집 자료를 중심으로-」(2008) 등 다수

朝鮮時代 檀君墓 認識   값 19,000원

2009년 10월 20일 초판 인쇄
2009년 10월 30일 초판 발행

저　　자 : 金 成 煥
발 행 인 : 한 정 희
발 행 처 : 경인문화사
편　　집 : 김 하 림, 안 상 준
　　　　　서울특별시 마포구 마포동 324-3
　　　　　전화 : 718-4831~2, 팩스 : 703-9711
　　　　　이메일 : kyunginp@chol.com
　　　　　홈페이지 : 한국학서적.kr / http://www.kyunginp.co.kr
등록번호 : 제10-18호(1973. 11. 8)

ISBN : 978-89-499-0667-6　94910
ⓒ 2009, Kyung-in Publishing Co, Printed in Korea
※ 파본 및 훼손된 책은 교환해 드립니다.

朝鮮時代 檀君墓 認識

金 成 煥

景仁文化社

이 연구는 한국학중앙연구원 한국학기획연구사업단의 2007~2008년
한국학기획사업(역사기초자료번역사업)의 지원을 받았다.
과제번호 AKS-2007-GD4002

책머리에

단군을 공부 대상으로 삼으려고 한 것은 정말 우연하게 다가왔다. 학부 초년으로 기억되는데, 그때는 신군부가 정권을 잡고 있을 시기였다. 우리 상고사가 정권과 연계되면서 민족의 자긍심이 유난히도 강조되었다. 따라서 주로 재야사서이기는 하였지만, 이와 관련한 간행물들이 쏟아져 나왔고, 대중들은 위대한 역사에 열광하였다. 필자 역시 그중 한 권의 책을 접하게 되었다. 그리고는 곧 고민에 빠지게 되었다. 그것이 아직 끝나지 않았음도 물론이다.

그때 막연히 생각한 것은 이렇게 혼란스러운 역사관을 어떻게 하면 정리할 수 있을까 하는 것이었다. 지금에서는 그것이 너무 큰 문제임을 깨닫고 있고, 정리 역시 쉽지 않다는 것을 알았다. 솔직하게 말하면, 방법조차 궁리하고 있지 못하다. 그런 와중에서 대학원에 진학하였고, 단군 관련 자료를 본격적으로 찾아 정리하게 되었다. 경인문화사와 민족문화추진회(현재 한국고전번역원)에서 영인·간행한 역대 개인 문집에서 산견되는 단편적인 단군 자료를 무작정 정리하였다. 끝이 보이지 않을 듯한 느낌에서 10여년을 보냈다. 그 일차적인 결과가 박사학위 논문을 정리한 『고려시대 단군전승과 인식』(경인문화사, 2002)이었다.

이후 앞으로의 공부 방향을 어떻게 잡아야 할 것인가에 대한 고민이 또 다시 시작되었다. 그 와중에 Harvard-Yenching 도서관에 소장된 한국 귀중본의 해제 작업에 대한 권유가 있어 2003년 8월 탈출구의 하나로 직장을 휴직하고 미국으로 갔다. 2년 동안 약 4,000여종 35,000여권의 자료를 정리하는 바쁜 일정이었지만, 우리 자료를 포함하여 중국과 일본의 자료를 한 곳에서 볼 수 있었다는 것만으로도 유익한 시간이었다.

그곳에서도 고민은 계속되었고, 이전부터 관심을 가지고 있던 북한의 소위 단군릉檀君陵 문제를 접근해보고자 결심하였다. 1993년 단군묘檀君墓 발굴과 이듬해의 개건, 이후 이를 중심으로 전개되기 시작한 북한의 역사서술, 그리고 우리사회 일부 계층에서의 적극적인 수용과 학계의 소극적인 대응은 단군을 공부의 대상으로 삼은 필자에게 커다란 부담으로 다가왔기 때문이다. 무엇보다도 단군릉을 연구 대상으로 삼는다는 것은 학문의 범주를 넘어 정치적으로 미묘한 현재적인 관점이 개입되어야 하는 것이어서 수차례 망설였다. 하지만 단군묘에 대한 접근은 반드시 역사학 분야에서 선행되어야만 하는 문제라는 점이 마음 한 켠에 항시 자리하였다.

이 결과는 이런 생각에서 시작되었다. 가능한 한 단군묘, 단군릉과 관련한 자료를 정리하고자 하는데 일차적인 목적이 있다. 아울러 이를 역사학의 접근방법으로 분석하고, 객관적인 결론을 도출하여 현재의 단군릉에 대한 올바른 인식을 제공하고자 하였다. 그렇다고 필자가 유지하고자 하는 객관화가 타자적인 관점에 서있지 않다는 사실도 분명하다. 그렇지만 막상 정리를 하고나니 여전히 아쉬움이 남고, 부족한 점이 많다. 일제강점기 이후 현재까지의 인식론을 전혀 다루지 못했다는 점에서 더욱 그러하다. 앞으로 반드시 보완되어야 할 문제이다.

2005년 귀국 직후 개인적으로 많은 일들이 있었다. 아내의 갑작스러운 사고, 은사이신 신천식 선생님의 작고, 직장에서의 변화 등이 1년 동안 연거푸 다가왔다. 끝나지 않을 터널에서 헤매는 그런 느낌이었다. 이 책에 실린 논문들의 초고는 대부분 그때 정리되었다. 무엇이라도 잡고 있어야 한다는 절박한 상황에서 공부라는 것이 있었기에 위안을 삼을 수 있었다. 그러면서도 병환으로 고생하고 계셨던 은사님을 찾아뵙지 못한 것이 항상 죄스럽다. 집에 일을 없었더라면 하는 생각도 했지만, 끝내

말씀을 드리지 못했다. 돌아가시기 전날까지도 부족한 제자의 공부를 염려해주신 선생님의 영전에 이 책을 바친다.

또 정년을 하셨지만, 열정적인 학회 활동으로 귀감이 되어주시는 김위현 선생님께 감사의 말씀을 드린다. 가끔 학회에서 뵙기는 하지만, 건강하시기를 바란다. 서영대 선생님께도 고마운 말씀을 드리지 않을 수 없다. 필자의 부족한 공부와 식견을 항상 자상하게 지적해주시고, 격려해주심에 감사드린다. 대학원 시절, 그리고 이후 자료의 정리 및 공부 방법에 대한 노명호, 김호일, 진성규 선생님의 가르침도 잊을 수 없다.

공부 시작 이후 25년 이상을 항상 지기이자 후원자로서 든든하게 자리해주고 있는 경인문화사 한상하 회장님과 한정희 사장의 우정에도 감사하다. 좋은 친구의 버팀목이 있었기에 자료 걱정 없이 공부할 수 있었다. 이제까지의 후의를 갚기보다는 앞으로도 친구라는 것에 빗대어 계속 부탁해야 할 것 같다. 영문초록의 작성에는 절친한 벗 Matt Bilder가 도움을 주었다.

아내 역시 1년의 병원 생활을 정리하고 집으로 돌아온지 꽤 시간이 흘렀다. 주변의 것들이 제자리를 찾아간다. 고마울 뿐이다. 건강하게 생활하고 항상 가족들의 옆을 지켜주기를 바란다. 어린 나이에 힘겨움을 잘 넘기고 건강하고 맑게 자라주는 아들 재하와 재우도 자랑스럽고, 이래저래 마음고생이 심하신 어머니께도 항상 죄송함과 감사함이 함께 있다.

2009.10

金成煥

<목 차>

제4부 결 론

-역사적 시조 단군과 그 전승으로서의 단군묘檀君墓 이해-

제1부
서 론

1. 연구 목적과 범위

단군묘는 조선전기 편찬된『동국여지승람東國輿地勝覽』의 강동현「고적」조에 처음 실려 우리에게 알려졌다. 평안남도 강동군(현재 평양시 강동군) 대박산大朴山에 있는 무덤이 그곳이다. 경우에 따라 송양松壤으로 기록한 자료도 확인된다. 전승으로서의 단군 무덤에 대한 명칭은 현재 두 가지가 함께 사용되고 있다. 단군묘檀君墓와 단군릉檀君陵이 그것이다. 묘와 능에 대한 자전적인 개념에서 능은 묘보다 상위의 개념이다. 이는 단군의 무덤에도 그대로 적용된다. 조선시대만 하더라도 단군의 무덤이라고 전하는 고적은 단군묘로 불렸다.『숙종실록』·『영조실록』·『정조실록』등을 비롯하여 각종 지리지류 및 제반 자료에서는 단군묘로 명칭되고 있다.

단군릉이라는 명칭은 대한제국이 성립하면서 단군묘를 기자릉箕子陵·동명왕릉東明王陵의 예에 따라 숭봉崇封해야 한다는 건의가[1] 잇달아 1909년 능으로 숭봉되면서 비로소 불리게 되었다. 순종의 조서詔書에 의한 것이다.[2] 그럼에도 불구하고 일제강점기에는 단군묘와 단군릉이 혼용되었다. 하지만 1993년 북한의 소위 단군릉 발굴과 개건으로 북한학계를 중심으로 단군릉이라는 명칭이 공식화되어 현재 이를 비판 없이 사용하고 있다.

이 연구에서는 단군묘와 단군릉의 명칭을 구분하여 사용하고자 한다. 원칙적으로 단군릉 숭봉 이전의 명칭으로는 단군묘, 이후의 명칭으로는 단군릉으로 서술할 것이다. 하지만 일제강점기에는 두 가지가 함께 사용

---

1)『고종실록』권40, 광무 4년 1월 29일 및『일성록』광무 3년 12월 29일 ;『고종실록』권41, 광무 5년 8월 31일 및『일성록』광무 5년 6월 16일 참조.

2)『순종실록』권3, 융희 3년 2월 29일 참조.

되고 있음으로 논지의 전개에서는 연구에 이용하는 원 자료의 명칭을 그대로 수용하여 혼용하고자 한다. 다소 혼란이 있을 수 있겠지만, 단군의 무덤에 대한 인식이 묘에서 능으로 전환되어 가는 과정 역시 역사적인 측면에서 의미를 담고 있다는 생각에서이다.

단군묘는 전승이 형성된 때부터 다양한 전승들이 만들어지고 사라지기도 하였고, 단편적이지만 『동국여지승람』에 그 내용이 실리게 되면서 이를 둘러싼 여러 전승들이 많은 사람들에게 회자되었다. 특히 조선 숙종과 영조 때는 조정에서 이에 대한 관심을 공식적으로 표명하기 시작했고, 정조 때는 이에 대한 수축의 움직임이 보이기도 했다. 이런 분위기는 조선시대 말인 고종과 순종 때에도 나타나 한말 국권을 상실하기 직전에는 명분상으로 나마 '단군릉'으로 숭봉하고, 이를 수축하려는 구체적인 움직임도 있었다. 또 일제강점기인 1920~1930년대에는 단군릉이 소재한 강동군이나 평안남도 일부 유림들의 주도로 '단군묘수호계壇君墓守護契'나 '단군릉수축기성회檀君陵修築期成會'가 구성되어 본격적인 수축작업이 이루어졌다.

이후 단군묘는 단군에 대한 북한의 부정적인 입장과 맞물려 황당무계한 전설에 불구하다는 이해에 머물러 있었다. 남한에서도 이에 대한 검토나 관심이 전혀 이루어지지 않고 있었다. 우리의 관심이 주로 고조선의 역사적 실존 여부와 영역의 문제에 맞추어져 있었기 때문이다. 이는 자연스럽게 그 전승과 유적에 대한 관심도를 떨어뜨려 단군묘는 이후 20세기 말까지 거의 실전되었고, 기억에서도 잊혀지고 있었다. 그러나 1990년대 북한에서 주체사관이 대두하면서 일대 반전이 이루어졌다. 고조선과 단군에 대한 관심과 해석은 적극적으로 시도되었고, 그 결과는 1993년 단군묘에 대한 북한의 공식적인 발굴 작업으로까지 나아가게 되었다. 정확하게 말해서는 소위 단군릉의 발굴 이후 고조선과 단군에 대한 북한의 입장이 적극적인 측면으로 180도 바뀌게 된 것이다.

그곳에서는 2개체분의 인골과 약간의 유물이 출토되었다고 한다. 무덤의 양식은 고구려 계통의 돌칸 흙무덤이었지만, 이곳에서 나온 인골을 전자상자성공명법이란 방법으로 연대측정을 하여 발굴 작업 당시부터 5011년 전의 것이라는 편년을 얻었다고 한다. 그리고 이를 고조선의 시조인 단군과 그 부인의 것으로 단정함과 동시에 몇 차례에 걸친 토론회를 통해 단군릉을 고조선의 시조인 단군이 묻힌 곳으로 확정하였다. 북한의 표현을 그대로 빌리자면, '조선민족의 원시조인 단군의 무덤'이 발견되는 순간이었다.[3] 이로서 북한 당국에서는 단군이 실재한 인물이고, 고조선 건국시조였음을 공식적으로 천명하였다. 고구려 계통의 무덤 양식에 대해서는 고조선과 고구려의 역사계승성을 내세워 고구려 때 무덤이 개축되었다는 것으로 정리하였다.[4]

이후 그들은 원래의 위치에서 약 10리 정도 떨어진 곳(현재 평양시 강동군 문호리)에 단군묘가 아닌 단군릉에 대한 대대적인 개건을 진행하였다. 그리고 그 과정이 우리에게 적극 알려졌다. 그들의 관심은 여기에 머물지 않고, 그 결과를 확대 적용하여 고조선의 역사를 재구성했다. 단군릉 발굴 이후 북한학자들에 의해 쓰인 모든 논문의 결론은 한결같이 단군릉이 고조선의 시조 단군의 무덤임을 확증하고, 그 토대 위에 대동강문화론을 재정립하여 고조선의 역사를 재구성하는 방향에서 이루어졌다. 그들은 단군릉이 소재한 강동을 단군의 출생지로 단정함과[5] 동시에 역사적 사실과는 관계없이 단군릉을 중심으로 고조선의 역사를 구성해 갔다. 『고조선 력사개관』은 이에 대한 결정체라고 할 수 있다.[6] 고조선-

3) 사회과학원, 1993.10.2, 「단군릉 발굴 보고」(1993.10, 월간 『북한 동향』, 통일원, 118~127쪽) 참조.
4) 강룡남, 1996, 「단군에 대한 고구려사람들의 리해와 숭배」『력사과학』 1996-3 ; 권승안, 2003, 「동방문명국건설에 이바지한 단군의 신하들」『민족문화유산』 2003-3, 조선문화보존사 ; 김은택, 2004, 「고구려는 고조선의 계승국」『력사과학』 2004-3 참조.
5) 김현우, 2005, 「고조선의 건국시조 단군의 출생지에 대하여」『력사과학』 193 참조.

고구려7)-발해8)-고려9)-조선-북한으로 이어지는 일원적인 역사계승의식이 한층 강화된 것이다.10)

단군릉 발굴 이후 북한의 고조선, 단군에 대한 연구동향은 이에 대한 구체적인 실상과 단군묘에 대한 확정적 자료를 확보하기 위해 진행되고 있다고 해도 과언이 아니다. 또 역사학 전체 동향 역시 고조선에서 출발하여11) 현재의 북한 정권에 이른다는 역사적 계승성과 정통성을 강조하려는데 초점이 맞추어져 있다.12) 그들은 단군릉에 역사성을 부여하고 또 자신들의 논리를 강화하기 위해 주변 지역의 지리지 자료를 검토하고,13) 위서로 논란되고 있는 『규원사화揆園史話』에 대한 적극적인 해석

---

6) 허종호 등, 1999, 『고조선력사개관』, 사회과학출판사 참조.

7) 리광희, 2007, 「고구려의 왕호에 대한 몇가지 고찰」『력사과학』 202 ; 오영철, 2007, 「고구려령역인식에 대한 력사적 고찰」『력사과학』 201 ; 김세준, 2008, 「고조선건국전설과 부여건국전설의 호상관계」『민족문화유산』 30 참조.

8) 김명섭, 2008, 「발해의 령역확장에 반영된 고구려계승의식에 대한 고찰」『력사과학』 206 참조.

9) 김성준, 2006, 「고려의 서경(평양)중시정책에 대하여」『김일성종합대학학보』 396 참조.

10) 리명철, 2008, 「위대한 수령 김일성동지께서 고조선, 고구려, 고려시조왕릉들의 개건발굴사업을 이끄신 현명한 령도」『김일성종합대학학보』 417 ; 박옥성, 2007, 「위대한 수령 김일성동지의 현명한 령도밑에 동명왕릉을 발굴하기위한 투쟁」『김일성종합대학학보』 399 참조.

11) 김유철, 2006, 「고조선은 군주제가 지배한 고대국가」『김일성종합대학학보』 387 참조.

12) 사회과학원 력사편집실 엮음, 1994, 『단군과 고조선에 관한 연구론문집』, 사회과학출판사 ; 이형구 엮음, 1993, 『단군을 찾아서』, 살림터 및 1999, 『단군과 고조선』, 살림터 ; 장우진, 2000, 『조선 민족의 발상지 평양』, 사회과학출판사 및 2002, 『조선 민족의 력사적 뿌리』, 사회과학출판사 ; 2002, 『조선민족의 원시조 단군의 유골감정보고』, 사회과학출판사 ; 문혁, 2007, 「단군과 조선민족의 형성」『민족문화유산』 27 참조.

13) 김봉환, 「강동과 성천일대에 분포되어 있는 단군 및 고조선 관계지명에 대하여」『력사과학』 ; 김철수, 2004, 「<강계고>에 반영된 단군조선 관계 력사지리 자료에 대한 고찰」『력사과학』 2 ; 리기원, 1996, 「단군 및 고조선의 지명과 '정주읍도록'에 대하여」『력사과학』 157 ; 서응국, 2008, 「≪단군기≫에 반영된 고유명

으로 이를 고조선사 재구성에 적극 이용하고 있다.[14]

이에 대한 우리 학계의 반응이 없었던 것은 아니다. 하지만 단군릉 발굴조사 결과에 대해 그 입장은 출발부터 소극적인 것이었고, 결과에 대해서는 부정적인 것이었다. 고고학계를 중심으로 북한의 단군릉 조사 결과와 이에 사용된 연대측정법의 비과학성 등을 중심으로 그 문제점을 비판하기도 했고, 단군릉 발굴을 사건으로 파악하며 그들의 소위 대동강문화론大同江文化論과 연계한 교조적인 역사서술에 대해 비판이 이루어지기도 했다.[15]

이와 달리 소위 재야사학을 중심으로 사회 일각에서는 잘못된 민족주의에 편승하여 고조선사에 대한 열풍이 불면서 북한의 논리를 적극 수용하려는 움직임으로 확대되었다. 그들은 북한의 견해를 그대로 수용하여 남한 학계의 태도와는 정반대의 입장을 표출하기 시작했고, 이것이『규원사화』·『환단고기』등의 재야사서에서 나타나는 고조선과 단군의 이미지로 연계되면서 위대한 단군, 위대한 고조선의 역사를 더욱 확대하여 그려가기 시작했다.[16] 특히 단군릉이 북한정권의 논리대로 우리 역사의

사표기의 특성과 후기표기와의 관계」『조선어문』 151 참조.

14) 최인철, 2004,「규원사화의 사료적 가치」『력사과학』 2 ; 2006,「≪규원사화≫의 사료적 가치」『한민족연구』 2, 한민족학회 ; 손영종, 2005,「단군 및 고조선관계 비사들에 대한 리해」『단군과 고조선 연구』, 지식산업사 ; 문혁, 2006,「≪환단고기≫에 대한 사료학적 검토」『한민족연구』 2, 한민족학회 참조.

15) 최몽룡, 1994,「단군릉 발굴에 대한 몇 가지 이견」『한국상고사학보』 15, 한국상고사학회 ; 이선복, 1997,「최근의 '단군릉' 문제」『한국사시민강좌』 21, 일조각 ; 서영대, 2000,「신화이해의 역사적 변천-북한의 경우를 중심으로-」『정신문화연구』 78, 한국정신문화연구 ; 박광용, 2000,「북한학계의 단군 인식과 '단군릉' 발굴」『역사비평』 52, 역사비평사 ; 권오영, 2003,「단군릉 사건과 대동강문화론의 전개」『북한의 역사만들기』 참조.

16) 이에 대한 본격적인 비판은 강돈구, 2000,「새로운 신화 만들기-재야사학계에 대한 또 다른 이해-」『정신문화연구』 78, 한국정신문화연구원 ; 송호정, 2004,『단군, 만들어진 신화』, 산처럼 및 2005,「재야사학자들의 환상적인 고대사 인식과 그 문제점-단군과 고조선사 인식을 중심으로-」『청람사학』 12, 한국교원대 청람

시원인 고조선의 건국시조로서 한말 이후 민족의 시조로까지 확대 인식되고 있던 단군이 묻힌 곳을 실증하는 유적이라는 인식이 남한 사회에도 일부 계층을 중심으로 유포되면서 역사적 사실과는 달리 평양을 찾는 일부 남측인사들에게도 성역으로 이해되었다.

단군릉에 대한 올바른 인식이 정립되지 않는 한 이 같은 움직임은 더욱 확대될 것으로 예측된다. 이것이 단군릉에 대한 역사적 접근을 시작해야할 필요성 중에 하나이다. 지금과 같은 분위기로 이에 대한 학문적 접근을 하지 않고 소극적 입장에서 머물러 있다면, 또는 침묵의 입장만을 고수한다면, 단군릉을 포함하여 여러 가지 단군과 관련한 문제는 우리 학계의 입지를 더욱 좁게 만들 것이다. 이는 단군과 고조선의 실체에 조심스러운 태도를 견지하는 분위기와 일부 관련된 것이기도 하지만, 단군의 실증 유적으로 그 무덤의 존재를 적극적으로 제시하는 북한의 태도에 더 이상 혼란스러워 할 수는 없다. 이것이 자연스럽게 고조선과 단군이라는 Key Words 전체까지 민감하게 반응하는 결과를 초래하고 있듯이 이에 대해서는 앞으로 더욱 위축되지 않을 수 없기 때문이다.

실제로 단군릉 발굴이후 이를 중심으로 하는 북한의 고조선사의 재구성, 남한 일부 계층에서의 무비판적인 수용과 확대 해석은 한동안 고조선과 단군이라는 Key Words 자체에 소극적으로 대응하도록 했다. 이는 자연 단군릉에 대해서도 침묵하게 했다. 단군릉을 둘러싼 남북한 학계의 관심 초점이 그 진위의 여부에 맞추어져 있기 때문이다. 그리고 이에 대해 무리할 만큼 적극적이기 때문에 객관성이나 합리성을 견지하고 있지 못한 북한학계의 해석에 우리 학계가 대응하지 않음으로서 단군릉의 문제는 잠시 수면 아래로 가라앉을 수는 있다. 하지만 이것이 본질적인 해결책은 아니다. 단군릉을 둘러싼 이런 문제는 언제 어디에서 사회적인 이슈로 붉어질지 모르기 때문이다.

사학회 참조.

단군릉을 둘러싼 남북한의 정치적이면서도 학문적인 입장의 차이와는 달리 이를 둘러싼 전승이 조선전기 이전부터 평안도 강동현江東縣을 중심으로 전해지고 있었음을 주목할 필요가 있다. 평양이 선인 왕검仙人王儉과 유서 깊은 곳이라는 『삼국사기』의 기록이나,[17] 선인 왕검은 삼한 이전에 있었던 존재로 천여 년 이상 장수하며 수 천 년 넘도록 평양에 연고를 가지고 있었다는 고려후기의 자료 또한 그러하다.[18] 이미 단군은 평양지역의 신격神格으로 고려전기부터 국가적으로도 간헐적으로 관심의 대상이 되고 있었다. 그리고 최소한 조선후기 이전부터 단군릉에 대한 취신과 불신의 논란이 있었고, 이런 논란을 중재하려는 움직임도 일부에서 지속적으로 제기되고 있었다.

전통사회에서의 단군묘를 어떻게 인식했는가의 문제에 관심을 가져야할 이유가 여기에 있다. 이는 현재의 정치·사회·문화적인 문제이기도 하지만, 조선전기부터 사회·문화적인 관심사중 하나였기 때문이다. 물론 단군묘가 기자묘箕子墓와 같이 국가의 사전祀典 체계에서 정리되지 못하고 있어 동일선상에서 논의할 것은 되지 못한다. 그렇다고 강동현을 중심으로 민간에서 이에 대한 관심이 없었던 것이 아니다. 조선후기부터는 간헐적이지만 국가의 관심사이기도 했다. 강동현의 지역민들에게 개인사이든 공동체와 관련된 일이든 단군묘는 늘 그들의 관심 안에 있었다.

하지만 우리는 물론 단군릉을 중심으로 고조선사를 재구성한 북한 역시 이에 대한 관심은 전혀 없다. 오로지 초점이 단군릉, 그곳에서 발견된 인골, 그리고 그 진위 여부에 있을 뿐이다. 특히 북한학계에서 다루고 있는 단군릉에 대한 위상을 생각할 때, 이 부분은 의아하지 않을 수 없

---

17) 『삼국사기』 권17, 고구려본기5, 동천왕 21년 참조.
18) 「趙延壽墓誌銘」, 김용선 편저, 1997, 『高麗墓誌銘集成』, 한림대 아시아문화연구소 참조.

다. 그들의 관심이 정치적인 것에 맞추어져 있다는 것을 반증하는 것이라고 생각되기도 한다.[19]

여기서 우리는 소위 단군릉에 대한 관심을 달리 가질 필요가 있다. 그 진위 여부가 아니라 이를 단군과 관련한 전승을 전하는 유적의 하나로 접근해야 한다. 묘향산·평양·구월산·강화 등에 산재해 있는 여러 단군 관련 유적들과 마찬가지로 강동의 단군묘 역시 같은 차원에서 접근되어야 한다. 이미 알려져 있는 서북한 지역의 단군전승과 유적들이 역사적 사실을 담고 있지 못하다고 하여 가치가 없는 것은 아니다. 각 지역 전승들은 구체적인 내용과 전개 양상을 담고 있기 때문이다. 강동의 단군묘 역시 마찬가지이다. 이는 강동을 대표하는 고적 중 하나였다. 전통사회에서 단군묘는 다른 지역에서의 단군전승이 그 지역의 사회문화적인 모습과 긴밀하게 연계되며 기능하고 있었던 것과 마찬가지로 강동 일대에서 같은 기능을 하고 있었을 것이다.

단군묘가 『동국여지승람』에 처음 실릴 수 있었던 배경에는 어느 때부터인지 구체적으로 알 수는 없지만, 그 편찬 이전 어느 시기부터 강동현을 중심으로 단군의 최후를 전하는 또 다른 전승이 전하고 있었기 때문이다. 이점을 주목해야 한다. 이는 고조선의 역사적 사실과 다른 문제라고 생각되지만, 단군전승을 전하는 자료로서 간과할 수 없는 문제이기도 하다. 단군의 최후를 아사달산신阿斯達山神으로 이해하는 우리의 익숙함 때문에 그와 배치되는 다양한 전승 자료가 사장되어서는 안 될 것이다. 전승의 다양성을 무시하면, 자칫 획일화될 수 있다. 단군묘에 대한 이해의 방향이 그런 쪽으로 진행된다면, 북한에서 단군릉을 강조하는 정치적 의도와 다를 것이 없다고 생각된다.

고조선 때부터도 그 시조 단군에 대한 신화의 내용은 매우 다양했을

---

19) 宗岩, 2003, 「朝鮮的箕子陵與檀君陵」『中國東北邊疆研究』, 中國社會科學出版社 참조.

것이다. 물론 그중에는 고조선 사회에서 주류적으로 이해되고 있던 신화가 분명히 있었을 것이고, 그것은 삼국시대에 각국의 왕들이 시조묘始祖廟를 모시던 사례에서 짐작할 수 있듯이 매년 정례적인 의례와 축제를 통해 사회를 결속하는 기능을 했을 것이다. 그렇지만 각 지역에서 신화의 내용은 그곳의 사회 문화적 여건에 따라 조금씩 변용되었을 것이고, 이는 다양한 전승의 내용을 창출했을 것이다.

　고조선 멸망 이후 단군신화는 그 범위가 점차 축소되어 갔고, 사라질 위기에 처하기도 했지만, 각 시대의 정치·사회·문화적인 현상과 결합하면서 기능했을 것이다. 아직 구체적인 해석을 하지 못하고 있기는 하지만, 각저총·장천1호분 등의 고구려벽화고분에서 단군신화의 Motives를 확인할 수 있는 경우도 이에 해당한다고 하겠다.[20] 또 고려시대에는 묘향산·평양·구월산·강화 등지에서 단군이 각 지역의 신격으로 자리하면서 사회적 기능을 유지하면서도, '십팔자지참十八子之讖'이나 '목자득국설木子得國說' 등의 도참사상에 단군신화가 이용되어 반란세력의 명분으로 정치적인 측면에서 해석되기도 했다.[21] 하지만 그 전승의 내용들은 하나의 정형에 맞추어진 것이 아닌 다양한 것이었다.

　단군묘와 관련한 전승 역시 이 같은 다양한 전승의 유형중 하나였을 것이다. 하지만 이는 환웅과 곰이 변한 웅녀의 결합으로 단군이 태어난다는 『삼국유사三國遺事』에서의 신화나, 단웅천왕檀雄天王과 나무신[檀樹神] 손녀孫女의 결합으로 단군이 태어난다는 『제왕운기帝王韻紀』에서 최후로 설정되고 있는 산신과는 다른 모습이다. 아사달산신으로의 최후는 신비한 측면이 있어 도교, 선가 또는 도참사상과의 관련한 전승일 수 있다. 고조선 이후 그 존재가 희미해지면서 역사성이 탈락된 채 산신신앙

---

20) 김성환, 1999, 「단군신화의 기원과 고구려의 전승」 『단군학연구』 3, 단군학회 참조.
21) 김성환, 2002, 『高麗時代의 檀君傳承과 認識』, 경인문화사 ; 2003, 「高麗時代의 檀君傳承과 古朝鮮認識」 『단군학연구』 8, 단군학회 참조.

과 결합한 모습이 아사달산신으로의 최후일 것이다.

그동안 우리는 단군의 출생과 마찬가지로 최후 역시 한 가지 만으로
가 아니라 다양한 모습으로 전해질 수 있다는 사실을 간과하고 있었다.
특히 묘의 존재는 건국시조로서 더욱 역사적이면서도 인간다운 모습을
보여준다. 고조선의 역사성에 대한 보다 구체적인 표지로서 작용한다.
이는 그 전거가 언전諺傳이라 할지라도 아사달산신과는 달리 고조선 역
사에 대한 확신과 단군이 실존인물이라는 담보가 없으면 형성될 수 없는
전승이다. 이런 점에서 유의하면서 단군묘 전승에 대한 접근을 할 필요
가 있다. 고조선과 관련한 역사적 사실로서가 아니라 전승의 인식과 관
련한 문제에서 말이다. 이에 대한 접근이 어느 정도 이루어진다면, 고조
선과 단군에 대한 역사적 인식의 내용이 보다 풍부해질 수 있다.

단군묘와 관련한 전통사회에서의 인식과 이해의 문제에 대한 지금까
지의 연구 성과는 지극히 미미하다. 최근에 그 인식의 전반을 다룬 성과
가 제출되기도 했다.22) 그러나 이는 연구의 시작을 의미하는 것이다. 보
다 넓은 시야와 치밀한 분석을 통해 단군묘의 형성 배경과 내용 등을
검토해야 할 필요가 있다. 선행 연구에 따르면 단군묘는 숙종, 영조 때부
터 관심이 증대되어 정조 때는 수축의 논의가 조정에서 이루어졌고, 한
말에는 단군릉으로의 숭봉 논의와 함께 대규모의 수축 논의가 진행되었
다. 하지만 이에 대한 개략적인 접근도 아직 이루어지지 못했다. 이때의
수축 논의 역시 사회문화적인 배경을 가지고 진행된 것이었다. 이 역시
우리가 주의 깊게 천착해야할 문제들이다.

이 연구는 일반적으로 산신山神이 되었다는 단군의 최후와 관련하여
또 다른 전승으로 다가온 단군묘(단군릉)에 대한 인식론을 다루는데 목
적이 있다. 그 전승의 형성 배경을 시작으로 조선시대의 단군묘 인식에

---

22) 김성환, 2006, 「朝鮮時代 檀君墓에 관한 認識」『한국사학사학보』13, 한국사학사
     학회 참조.

대한 종합적인 이해를 도모하기 위함이다. 이를 위해 관련 자료들의 종합적인 분석을 시도하고, 이를 각론으로 나누어 검토하고자 한다. 특히 그 인식의 확대와 수축의 논의에는 각 시기의 사회문화적인 배경이 개재되어 있었음에 유의하고자 한다. 이를 통해 그 진위 여부에 머물러 있는 현재의 이해를 확대하여 단군묘, 더 나아가서는 단군에 대해 보다 객관적이고 합리적인 인식의 틀을 제공하는데 일정한 도움이 되고자 한다.

2. 연구 방법과 내용

단군에 대해서는 많은 전승이 전해지고 있다. 우리 역사의 출발로 고조선이 자리하는 위상과 관련이 있다. 그는 고조선의 건국시조로 알려져 있기 때문이다. 고조선사를 연구하면서 단군은 논의의 대상에서 빠질 수 없다. 고조선에 대한 현전 최고의 기록인『삼국유사』와『제왕운기』이후 지금까지 단군이 고조선의 시조라는 점은 결코 의심할 수 없는 역사적 사실이자 진실이었다. 조선시대까지는 국조國祖로 인식되었고, 한말 이후에는 민족주의의 영향으로 보다 확대되어 한민족韓民族의 시조 또는 조상이라는 인식이 깊이 자리하고 있다.

따라서 이와 관련한 연구 또한 고려후기 이후 현재까지 꾸준하게 진행되고 있다.23) 특히 한말 이후 서양 학문의 수용과 일본 제국주의의 식

---

23) 단군 연구사에 대한 정리는 꾸준히 진행되어 왔다. 다음의 연구를 참고할 수 있다. 이필영, 1994,「檀君 研究史」『檀君; 그 理解와 資料』, 서울대출판부 ; 이형구, 1999,「단군과 고조선사 연구의 현황과 과제」『단군학연구』1, 단군학회 ; 조법종, 1999,「古朝鮮關聯研究의 現況과 課題-단군인식을 중심으로-」『단군학연구』창간호, 단군학회 ; 김두진, 2000,「단군에 대한 연구의 역사」『한국사시민강좌』27, 일조각 ; 오강원·윤용구, 2003,「북한학계의 고조선·단군 연구 동향과 과제」『북한의 한국사 연구동향(1)』, 한국정신문화연구원 ; 박선미, 2006,「근대사학이후 고조선사 연구의 현황과 쟁점」『한국사학보』23, 고려사학회 ; 서영수, 2007,「고조

민지라는 특수한 역사경험을 하게 되면서 단군은 대체로 우리 민족을 하나로 묶어주는 긍정적 역할을 하고 있다고 이해되어왔다. 이 시기 역사적 시조라는 인식과 민족주의의 결합은 단군민족주의檀君民族主義로 개념화되기도 하였다. 일반적으로 식민지시기 일본인들의 단군부정론 역시 전조선인을 갈라놓으려는 목적에서 출발했다고 이해되고 있으며, 이 연구의 핵심 Key Word인 단군릉과 이를 둘러싼 수축운동은 이에 대응하기 위한 조선민족의 노력이라고 이해되어왔다.

하지만 한말 단군을 모시는 종교인 (원)단군교가 중광 이후 얼마 되지 않아 대종교와 단군교로 분리되면서 항일독립운동에 매진하던 대종교와는 달리 단군교는 조선총독부의 종교정책에 부응하면서 친일성향을 보였다는 점을 주목해야 한다.[24] 단군이 항상 긍정적인 측면으로만 작용하지 않았음을 보여준다. 우리 사회에서 단군 인식에 대한 관점은 과거인 동시에 현재진행형, 더 나아가 미래진행형이라는 특별한 위치에 있기 때문이다.

최근 단군릉을 둘러싸고 일어나고 있는 문제 또한 마찬가지라고 할 수 있다. 여기에는 남북한의 정치적인 입장, 남한 내부에서의 종교적인 입장, 상고사를 둘러싼 역사인식의 갈등 등 여러 갈래의 입장들이 얽혀 있다. 역사적인 측면에서 하나의 주제에 이렇게 다양한 입장이 개재되어 있다는 사실만으로도 우리의 관심도를 가늠할 수 있다. 그럼에도 불구하고 이에 대한 우리의 입장이 얼마나 과학적이면서도 객관적이고 합리적

선사의 연구 쟁점과 역사 현장-남북한 학계의 연구를 중심으로-」『고조선사 연구의 현황과 쟁점』, 고조선사연구회 제4회 학술발표회자료집 ; 김성환, 2008,「단군 연구사의 정리와 방향-단군릉 발굴 이후 역사학 분야 성과를 중심으로-」『단군학 연구』18, 단군학회 참조.
24) 김성환, 2006,「대종교계 사서의 역사인식-상고사 인식을 중심으로-」『한민족연 구』2, 한민족학회 ; 김성환, 2009,『일제강점기 단군릉수축운동』, 경인문화사 참조.

인 토대에 있는가는 또 다른 문제이다.

단군묘(단군릉)을 둘러싸고 얽혀있는 여러 입장들은 나름의 이유가 있다. 그리고 그것 때문에 단군묘(단군릉) 자체에 대한 객관적인 접근을 스스로 차단하고 있다. 이런 점에서 단군묘(단군릉)를 바라보는 우리의 시각을 되돌아볼 필요가 있다. 가능하다면 단군묘(단군릉) 그 자체만을 바라볼 수 있는 시각을 가져야 한다. 이런 점에서 단군묘(단군릉)을 둘러싼 제반 전승의 문제와 이를 둘러싼 과거의 인식 문제를 검토하고자 하는 이 연구는 나름의 의의를 가질 수 있다. 여러 전승 중에서 역사적 측면에서 단군을 인식하던 표지적인 증거가 단군묘(단군릉)였고, 이에 대한 과거의 인식론은 현재에도 유효할 수 있기 때문이다.

이 연구에서는 방법론에서 철저하게 실증적인 측면을 견지하고자 한다. 그렇다고 연구의 방향이 단군묘(단군릉)에 대한 부정적인 시각에서 출발한다는 것은 아니다. 이 연구의 초점이 그것의 진위 여부에 있지 않고, 그 전승에 대한 이해와 인식의 분석에 있기 때문이다. 단군묘(단군릉) 전승에 대한 다양한 시각들을 검토함으로서 각 시기 마다 역동적으로 움직였던 단군의 모습을 추적하고자 하는 것이다.

먼저 단군묘와 관련한 자료를 『동국여지승람』을 비롯한 각종의 사서·지리지·총서류 및 개인 문집에서 추출하고자 한다. 물론 이들 자료들은 대부분 단편적인 내용으로 이루어져 있고, 그나마도 여기저기 산재하여 있어 이를 모으는 작업만으로도 여간 어려운 것이 아니다.25) 다행히 연구자 역시 십 수 년 전부터 이들 여러 자료에서 확인되는 단군 관련 자료를 취합해 왔고, 여기에 단군묘(단군릉)와 관련한 자료가 포함되어 있었기 때문에 그 부담은 일단 덜 수 있었다. 그리고 이들이 어떤 성

---

25) 이에 대해서는 윤이흠 외, 1997, 증보 『檀君; 그 理解와 資料』, 서울대출판부, 1994 및 고구려연구재단, 2005, 『고조선·단군·부여 자료집(상·중·하)』에서 전체적인 정리가 이루어진 바 있다.

격을 가진 자료인지를 각 시기별, 내용별로 분석하고자 한다.

이를 토대로 먼저 단군묘檀君墓의 출현出現에 대한 문제를 검토할 것이다. 2부 1장 「단군전승檀君傳承과 단군묘檀君墓」에서는 이들이 어떤 관계에 있는지, 단군의 최후에 대한 아사달산신이라는 전형적인 이해가 단군묘라는 또 다른 전승과 어떻게 연결되어 있었는지의 문제를 검토하고자 한다. 이는 고려시대 서북한 지역에서 전하고 있던 단군전승에 대한 종합적인 이해가 있어야만 가능하다. 이런 점에서 서북한 지역의 단군전승에 유의하고자 한다. 각 지역에서 신격으로 좌정하고 있던 단군이 점차 역사적 측면에서 등장하고 있는 사실과 관련이 있을 것이라고 보이기 때문이다.

2부 2장 「세조의 평양 순행巡幸과 단군묘」에서는 『동국여지승람』에 처음 보이는 단군묘 기록의 등장 배경을 세조의 평양 순행과 관련하여 접근하고자 한다. 세조는 1460년(세조 6) 평양에 행차하여 단군전檀君殿에 친히 제사한 바 있다. 그리고 평양 순행에 앞서 1455년 『팔도지리지八道地理誌』를 편찬했다. 이는 『세종실록』 지리지의 부족한 점을 보완하기 위한 것으로, 자국의 역사적 시원을 고조선과 단군에서 찾았던 양성지梁誠之가 전체 작업을 주도하였다. 『동국여지승람』의 단군묘 기록은 『팔도지리지』를 편찬하기 위해 작성된 『평안도지리지平安道地理志』에 먼저 실렸을 것으로 추측되는데, 여기서는 이와 관련한 문제를 다루고자 한다.

다음은 단군묘의 인식 문제를 본격적으로 검토하기로 한다. 3부 1장 「조선전기 단군묘 인식」에서는 조선시대 단군전승의 대표적 유형이었던 『응제시應製詩』 유형에서 단군의 최후 문제를 검토하고, 이를 『동국여지승람』의 관련 기록과도 비교해보고자 한다. 아울러 조선전기 사찬사서에서 단군의 최후를 아사달산신이 아닌 죽음으로 처음 인식한 것은 유희령柳希齡(1480~1552)의 『표제음주동국사략標題音註東國史略』이다. 그는

풍부하지는 못하지만, 고조선의 역사를 연대기적인 측면에서 서술하고
자 했다. 이런 측면에서 단군의 최후 역시 산신이 아닌 죽음으로 이해했
을 것으로 추측된다. 조선전기 단군묘 전승에 대한 전반적인 인식의 문
제를 검토하고자 한다.

3부 2장「조선후기 단군묘 인식」에서는 먼저 단군묘를 중심으로 하
는 강동현 단군전승의 제반 모습들을 검토할 것이다. 또 이를 바탕으로
단군묘 인식에 대한 구체적인 접근을 시도하고자 한다. 이 시기 단군묘
에 대해서는 민간에서의 전승과는 달리 대부분의 사인士人 계층이 불신
의 입장에 있었지만, 취신론取信論의 입장에 있는 측과 중도적인 입장에
있는 측도 있었다. 가능하다면 이 같은 인식론이 어떤 배경에서 나오게
되었는지를 검토하고자 한다. 숙종 때부터 영·정조 때 이르기까지 단군
묘가 간헐적이지만, 조정의 관심대상으로 등장하고 수축에 관한 논의도
이루어졌다는 사실 역시 유의할 것이다.

3부 3장「한말 단군묘 인식과 능陵으로의 숭봉崇封」에서는 단군묘가
단군릉으로 숭봉되는 과정을 천착하고자 한다. 이에 앞서 한말 국사교
과서에서 단군릉에 대해 어떻게 서술하고 있는지를 검토하여 순종 때
능으로 숭봉될 수 있었던 배경을 파악하고자 한다. 아울러 단군부정론
이 이 시기 일본인들에게서 출발하고 있었음에 주목하여 그들은 단군묘
를 어떻게 이해하고 있는지도 검토하고자 한다. 민족주의의 수용 시기
에 그 정점에 있는 단군과 그의 죽음에 대한 이해의 폭을 넓히는데 일
조할 것이다.

이상의 검토가 단군묘를 둘러싼 조선시대의 이해를 심화하는데 일조
가 되기를 기대한다. 전통사회의 단군묘에 대한 이해는 고조선 시조로서
단군에 대한 인식의 확대와 관련하여 진행되었다. 이것은 일제강점기의
단군릉 수축 논의가 단군민족주의를 중심으로 전조선인의 대동단결을
위한 역할과 아울러 조선총독부를 대리한 강동군수가 친일 성향의 강동

군 명륜회 등을 적극 지원하여 내선일체 등의 식민사관을 통해 그들의
식민통치에 적극 이용하려는 목적성이 강하게 개재되어 있다는 점과 구
별된다. 이에 대해서는『일제강점기 단군릉 수축운동』(2009, 경인문화
사)에서 구체적으로 살펴볼 것이다.

제2부

단군묘檀君墓의 출현出現

제1장 단군전승檀君傳承과 단군묘檀君墓

-고려시대 단군묘 전승의 가능성 모색-

1. 머리말

『삼국유사』와 『제왕운기』에 인용되어 있는 『고기古記』와 『본기本紀』
는 만족스럽지 못하지만, 단군의 출생부터 최후까지를 담고 있어 내용의
완결성을 갖추고 있다. 두 자료가 출생담에서 다른 모습을 보여주고 있
다고 하더라도 사후에 대한 인식은 아사달산신阿斯達山神으로 정리하고
있다는 점에서 같다. 출생에 대해서 비교적 많은 전승이 전해지고 있었
지만, 최후에 대해서는 대체로 공통적인 이해가 있었던 것으로 보인다.
후대의 건국신화와는 사뭇 다른 양상이다. 부여·고구려·신라 건국시조
들의 최후가 승천으로 귀결되고 있음을 볼 때, 아사달산신은 이에 대한
또 다른 표현이라고도 짐작된다. 실제로 단군전승이 전하는 곳 중 하나
인 묘향산이나 구월산에서 단군의 최후를 승천으로 정리하고 있기도 하
기 때문이다.

그런데 과연 『삼국유사』·『제왕운기』 등에서 보여주고 있는 아사달산
신으로의 사후에 대한 인식을 단선적으로 이해하고 말 것인가의 고민이
있을 수 있다. 조선전기부터 보이는 전승이기는 하지만, 그의 또 다른
최후로 단군묘檀君墓를 둘러싼 전승을 확인할 수 있기 때문이다. 최후의
모습을 그리는데 있어서 아사달산신과 무덤의 존재는 전혀 다른 관점이

다. 전자가 신비주의적이면서도 신앙적인 측면에서의 접근이라면, 무덤의 존재는 역사적이면서도 인간적인 측면에서의 접근이기 때문이다. 단군의 최후를 둘러싼 두 가지 측면에서의 전승을 어떻게 이해해야 할 것인가의 문제를 검토하려는 것이 여기서의 목적이다.

단군묘 전승의 형성 시기는 아사달산신으로의 최후보다 늦을 것으로 보는 것이 일반적이다. 그렇지만 그 내용이 『동국여지승람東國興地勝覽』에 처음 보인다고 하여 전승의 형성시기까지 조선전기로 설정할 수는 없다. 이 자료에서 단군묘 전승을 기록하게 된 배경은 조선전기 고조선과 단군에 대한 인식의 폭과 관련이 있다. 조선 역사의 시원으로서 고조선과 국조國祖로서의 단군에 대한 위상을 반영한 결과였다.

따라서 여기서는 단군묘 전승이 언제, 어떻게 형성될 수 있었는지를 검토하고자 한다. 먼저 단군의 최후에 대한 전통적인 인식인 아사달산신으로의 좌정이라는 전승을 일별하여 단군묘 전승이 형성될 수 있었던 배경에 대해 이해하고자 한다. 다음은 『단군기壇君記』와 『단군본기檀君本紀』에 보이는 단군의 후계에 대한 전승을 살펴보고, 역사적이고 인간적 측면에서의 단군에 대한 이해의 일단을 검토하고자 한다. 마지막으로는 단군의 최후로서 단군묘라는 또 다른 전승이 등장할 수 있었던 배경을 고려시대의 사회문화적인 측면에서 접근하고자 한다. 단군전승과 단군묘의 관계를 보다 상세하게 살펴봄으로서 이에 대한 객관적인 이해를 도모하고자 하는 것이다.

2. 단군의 사후에 대한 전통적인 인식, 아사달산신阿斯達山神

고조선과 단군에 대한 최고의 자료가 『삼국유사』와 『제왕운기』라는 것은 두말할 나위 없다. 이 자료들에서는 『고기』와 『본기』라는 앞선 시기에 제작된 원전을 제시하고 있다.『고기』와『본기』의 성격과 제작 시기가 고조선과 단군에 대한 역사적 인식의 연원과 긴밀하게 연동하고 있음을 알 수 있다. 이런 점에서 이들 자료의 성격과 시기에 대한 접근이 꾸준하게 이루어지고 있다.[1] 이 연구들이 단군의 후계와 관련해서 서술하고 있는『단군기』와『단군본기』에 대한 논의도 포함하고 있음은 물론이다.

이들 자료에서 삼국의 시조와 마찬가지로 단군은 출생부터 비범하다. 부여·고구려·신라·가야 등 후대의 고대국가 시조들과 같이 고조선의 단군 또한 범인과 다른 신성한 출생을 하였다. 그렇기 때문에 나라를 세우는 것이 가능했고, 통치도 이를 기반으로 하였다. 일연一然은『삼국유사』 기이편 서문에서 중국의 경우 하도河圖와 낙서洛書가 나오면서 성인聖人이 나타났고 부명符命과 도록圖籙을 받아 건국하였으니, 우리도 삼국의 시조가 신이神異하게 출생하였다는 것을 괴이하다고 할 수 없다고 말하고 있다.[2] 그들의 최후 역시 평범하지 않았다. 대부분의 최후가 승천으로 귀결되고 있음은 이를 의미한다. 시조의 사후 왕위의 계승 역시 이것 때문에 가능했다. 왕실의 신성인식이었다.[3]

---

1) 田中俊明, 1982,「檀君神話の歷史性をめぐって-史料批判の再檢討-」『韓國文化』4-6 ; 김영경, 1984,「삼국사기와 삼국유사에 보이는 '고기'에 대하여」『력사과학』2 ; 金貞培, 1987,「檀君記事와 관련된 '古記'의 性格」『韓國上古史의 諸問題』, 한국정신문화연구원 ; 鄭求福, 1993,「高麗 初期의 '三國史' 編纂에 대한 一考」『國史館論叢』45, 국사편찬위원회 ; 崔柄憲, 1994,「高麗時代 檀君神話 傳承文獻의 檢討」『檀君-그 이해와 자료-』, 서울대출판부 ; 徐永大, 1994 및 증보판, 1997,「檀君關係 文獻資料 硏究」『檀君-그 이해와 자료-』, 서울대출판부 ; 李康來, 1996,「三國遺事 引用 古記의 性格」『三國史記典據論』, 민족사 ; 河廷龍, 1999,「『三國遺事』所引 '古記'考」『書誌學報』23, 韓國書誌學會 ; 김성환, 1999,「檀君傳承의 類型(Ⅰ)」『中央史論』12·13합집, 중앙사학연구회(김성환, 2002,『高麗時代 檀君傳承과 認識』, 경인문화사 재수록) 참조.
2) 일연은『삼국유사』기이편 서문에서 중국의 예를 언급하면서 삼국의 시조가 神異하게 출생하였다는 것도 괴이하다고 할 수 없다고 말하고 있다.『삼국유사』권1, 기이2 참조.

『고기』와 『본기』에서는 단군의 최후를 모두 아사달산신으로 서술하고 있다. 『세종실록』 지리지에 인용되어 있는 『단군고기檀君古記』 역시 이점에서는 마찬가지이다.[4] 아사달산신으로의 좌정이라는 최후에 대해 움직일 수 없는 정형으로 이해되어 온 배경이기도 하다. 그런데 아사달 산신으로의 최후는 그대로 수용하기 어려운 부분이 있다. 이를 어떻게 받아들여야 하는가의 문제는 많은 논란을 야기했을 것이다. 물론 건국신화와 연결되어 있는 산신신앙의 출발이 고조선 건국신화에서 비롯되고 있음은 그 역사적 연원과 위상이 다른 신화와 비교 대상이 아니었음을 의미할 수 있다. 그렇지만 고조선 건국신화에서 단군의 최후가 아사달산신이라는 『삼국유사』와 『제왕운기』 소재 『고기』와 『본기』의 내용이 과연 원형에 근접해 있는 것인가의 문제에 대해서는 의문을 가질 수 있다.

그럼에도 불구하고 신라 6촌의 시조들이 모두 하늘에서 산으로 내려왔고, 가야 시조 수로왕首露王 역시 구지봉龜旨峰으로 내려왔다거나, 북부여 해모수解慕漱가 흘승골성으로 내려와 유화를 유혹한 곳이 웅신산熊神山 아래였다는 점 등은[5] 하늘과 산의 불가분한 관계를 알려준다. 특히 신라 건국에 앞서 조선 유민朝鮮 遺民이 '산골'에 나뉘어 살며 6촌을 형성했다는 『삼국사기三國史記』의 기록과[6] 고조선 멸망 이후 조선의 유민들은 나뉘어 70여국이 되었다는 『삼국유사』 소재의 『통전通典』의 기록

---

3) 고려시대 왕실의 신성인식에 대해서는 김성환, 2005, 「고려왕실의 '龍孫'認識-神 聖認識에 관한 예비적 검토-」 『동봉신천식교수정년기념사학논총』, 경인문화사 참조.

4) 『세종실록』 권154, 평안도, 평양부, 靈異 "檀君古記云 上帝桓因有庶子 名雄 意欲 下化人間 受天三印 降太白山神檀樹下 是爲檀雄天王 令孫女飮藥成人身 與檀樹神 婚而生男 名檀君 立國號曰朝鮮 朝鮮尸羅高禮南北沃沮東北扶餘濊與貊 皆檀君之 理 檀君聘娶非西岬河伯之女生子 曰夫婁 是謂東扶餘王 檀君與唐堯同日而立 至禹 會塗山 遣太子夫婁朝焉 享國一千三十八年 至殷武丁八年乙未 入阿斯達爲神 今文 化縣九月山".

5) 『삼국유사』 권1, 기이2, 「新羅始祖 赫居世王」, 「五伽倻」, 「北扶餘」, 「高句麗」 참조.

6) 『삼국사기』 권1, 신라본기1, 시조 참조.

은7) 하늘과 산, 천신天神과 산신山神의 관계를 이해하는데 도움이 된다.

단군신화에서의 하늘과 산, 천신과 산신의 관계 역시 이런 점에서 논의가 가능하다. 환웅桓雄이 하늘에서 태백산太白山으로 내려왔다는 것은 이미 단군신화의 형성 단계에서 하늘-산, 천신-산신으로의 연결의식이 형성되어 있었다고 볼 수 있다. 산신과 건국시조의 관계는 아주 밀접한 연관성을 가지고 있고, 단군이 죽어서 아사달산신이 되었다고 하는 것은 산신신앙의 역사적 전통이 고조선 건국이전부터 형성되었다는 사실을 말한다는 견해는 참고할 수 있다.8) 그랬기 때문에 단군 역시 최후가 아사달산신으로 정리될 수 있었던 것이다. 그렇다면 태백산에 좌정하였을 환웅과 아사달산에 좌정한 단군 역시 그 신격神格은 모두 산신이었음이 분명하다. 하지만 환웅은 천왕天王, 단군은 산신山神으로 불렸다. 이를 어떻게 해석할 것인가의 문제이다. 천왕과 산신이 수평 관계의 동일 개념이었는가, 아니면 상하위의 개념이었는가. 여기서 천신이 산신보다 상위의 신격이었다는 지적을 참고할 수 있다.9) 그렇다면 단군신화의 신 관념은 최상위의 천신 환인, 하늘과 지상의 중간 단계의 환웅천왕, 최하위의 아사달산신 단군으로 이해할 수 있고, 일단 천신-천왕-산신으로 연결되는 상하위의 신 관념이 반영되었을 수 있다는 추측도 가능하게 한다. 문제의 핵심은 상위 개념이 분명한 천신을 제외하고, 천왕과 산신이 수평 관념이었는가, 상하 관념이었는가에 있다.

그런데 고려시대에는 국가적 차원에서 산천신山川神에게 가호加號하였다. 여기서 산천신은 원칙적으로 사전祀典에 등재된 신격을 의미하였다.

---

7) 『삼국유사』 권1, 기이2, 「七十二國」 참조.

8) 임재해, 2005, 「산신설화의 전승양상과 산신숭배의 문화」 『비교민속학』 29, 한국비교민속학회, 380·392쪽.

9) 서영대는 민속신앙의 신 관념을 검토하면서 천신과 산신에 대해 상하위의 관념이 형성되어 있었다고 밝히고 있다. 서영대, 1994, 「민속종교」 『한국사』 16-고려전기의 종교와 사상-, 국사편찬위원회, 335쪽.

명산에 내린 명호로 주목되는 것은 신라 이래의 전통이었던 '대왕大王'이었다.10) 신라에서는 선도산仙桃山의 신모神母를 대왕으로 봉작했고,11) 고려에서는 공산산신公山山神과 지리산산신智異山山神 등을 대왕으로 봉했다. 지리산산신은 민간에서 '대대천왕천정신보살大大天王天淨神菩薩'로 불렸다.12) 이 역시 본지수적설에 따른 것으로 지리산산신의 신격은 대대천왕大大天王이었고, 실체는 천정신보살天淨神菩薩로 믿어졌다. 여기서 '대대'가 '보다 높은', '최고'의 의미를 지니고 있음을 추측하기는 어렵지 않다. '천왕'의 관념도 부족하여 '대천왕'→'대대천왕'으로 확대된 것이다. 하지만 고려에서 내린 봉작은 지리산대왕이었다. 이들은 공산대왕公山大王의 예에서 알 수 있듯이 국가의 어려움을 천신인 상제上帝에게 변고할 수 있는 신통한 능력을 지닌 존재였다.13) 국가적 위기상황에서 산신에 대한 기원과 제사는 엄격한 의미에서 산신에게 이를 벗어날 수 있도록 기원한 것이 아니라, 산신을 통해 천신에게 이를 잘 변고하여 천신의 도움을 받는데 있었던 것이다. 따라서 산신에 대한 대왕의 명호는 하늘과 지상의 매개자로서의 역할을 수행한데 대한 공로를 포상한 것이었다.14)

이런 이해를 토대로 아사달산신이었던 단군이 어떤 위치에 있었는지의 문제를 접근하기로 한다. 이점에 대해서는 두 가지 측면에서의 접근이 가능하다. 첫째는 신 관념에서의 아사달산신과 환웅천왕의 관계이다. 이들은 모두 산신이었음이 분명한데, 명칭은 다르다. 단군은 산신이었고, 환웅은 천왕이었다. 산신과 천왕이 어떤 차이를 가지고 있는가의 문

---

10) 김아네스, 2008, 「고려시대 산신 숭배와 지리산」,『역사학연구』33, 호남사학회, 42~45쪽.

11) 『삼국유사』권5, 감통7, 「仙桃聖母隨喜佛事」참조.

12) 『경상도지리지』진주도 晉州牧官 참조.

13) 『동국이상국집』권38, 「獻馬公山大王文」및 「公山大王謝祭文」참조.

14) 『고려사』에서 확인되는 공주의 錦城大王 역시 금성산산신을 국가에서 봉작한 사례로 파악할 수 있다. 『고려사』권106, 열전19, 沈諹 참조.

제이다. 둘째는 아사달산신이 고려의 사전제도祀典制度에 포함되어 있었는가의 문제이다. 만약 그렇다면 그 명호는 앞서의 사례에서 볼 수 있는 바와 같이 아사달대왕 혹은 이와 유사한 것이었을 것이다.

『삼국유사』의 「고조선」조에 따르면, 아사달은 분주에 무엽산無葉山, 또는 백주白州의 백악白岳, 혹은 개성 동쪽에 있는 백악궁白岳宮으로 비정되어 있다. 백악산아사달白岳山阿斯達의 다른 이름으로는 궁홀산弓忽山, 방홀산方忽山, 금미달今彌達이 본문에 소개되어 있다.15) 이로 미루어『삼국유사』에서의 아사달산에 대한 비정은 확정적이지 못하다. 특히 아사달을 개성 동쪽의 백악궁으로 비정한 견해에 주목하여 분주의 시점을 『삼국유사』 저술 이후인 공민왕 때로 파악하기도 한다.16) 아사달산의 구체적인 비정에 대해 저어할 수밖에 없는 요인으로 작용하고 있다. 반면『제왕운기』에서는 아사달산을 구월산九月山으로 분주하고 궁홀, 삼위三危라는 다른 이름도 소개하고 있다. 구체적인 명칭은 아닐지라도 이승휴가『제왕운기』를 저술하던 때까지 아사달산신을 모신 사당이 존재하고 있었음도 밝히고 있다.17) 이를 종합하면, 『삼국유사』에서 비정하고 있는 백주 땅의 백악, 궁홀산, 방홀산, 금미달은 구월산, 아사달산의 다른 이름이라는 것을 알 수 있다. 아사달산신이 되었다는 단군은 다름 아닌 구월산신, 백악산신, 궁홀산신, 방홀산신, 금미달산신이었다.

아사달산신이 모셔져 있는 구월산의 사당 이름은 삼성당三聖堂 또는 삼성사三聖祠였다. 그런데 사당을 지칭하는 여러 용례 중 고대로 올라갈수록 신궁神宮, 신묘神廟가 많이 쓰였고, 고려에서는 신사神祠와 신당神堂이 많이 쓰였다고 한다. 또 신사는 신당보다 위상이 향상된 개념으로, 신당이 민간신앙의 시설물이라면, 신사는 국가의 사전에 등록되고 국가

---

15) 『삼국유사』 권1, 기이2, 「고조선[왕검조선]」 참조.
16) 하정용, 2005, 『삼국유사 사료비판-편찬과 간행과정에 대한 연구-』, 민족사 참조.
17) 『제왕운기』 권하, 「동국군왕개국연대」, 전조선기 참조.

가 제의를 지원하는 단묘壇廟였다고 한다.[18] 이와 관련하여 삼성을 모신
사당은 후술하는 바와 같이 '사祠'라기보다는 '당堂'의 위치에 있었을 것
으로 추측된다.[19]

　삼성당三聖堂에는 3위의 신격이 모셔져 있었고, 구체적으로는『삼국유
사』나『제왕운기』에서 확인되는 환인桓因·환웅桓雄·단군壇君, 또는 환인
桓因·단웅檀雄·단군檀君이었다. 이곳에서 모셔지던 산신은 하나가 아니라
셋이었다는 것으로 이해된다. 한 사당에서의 신격이 셋이라는 것은 그
관념에서 차이가 있었음을 의미한다. 이들이 수평 관계로 관념지어진다
면, 어느 신격을 중심으로 하느냐에 따라 다툼이 있을 수 있기 때문이다.
일반적으로 신화의 구조가 신들의 계보를 관념적 질서로 정리하고 있다
는 점에서도 충분히 상정될 수 있는 문제이다.

　아사달산신이 되었다는 고조선 시조 단군의 모습을 상정할 때, 삼성
당의 신격들은 단군을 중심으로 정리되었을 것이 분명하다. 그렇다면 신
관념에서 단군이 상위 개념으로, 환인과 환웅은 그 하위 개념으로 설정
되는 것이 일반적이다. 하지만 고조선 건국신화에서 환인은 하늘신인 제
석帝釋 또는 상제上帝로, 환웅은 그 아들로 지상에 내려온 존재로 그려지
고 있다.[20] 물론 조선중기의 신혼申混(號 初菴, 1624~1656)에게서 확인
할 수 있듯이 환웅을 제석으로 이해하고 있는 자료도 있다. 이에 따르면,

---

18) 허흥식, 2006,「명산대천의 신령과 신화」『한국 신령의 고향을 찾아서』, 집문당,
　　21쪽.
19) 따라서 이 글에서는 될 수 있는 대로 삼성당으로 정리하여 사용하기로 한다.
20)『산수지』(洪世泰 編) 권2, 遊香山記 "香山 一名妙香 一名太白 東史所云 神人降于
　　太白山檀木下者 此也 麗時屬延州[寧邊] 後屬熙川 地志云 有三百六十菴 俗傳有
　　八萬九菴 山之靈秀 甲於東方 … (中峰)東有一菴 臨水梨花盛開 下有怪石 如伏獸
　　間之 菴爲三聖 臺爲獅子岩也 … 明朝迤東北數里 有內賓鉢 又北上二里 至檀窟
　　巨岩擘作兩壁爲窟 內可容百人 俗傳檀君所降處 考之古記云 釋帝之雄 降于此山
　　有一熊一虎 嘗願爲人身 雄授以艾蒜 戒勿見日子者 十旬虎不守戒 熊忌三七日 化
　　爲女子 與雄合是生檀君 其守忌必此穴也 …".

환인은 아예 관념되지 않았으며, 신인神人 단군은 제석 환웅의 아들이 된다. 충돌할 수 있는 환인·환웅·단군의 위계 관념에서 환인을 제외함으로서 단순화시켜 천신天神과 신인神人의 상하 관념으로 이해하고 있다. 하지만 이를 전승의 주류로 파악할 수는 없다.

우리나라 건국신화의 일반적인 전개에서 건국시조는 하늘신의 대리자로서 산을 통해 지상으로 내려와 건국까지 하고 있음을 염두에 둘 때, 환웅은 분명하게 건국시조의 위치에 있다. 이런 점에서 고조선 건국신화에서 시조 단군과 환인-환웅의 관계를 어떻게 설정하는가의 문제는 신화의 구조적인 면에서 뿐만 아니라 신격의 관념적 질서의 면에서도 중요하다.

> A-1. … 嶺의 중턱에는 神堂이 있는데 어느 때 창건하였는지 알 수 없습니다. 북벽에는 檀雄天王, 東壁에는 檀因天王, 西壁에는 檀君天王이 모셔져 있고, 文化縣 사람들은 이를 일러 三聖堂이라고 합니다 … (『세종실록』권40, 세종 10년 6월 을미).
>
> A-2. … 그 산의 중턱에는 神堂이 있는데 어느 때 창건되었는지 알 수 없습니다. 북벽에는 檀因天王이 있고, 동벽에는 檀雄天王이 있으며, 서벽에는 檀君父王이 있는데, 고을 사람들이 일컬어 三聖堂이라고 합니다 … (『단종실록』권1, 단종 즉위년 6월 기축).
>
> A-3. 諺傳에 의하면, 처음 단군이 神이 되어 九月山에 들어갔다고 합니다. … 단군과 그의 父 檀雄·祖 桓因을 三聖이라 하며 祠宇를 설립하여 제사하였습니다. … 三聖堂에는 桓因天王을 남향으로, 檀雄天王을 서향으로, 檀君天王을 동향으로 모셨고 位板이 있습니다. 俗傳에 의하면 옛날에는 모두 木像이었으나, 태종 때 河崙의 건의로 諸祠의 木像과 함께 혁파되었습니다. … 三聖堂의 서쪽 夾室에는 九月山大王이 가운데 모셔져 있습니다(『성종실록』권15, 성종 3년 2월 계유).

자료 A는 조선 초기 삼성당에 모셔진 신격의 위차에 대해 언급하고 있다. A-1은 구월산 삼성당의 단군 위패를 평양의 단군사檀君祠로 옮기

려는 것을 막기 위한 유관柳寬의 상소이고, A-2는 1429년(세종 11) 평양
의 단군사에 모셔진 단군의 위패를 다시 문화현 구월산으로 옮겨오려는
목적에서 이루어진 이선제李先齊의 상소이다. A-3은 황해도 일대로 확산
된 전염병 야기의 원인을 사전에 포함된 평양의 단군사가 봄·가을로 제
사되면서 삼성당에서의 제사가 폐지된 데서 찾으려는 풍문을 조사한 이
예李芮의 치계馳啓이다. 특히 자료 A-3은 전사직前司直 최지崔池와 전전직
前殿直 최득강崔得江이라는 문화현의 유지들에 의해 작성된『삼성당사적
三聖堂事跡』과 이에 앞서 제작된『관서승람關西勝覽』이라는 자료를 통해
작성된 것으로 삼성당의 현황이 비교적 소상하게 기록되어 있었다.21)

   자료 A를 볼 때, 삼성당에는 환인천왕桓因天王[단인천왕檀因天王], 단
웅천왕檀雄天王, 단군천왕檀君天王[단군부왕檀君父王]이 모셔져 있었다. 여
기서 주목할 점은 대략 두 가지이다. 우선 환인·환웅·단군의 명칭이다.
환인을『세종실록』과『단종실록』에서는 단인檀因으로,『성종실록』에서
는 환인桓因으로 기록하고 있다. 환웅과 단군의 명칭에 대해서는 단웅檀
雄과 단군檀君으로 일치한다. 환웅과 단군의 명칭, 특히 환웅의 명칭이
단웅으로 보이는 것은『제왕운기』가 처음이지만, 고려후기 이래 단군의
명칭이 '단군檀君'으로 정리되면서 이를 중심으로 최소한 구월산 일대에
서의 환웅 명칭도 '단군'의 '단檀'을 표제한 단웅으로 이해하려는 태도를
반영하고 있는 것으로 보인다. 환인의 명칭이『성종실록』을 제외하고
단인으로 나타나는 것 역시 마찬가지로 이해할 수 있다. 하지만 환인의
경우, 단인과 환인이 혼용되고 있음은 구월산 일대의 사람들에게도 단인
을 수용하는 측과 환인을 수용하는 측으로 나뉘어 있음을 반영하는 것은
아닐까 한다. 이런 추측이 가능하다면, 환인의 명칭을 수용하는 측은 그
이해의 바탕을 전통적인 단군전승에 두고 있었을 것이며, 단인의 명칭을

---

21) 김성환, 1996,「高麗時代 三聖祠의 檀君崇拜」『백산학보』46, 백산학회 ; 허흥식,
   1999,「九月山 三聖堂史跡의 祭儀와 그 變化」『단군학연구』1, 단군학회 참조.

수용하는 측은 단군檀君을 중심으로 각 신격의 명칭을 정리하고자 하였을 것이다.

두 번째는 천왕天王의 호칭 문제이다. 삼성당에 모셔진 각 신격들은 모두 천왕으로 호칭되었다. 고려시대의 산신들이 민간에서 천왕으로 불리고 있었다는 점에서 이들 역시 산신으로의 성격을 지니고 있음을 의미한다. 이와 관련하여 묘청妙淸이 임원궁성林原宮城을 쌓고 궁중에 팔성당八聖堂을 설치하여 모셨다는 팔성의 신격 중 7위에 해당하는 증성악신인 늑차천왕甑城嶽神人 勒叉天王을 주목할 수 있다.[22] 증성악은 구월산으로 비정할 수 있다. 그렇다면 증성악신인은 구월산신을 지칭하는 것으로 추측되며, 그 실체 역시 늑차천왕이라는 점에서 구월산 산신신앙의 한 측면을 엿볼 수 있다고 하겠다.[23] 증성악신인의 구체적인 비정에 대해서는 환웅인지, 단군인지 자세히 알 수 없다.

하지만 이들은 관념적으로 질서를 가지고 있어야 했다. 그렇지 않으면 서로 충돌할 수 있기 때문이다. 신화의 구조상 건국시조의 위치에 있는 단웅과 실제 고조선 시조로 등장하는 단군의 관계가 특히 그러하다. 삼성당에 모셔진 각 신격의 위차 문제와도 관련되는 것이지만, 이를 위해서는 이들 사이에 특별한 관계가 필요했다.

일반적인 관점에서 하늘신인 환인은 최상의 위치에 모셔져야 했고, 신화 구조상 건국시조에 해당하는 자리를 차지하고 있는 환웅은 그 다음에, 단군은 최하위에 위차되어야 했다.[24] 『단종실록』과 『성종실록』에서 보이는 북벽-단인천왕(환인천왕), 동벽-단웅천왕, 서벽-단군부왕(단군천

---

22) 『고려사』 권127, 열전40, 반역1, 묘청 참조.

23) 김성환, 2000, 「高麗 前·中期의 檀君認識」 『백산학보』 57, 백산학회 참조. 묘청의 팔선과 관련해서는 다음의 연구도 참고할 수 있다. 리성호, 2003, 「고려시기의 '4선'과 단군숭배관념에 대하여」 『사회과학원학보』 2003-4(40), 사회과학원학보 편집위원회 참조.

24) 김성환, 1996, 「高麗時代 三聖祠의 檀君崇拜」 『백산학보』 46, 백산학회 참조.

왕)의 위차는 이런 측면에서 이해할 수 있다(A-2·3). 반면 북벽-단웅천
왕, 동벽-단인천왕, 서벽-단군천왕의 위차를 보여주고 있는『세종실록』
의 기록은 신화 구조상 건국시조에 해당한다고 판단되는 단웅의 성격을
강조한 것이라 할 수 있다(A-1). 이전에는 단군을 중심으로 위차가 정리
되었던 때도 있었을 것이다. 삼성당이 패엽사貝葉寺와 관련하여 두 차례
옮겨지기 전에 구월산 상봉上峰에 있던 사당의 명칭이 단군천왕당檀君天
王堂이었음은 이런 점에서 주목된다.25) 이는 이미 앞선 시기에 삼성의
신격과 명칭이 단군을 중심으로 정리되고 있었음을 의미한다.

그런데 구월산 상봉에 있었던 단군천왕당은 강향치제처降香致祭處로,
또는 성수초례처星宿醮禮處로도 알려져 있었고, 본래의 명칭은 사왕봉四
王峰이었으며,26) 사왕사四王寺가 있었다고 한다. 아마도 사왕사는 강화의
참성단塹城壇에서 초례醮禮를 준비하던 천재궁天齋宮, 또는 천재암天齋庵
과 유사한 기능을 했을 것으로 짐작된다.27) 이로 미루어 단군천왕당에
서는 도교적인 초제醮祭가 행해졌을 것으로 추측된다.28) 사왕봉, 사왕사
는 구월산과 관련한 4위位의 신격을 의미하는 것으로 추측되는데, 이것
이 삼성사 내지 삼성과 어떤 관계에 있는지는 구체적으로 알 수는 없다.

---

25)『성종실록』권13, 성종 2년 11월 병인 "下書黃海道觀察使李芮曰 人言檀君天王堂
   本在九月山上峯 後以貝葉寺在其下 堂不宜在佛刹上 移於寺之前峯 後又移於山麓
   設天王位 又設使者配享廳及典祀廳 降香致祭行之已久 其後廢不祀 又築祈雨壇
   於其側 宰殺雞豚 爲神所厭 惡病遂起 所謂天王堂及使者配享廳典祀廳古基 猶存
   歟 神位建設之因 有傳之者歟 降香致祭前禮可考歟 祈雨壇之築 在何時乎 至今祈
   雨行於此壇歟 宰殺雞豚之言然歟 惡病果前所無 而因此始起歟 必有諺傳之言 其
   逐條訪問 詳究病源 以啓".
26) 사왕봉과 관련해서는 李植(1584~1647)의 다음과 같은 시를 참고할 수 있다.『택
   당집』권1, 시, 登四王峰, "手拓金華頂 飄然最上層 靑雲高未動 碧海迥逾澄 逕拆
   千重石 巖垂萬歲藤 仙居卽此境 何用羨飛昇".
27) 김성환, 2008,「강화도 단군전승의 이해와 인식-문집 자료를 중심으로-」『인천학
   연구』8, 인천학연구원 ; 2009,「국가제사에서의 단군과 참성단 제사」『강화도
   참성단과 개천대제』, 경인문화사 참조.
28)『성종실록』권15, 성종 3년 2월 계유 참조.

『삼국유사』와 『제왕운기』에 전하는 단군전승이 고조선 건국신화라는 성격을 지니고 있음을 고려할 때, 삼성당에서 각 신격의 위차位次 역시 이를 반영해야 했다. 삼성당에서 신격의 위차가 단군을 중심으로 정리되어야 했다는 의미이다. 하지만 자료 A를 볼 때, 전혀 그렇지 못하다. 주향主享은 단인(환인) 또는 단웅으로 바뀌고 있지만, 단군은 계속 종향從享의 위치에 있다. 고조선 건국시조로서의 위상을 차치하고, 구월산에서 전하는 단군전승으로 볼 때도 가장 핵심인 그의 위차는 일견 이해하기 어렵다. 그를 중심으로 삼성의 위차가 정리되는 것이 일반적이기 때문이다. 납득할 수 있는 또 다른 장치가 필요하다.

이런 점에서 삼성에 대한 조-부-자라는 유교적 가족 질서가 차용되었을 것이다. 단군을 중심으로 하늘신 단인(환인)을 조, 하늘신의 서자 단웅을 부, 고조선 건국시조 단군을 자의 관계로 설정하면, 신격 사이에 생겨날 수 있는 여러 문제를 해소할 수 있었다. 서로 다른 신격으로 구월산에서 산신으로 좌정하고 있던 이들은 유교적 가족질서 안에서 정리됨으로서 공존할 수 있는 토대를 마련하였다. 구월산 삼성사에서 삼성 중 하나로 모셔진 단군이 고조선 건국시조로 자리매김 됨으로서 실제는 가장 중요한 신격이었지만, 위차에서 최하위에 있더라도 상충의 문제를 흡수할 수 있었다. 삼성당에서 단군의 위차가 크게 중요하지 않았던 까닭은 여기에 있었다.

단군은 단군부왕으로 불리기도 했다(A-2). 단군만 천왕天王과 부왕父王의 호칭이 함께 사용되었다. 구월산신중 유일하게 단군에게만 적용되었다. 이는 역사적 측면에서의 단군에 대한 인식 정도를 반영한 것이다. 『삼국유사』와 『제왕운기』의 고조선 기록에서 알 수 있듯이 고려후기부터 단군은 우리 역사의 시원으로서 국조國祖로 인식되었다. 부왕의 의미는 이런 측면에서 추측이 가능하다. 부왕의 개념은 고조선 시조라는 역사적인 계통 관계를 고려하여 나타난 것이라고 할 수 있다. 천왕이 구월산신 단군을 나타내는 일반적인 용어였다면, 부왕은 구월산신 단군에 대한 그 일대 지역민들의 직접적인 친연성과 역사성을 포함하는 용어였다. 단군에 대한 부왕의 호칭은 천왕만으로 불렸던 단인(환인)·단웅과 비교하여 이런 점에서 의미가 있다. 물론 이것은 19세기 말부터 보이는 근대 민족 개념을 수용한 혈손血孫 등의 개념 및 용어를 사용하면서 관념되는 단군과 분명하게 구별되어야 한다.29)

삼성당의 각 신격들은 고려의 사전 체계 안에 포함되어 있었을까. 일단 여기에 모셔진 이들이 모두 천왕으로 호칭되었다는 점에서 삼성당은 고려의 사전에 포함되지 못했던 것으로 추측할 수 있다. 이런 점에서 주목되는 것이 삼성당의 서쪽 협실夾室에 모셔져 있었다는 구월산대왕九月山大王의 존재이다(A-3). 고려시대에 국가에서 명산名山에 내려진 명호名號가 대왕이었다는 점을 고려할 때, 구월산대왕은 구월산신에 대한 고려 조정의 공식적인 봉작이었을 것이다.

> B-1. 祈雨龍壇은 三聖堂 아래 약 100보 정도에 있으나 설치시기는 알 수 없다. 縣에 소장하고 있는 송나라 景德 3년 丙午(1006) 5월의 儀注에 의하면, 餠·飯·酒 및 白鵝로 제사를 지냈다고 한다. 지금은 白雞로 代用하고 있고, 豚은 사용하지 않는다(『성종실록』 권15 성종 3년 2월 계유).
>
> B-2. 구월산에 비를 빌었다(『고려사』 권14, 예종 11년 3월 기사 및 권54, 지8, 오행2, 예종 11년 4월 기사).

자료 B-1은 삼성당 아래 100여보 떨어진 곳에 기우용단祈雨龍壇이 있었음을 전하고 있다. 이것이 자료 A-3에 보이는 삼성당의 서쪽 협실에 모셔져 있는 구월산대왕과 어떤 관련이 있는지 상세하게 알 수는 없다.

---

29) 조현설, 2000, 「동아시아 신화학의 여명과 근대적 심상지리의 형성-시라토리 쿠라키치, 최남선, 마오둔(茅盾)을 중심으로」 『민족문학사연구』 16, 민족문화사학회 ; 2006, 「근대계몽기 단군신화의 탈신화화와 재신화화」 『민족문학사연구』 32, 민족문학사학회 참조.

혹 기우용단과 구월산대왕을 모신 협실이 같은 곳을 가리키는지도 모르겠다. 문화현文化縣에 소장되어 있던 「송 경덕 3년 병오 5월 기우용단의 주宋景德三年丙午五月祈雨龍壇儀注」에 의하면, 기우제에는 떡·밥·술·거위 등을 제수로 사용했다고 한다. 문화현령의 주관으로 기우제가 진행되었음을 의미한다. 어느 때부터인지는 알 수 없지만, 적어도 기우용단에서는 1006년(목종 9) 이전부터 관 주도의 기우제가 지내졌음을 알 수 있다. 그 대상은 구월산대왕의 대행을 통한 천신 환인이었을 것이 분명하다. 1116년(예종 11) 왕이 서경西京 행차 도중 구월산에 비를 빌었다는『고려사』의 기록(B-2)은 이 같은 정황을 추론하는데 도움이 된다. 기우용단에 모셔진 신격은 구월산대왕이었으며, 그 실체는 구월산신이었다. 구월산신인 구월산대왕은 11세기 초 이전부터 고려의 사전에 포함되어 기능하고 있었음을 알 수 있다.

궁금증은 여기서 끝나지 않는다. 구월산대왕이 어느 신격을 지칭하는가의 문제로 향할 수밖에 없다. 그 대상으로 떠오르는 것은 역시 삼성당에 모셔진 삼성이다. 그러나 산신의 성격을 고려할 때 환인은 제외된다. 산신은 하늘신 자체가 아니라 하늘신과 사람의 중간에 위치하여 사람의 기원을 하늘신에게 전달해주는 존재였기 때문이다. 단웅은 이점에서 마땅히 주목할 수 있는 신격이다. 하늘신의 아들로 풍백風伯·우사雨師·운사雲師와 함께 지상에 내려와 신시神市를 열고 곡식·생명·질병·형벌·선악 등 360여 가지 사람의 일들을 관장했다는 점에서 그러하다. 그럼에도 불구하고 그 역시 구월산대왕으로서의 자격을 충분히 갖추었다고는 볼 수 없을 듯하다.

구월산대왕=구월산신=아사달산신의 관계를 고려할 때, 구월산대왕은 아사달산신인 단군일 수밖에 없다. 그리고 그는 단웅과 부자 관계를 맺음으로서 단웅이 지상에 내려와 관장했던 360여 가지 인간사를 그대로 계승받았고, 신시를 고조선이라는 보다 넓은 공간으로 확대시켰다.

삼성의 관계에서 단웅은 이제 하늘신 단인(환인)과 구월산신 단군을 계통적으로 이어주는 존재로서의 기능만 할 수 있었을 뿐이다. 이로 미루어 삼성당과 달리 서쪽 협실에 모셔져 있던 구월산대왕은 단군천왕[단군부왕]을 가리키는 것으로 짐작된다. 삼성당 이외의 별도 공간에 단군을 따로 모시게 된 배경에는 삼성당에 봉안된 삼성의 위차에서 단군이 최하위에 자리매김 될 수밖에 없는 원인을 해소하고, 구월산 일대 지역민들과의 친연성과 역사적 측면에서의 인식이 함께 작용하고 있는 것으로 보인다.

고조선 건국신화에서 아사달阿斯達은 특별한 곳이었다. 최소한 2차례에 걸친 나라의 도읍이기도 했다. 그랬기 때문에 그는 이곳에서 산신이 될 수 있었다. 이는 고려 사회에서도 마찬가지였다. 고종 때 좌소左蘇 아사달阿思達을 옛 양주楊州 땅에 비정하는 도참승의 말에 근거하여 아사달에 남경 가궐南京假闕을 조성하고 있음에서 알 수 있다.[30] 그가 아사달에서 산신이 되었다는 것은 다른 지역에서의 산신의 기능과 비교하여 볼때, 고조선 사회의 안녕을 하늘신에 전달하는 중개자로서의 역할을 수행했던 것으로 추측할 수 있다. 하지만 『삼국유사』와 『제왕운기』를 참고할 때, 그는 고조선의 건국시조였다. 건국 시조의 최후가 단지 산신으로 그려지고 있음은 의문이 아닐 수 없다.

그가 고조선의 건국시조였다면, 사후에 무덤이 조성되었을 것이다. 또 하늘과 직접 연결되는 신성함을 지니고 있었기 때문에 그의 후계들은 고조선 사회를 유지하기 위해 그와의 계승성을 대내외에 알리는 한편, 정례적인 의식을 통해 계속 확인하려고 했을 것이다. 삼국이나 가야의 시조가 승천 또는 죽은 뒤 무덤이 만들어져 매장되고, 시조상始祖像이나 위패 등을 모신 시조묘始祖廟가 건립되어 매년 시조를 위한 의식을 후대까지 지속하고 있었다는 점에서 더욱 그러하다. 이를 참고할 때, 고조선

---

30)『고려사』권23, 고종 21년 7월 갑자 참조.

시조 단군 역시 무덤에 장례되고 왕실 부근에 시조묘가 세워져 매년 정례적인 제사가 모셔지거나, 나라의 중대사 결정에 일정 기능을 수행했을 것이다. 하지만 이에 대한 자료는 어디에서도 확인되지 않는다.

그렇다면 단군은 사후에 바로 아사달산의 산신이 되었을까.

> C-1. … 후에 白岳山 阿斯達로 移都하였는데, 御國하기를 1500년이었다. 周虎(武)王 즉위년인 己卯年에 箕子를 朝鮮에 封하니 壇君은 藏唐京으로 옮겼다가 후에 다시 몰래 阿斯達山으로 돌아와 山神이 되었다. 나이는 1908세였다(『삼국유사』 권1, 기이2, 고조선[왕검조선]).

> C-2. … 다스린 연수가 1038년이고 阿斯達山에 들어가 神이 되었으니 죽지 않은 때문이다(『제왕운기』 권하, 「동국군왕개국연대」, 전조선기).

『제왕운기』의 『본기』에서는 단군이 1038년을 다스린 후 아사달산신이 되었다고 기록하고 있다(C-2). 이승휴李承休는 「전조선기前朝鮮紀」 본문에서 단군의 향국享國을 10년 적은 1028년으로 기록하고 있다.[31] 『삼국유사』의 『고기』에서는 어국御國 1500년이었고, 나이 1908세였다고 서술하고 있다(C-1). 어국과 나이에서 400여년 차이가 생기는 것을 어떻게 이해해야할지 모르겠지만, 1908세는 혹 산신으로서의 좌정한 햇수를 의미하는 것이 아닐지 모르겠다.[32]

어쨌든 『고기』와 『본기』에서 단군은 아사달을 떠난 듯 서술되어 있지만, 사실은 그렇지 않았다. 여전히 그는 그곳에 있었다. 삼국의 시조묘가 도읍에 자리하듯이 그의 묘당廟堂 또한 그러했을 것이기 때문이다. 그의 사후 고조선 시조로서 묘당은 아사달에 마련되었고, 그곳에서 고조선이 망할 때까지 건국시조로서의 역할을 수행했을 것이다. 하지만 고조선

---

31) 『제왕운기』 권하, 「동국군왕개국연대」, 전조선기 참조.
32) 참고로 臂長山神의 나이는 거의 3000살에 가까웠다고 한다. 『삼국유사』 권4, 의해5, 圓光西學 참조.

이 멸망한 이후 고조선에 대한 역사적 기억이 희미해지면서 고조선 건국 시조로서의 단군과 그를 봉안한 시조묘始祖廟 역시 역사적인 측면에서 인식되기 보다는 민간신앙과 결합되어 전해졌을 것이다. 그 결과가 아사달산신으로 나타난 것으로 추측된다.

고조선 건국시조인 단군의 최후가 아사달산신으로 정리된 것은 이와 같은 역사적인 흐름 속에서 진행되었다. 따라서 그의 아사달산신으로의 최후에서는 고조선의 역사를 읽어낼 수 있는 어떤 사실도 반영하고 있지 못하다. 역사인식의 부진과 관련한 문제이기도 하다. 따라서 『삼국유사』와 『제왕운기』에 인용되어 있는 『고기』와 『본기』의 자료적 성격에 대해 구체적으로 알 수 없지만, 단군의 최후만으로 국한할 때, 이들 자료에서 고조선 사회의 역사성을 밝혀내기란 쉽지 않다고 할 수 있다. 이들 자료의 성격 및 저술 시기와 무관하지 않은 문제이기도 하다.

3. 단군의 후계 인식과 최후

단군의 후사後嗣로 직접적으로 언급되는 역사적 인물은 부루夫婁와 주몽朱蒙이다. 『삼국유사』와 『제왕운기』에서는 『단군기』와 『단군본기』라는 자료를 전거로 단군의 후사로 부루를 언급하고 있다. 또 일연은 『삼국유사』의 「왕력王曆」에서 주몽을 단군의 아들로 언급하고 있다.

> D-1. 『壇君記』에 이르기를 "(壇)君이 西河 河伯의 딸과 要親하여 아들을 낳으니 이름을 夫婁"라고 하였다. 지금 이 기록을 살펴보면 解慕漱가 하백의 딸과 私通하여 후에 朱蒙을 낳았다고 하고, 『壇君記』에서는 아들을 낳았는데 이름이 부루라고 하니, 부루와 주몽은 異母兄弟일 것이다(『삼국유사』 권1, 기이2, 고구려).
>
> D-2. 東明王 … 이름은 朱蒙이고 혹은 鄒蒙이라고도 한다. 壇君의 아들이다(『삼국유사』 권1, 왕력1).

D-3. 『檀君本紀』에 이르기를 "非西岬 河伯의 딸과 혼인하여 아들을 낳으니 이름이 夫婁이다"라고 하였다(『제왕운기』권하, 「동국군왕개국연대」, 한사군급열국기).

특히 일연은 단군과 서하西河 하백河伯의 딸 사이에서 부루를 출생했다는 『단군기』의 기록과 『삼국유사』「고구려」조에서 해모수와 하백의 딸 사이에서 주몽을 출생했다는 기록의 전거인 『국사國史』「고려본기高麗本紀」의 내용이 모순됨을 간파하고 있었다. 부루와 주몽을 어머니인 하백의 딸을 중심으로 이모형제異母兄弟의 관계로 설정하고 있는 것이 이에 대한 그의 견해였다(D-1). 또 그는 「왕력」에서 주몽을 단군의 아들로 설정하고 있는데(D-2), 그 전거 역시 그가 「고구려」조에서 인용하고 있는 『단군기』였을 것으로 추측된다. 이승휴도 단군과 비서갑非西岬 하백의 딸 사이에서 부루가 출생하였다는 전승을 소개하고 있는데, 그 전거는 『단군본기』였다(D-3).

이런 내용들은 고려시대 어느 시기부터 단군의 후계를 중심으로 정리한 자료가 출현했을 가능성을 시사한다. 일연과 이승휴가 인용한 『단군기』와 『단군본기』는 그런 성격의 자료 중 일부였을 것이다. 『세종실록』 지리지에 인용되어 있는 『단군고기檀君古記』역시 이와 관련하여 추측할 수 있다.[33] 『삼국유사』「고조선(왕검조선)」조에서 단군신화를 싣고 있는 『고기』의 본래 명칭이 『단군고기』로, 앞에 단군이 생략되었을 것으로 추측하여 『고기』의 표제성에서 단군을 드러냄으로서 고조선의 역사적 실체를 강조하려는 견해도 있다. 이점에서는 『제왕운기』에 인용된 『본기』역시 마찬가지이다.

이런 견해가 수용된다면, 단군을 표제하고 있는 고려시대의 또 다른 자료 하나를 추가할 수 있다. 하지만 이 역시 여러 가지 개연성중 하나일

---

33) 『세종실록』권154, 평안도, 평양부 참조.

뿐이다. 따라서 구체적이지는 못할지라도 간접적인 자료라도 제시되지 않는 상황에서 『고기』와 『본기』의 본래 명칭을 『단군고기』・『단군본기』로 파악하기는 어렵다고 생각한다.[34] 이 경우 『제왕운기』에 인용된 『본기』와 『단군본기』를 같은 자료로 파악할 것인가의 문제가 대두된다. 이 역시 보다 신중한 접근이 필요하다. 『삼국유사』에서 『단군기』가 「고조선(왕검조선)」조의 전거 자료로 사용되지 못하고 있는 것과 같이 『단군본기』역시 『제왕운기』의 「전조선기」조가 아닌 「한사군급열국기漢四郡及列國紀」조에서 등장하고 있기 때문이다. 『삼국유사』와 『제왕운기』에서 『단군기』와 『단군본기』의 자료 인용 방법이 동일하게 나타나고 있는 것이다. 필자 역시 일찍이 『고기』와 『단군기』는 다른 자료로, 『본기』와 『단군본기』는 동일한 자료로 추측한 바 있다.[35] 하지만 보다 신중한 접근이 요구된다. 아울러 『세종실록』 지리지 평안도 평양부에 인용되어 있는 『단군고기』도 『단군기』・『단군본기』와 함께 비교되어야 할 문제이다. 향후 본격적인 검토가 필요한 부분이다.

『삼국유사』와 『제왕운기』에 인용되어 있는 『고기』와 『본기』는 단군을 중심으로 고조선의 역사적 사실을 기록하고 있다. 그럼에도 불구하고, 그 명칭에서 고조선이나 단군과 관련한 표제성을 보여주지 못하고 있다. 반면 『단군기』와 『단군본기』는 표제성에서 매우 구체적이다. 고조선 관계 자료들이 망실된 현재 입장에서 이들은 『삼국유사』와 『제왕운기』가 저술되었던 시기의 자료적 환경을 대표하고 있다. 이들 자료가 단군을 중심으로 고조선의 역사적 사실을 내용으로 하고 있음은 분명한 것 같다. 그렇지 않다면 이들 자료는 그 명칭에서 단군을 표제하지 못했을 것이다. 하지만 이들이 싣고 있는 고조선 역사의 양과 질이 어느 정도였는지, 성격이 어떠했는지는 확인할 수 없다. 표제성만으로는 지금까

---

34) 김성환, 1999, 「檀君傳承의 類型(Ⅰ)」 『中央史論』 12・13합집, 중앙사학연구회 참조.
35) 김성환, 위의 논문 참조.

지 알려져 있는 고조선 관련 자료 중 가장 직접적인 자료로 생각할 수 있다. 그럼에도 불구하고 이 자료들이 고조선과 관련한 항목에서 직접 활용되지 못하고, 「고구려」와 「한사군급열국기」에서 서하 하백의 딸을 중심으로 단군→부루, 해모수→주몽의 관계를 설명하기 위해 이용되고 있다는 점을 주목해야 한다. 이는 이들 자료들이 지니고 있던 나름으로의 한계뿐만 아니라 성격에 있어서도 『고기』나 『본기』와는 일정한 거리가 있음을 예상하게 한다.

『단군기』와 『단군본기』에서 보이는 단군과 서하 하백의 딸의 관계와 부루의 출생을 고려할 때, 이 자료들은 고조선 멸망 이후 후계국가를 역사계승적인 측면에서 이해하기 위해 저술된 것이라고 짐작된다. 물론 남아있는 내용이 단편적인 것에 불과하지만, 우리가 알고 있는 사실과는 달리 고조선 왕실의 후계 계승의 문제가 이미 구체적이면서도 상세하게 전해졌고, 이를 정리한 다양한 자료가 저술되었을 가능성을 보여준다. 문제는 부루와 주몽이 역사적 존재로, 한 국가의 건국시조에 위치하고 있다는 점이다. 그것도 고조선 멸망 이후 한참을 지난 때 건국된 나라의 시조였다.

이런 점에서 단군과 부루, 단군과 주몽을 혈연관계로 설정한 『단군기』와 『단군본기』, 『삼국유사』 「왕력」편의 기록은 역사적 사실로 받아들일 수 없다. 어떻게 이런 전승이 형성되었을까. 이는 구체적이지 못하지만 『단군기』와 『단군본기』가 저술되던 시기의 역사계승인식과 무관하지 않다. 이들 자료의 저술은 당대의 시대인식과 밀접한 관련을 가지고 있었기 때문이다.

『삼국유사』와 『제왕운기』가 저술되었던 13세기 말 이전 고려의 역사계승인식은 삼한三韓에 머물러 있었다. 왕건의 후삼국 통일이념이 일통삼한一統三韓이었다는 점에서 고려 전·중기에는 삼한을 중심으로 역사인식이 이루어졌다. 무신집권기에 옛 삼국의 영역에서 발생했던 고구려·백제·신라의 부흥운동은 이와 관련하여 깊이 참고할 수 있다. 그러나 후기에 이르러 고려의 대내외적인 환경의 변화로 이를 아우를 수 있는 인식론이 필요하게 됨에 따라 역사인식은 고조선으로 확대되었다.36)

『단군기』와 『단군본기』의 제작 시기 역시 이런 관점에서 유추할 수 있다. 이 자료들이 『삼국유사』나 『제왕운기』보다 이전에 저술된 것은 분명하다. 그렇다고 그 저술시기를 무작정 끌어 올릴 수 있는지, 이 자료에서 보이는 이해 범위가 고려사회에 널리 이해되었을지는 별개의 문제이다. 물론 고려시대의 선가仙家나 도참사상과 관련하여 제작 시기를 전기까지 소급해 볼 수도 있다. 단군 때의 신하로 전하는 신지神誌와 관련한 자료로 추측되는 『신지비사神誌秘詞』가 11세기 말에 도참과 관련하여 등장하고 있음에서 그렇다.37) 그렇지만 역사적 측면에서 단군에 대한 접근이 본격적으로 이루어졌을지 의문이다. 또 고조선 시조 단군을 중심으로 하는 혈족 중심의 역사인식이 폭넓게 작용하고 있었다고는 생각되지 않는다.

『단군기』와 『단군본기』에서 단군과 부루를 부자로 설정한 것은 고조선 시조 단군과 동부여 시조 부루를 역사적으로 연결시키려는 적극적인 시도이다. 그리고 그 결과는 동부여가 고조선을 계승했다는 인식론으로 맺어질 수밖에 없다. 이 결과는 여기서 끝나지 않는다. 이것만으로 고조선 이후 고려까지 많은 국가들이 혈연을 중심으로 계통적으로 정리될 수 있기 때문이다. 주지하는 바와 같이 백제는 고구려와 같은 부여족의 일파로 알려져 있다. 북부여인가, 동부여인가에서는 문제가 될 수 있겠지만, 부여족임은 분명하다. 북부여·동부여-고구려-백제로 이어지는 계열을 상정할 수 있다. 신라의 선주민 역시 조선 유민朝鮮遺民으로 알려져

---

36) 노태돈, 1982, 「三韓에 대한 認識의 變遷」『한국사연구』 38, 한국사연구회 ; 이익주, 2003, 「고려후기 단군신화 기록의 시대적 배경」『문명연지』 4-2, 한국문명학회 참조.

37) 『고려사』 권122, 열전35, 金謂磾 참조.

있다. 삼한의 78국 역시 조선 유민이라는 기록이 있다. 이는 고조선-삼
한-신라로 이어지는 또 하나의 계열을 상정하게 한다.

그렇다면 고조선과 북부여·동부여의 관계는 문제가 된다. 이것만 해
소될 수 있다면, 고려에 앞선 국가들을 혈연을 중심으로 하나의 체계에
서 이해할 수 있는 인식론의 창출이 가능하기 때문이다. 여기서 『삼국유
사』와 『제왕운기』에 보이는 다음의 기록을 검토할 수 있다.

E-1. 『本記』에 이르기를 "夫餘王 解負婁가 … 금빛 나는 개구리 형상의 작은
아이를 … 길러서 金蛙라 하고 태자로 삼았다. 정승 阿蘭弗이 말하기를
'일전에 天帝가 제게 내려와서 장차 내 자손으로 하여금 이곳에 나라를
세우려 하니 너는 피하라고 하였습니다. 동해 가에 迦葉原이란 땅이 있는
데 오곡이 잘 되니 도읍할 만하다'라고 하였습니다. 아란불은 왕을 권하
여 옮겨 도읍하고 東夫餘라 하였다. 예전 도읍터에는 解慕漱가 천제의 아
들이 되어 와서 도읍하였다"(『동국이상국전집』권3, 고율시, 동명왕편).

E-2. 『고기』에 이르기를 "前漢 宣帝 神爵 3년 임술 4월 8일 天帝가 五龍車를
타고 訖升骨城에 내려왔다[大遼 醫州 경계에 있다]. 도읍을 세우고 왕
이라 일컬으며 나라 이름을 北扶餘라고 했다. 스스로를 解慕漱라고 했
는데, 아들을 낳아 이름을 扶婁라고 하고 解로서 성씨를 삼았다. 그 후
왕(부루: 필자 주)은 上帝의 명에 따라 도읍을 동부여로 옮기고, 東明帝
가 북부여를 이어 일어나 卒本州에 도읍을 세우고 卒本扶餘가 되었으
니, 즉 고구려의 시조이다"(『삼국유사』권1, 기이2, 북부여).

E-3. 北扶餘王 解夫婁의 신하 阿蘭弗의 꿈에 天帝가 내려와 말하기를 "장차
내 자손으로 하여금 이곳에 나라를 세우고자 하니 너는 이를 피하여[東
明이 장차 일어날 조짐을 이른다] 동해의 해변에 迦葉原이란 땅이 있으
니 토양이 기름져서 마땅히 王都를 삼을만 하다"라고 하였다. 아란불이
왕에게 권하여 도읍을 그곳으로 옮기게 하고 나라 이름을 東扶餘라고
하였다(『삼국유사』권1, 기이2, 동부여).

E-4. 『東明本紀』에 따르면 "… (扶餘王 夫婁: 필자 주)의 신하 阿蘭弗이 말하
기를 '日者가 하늘에서 저에게 내려와 장차 내 자손으로 하여금 이곳에
나라를 세우고자 하니 너는 이를 피하여 동해의 해변에 迦葉原이란 땅
이 있으니 토양이 오곡에 마땅하여 가히 도읍을 삼을만 하다'라고 하였

다. 왕에게 권하여 도읍을 옮기게 하고 나라 이름을 東扶餘라고 하였다
…"(『제왕운기』권하,「동국군왕개국연대」한사군급열국기).

E-5. … 國史 高麗本紀에 이르기를 "시조 東明聖帝의 성은 高氏이고 諱는 朱
蒙이다. 처음에 北扶餘王 解夫婁가 이미 東扶餘로 자리를 피하였고, 부루
가 죽자 金蛙가 왕위를 이었다. 이때 太伯山의 남쪽 優渤水에서 한 여자
를 얻어 그 까닭을 물으니 말하기를 '나는 본래 河伯의 딸로 이름은 柳花
입니다. 여러 동생과 함께 나와 놀던 중 한 남자가 스스로 天帝의 아들
解慕漱'라고 하며 나를 유혹하여 熊神山 아래 鴨綠의 강가 방 속에서 알
게 되고는 가서 돌아오지 않았습니다"(『삼국유사』권1, 기이2, 고구려).

자료 E에서 고조선 단군, 북부여 해모수, 동부여 부루, 고구려 동명東
明의 혈연관계에 대한 인식 정도를 알 수 있다. E-2는 천제天帝이자 북부
여 시조인 해모수-아들 동부여왕 부루, 상제上帝-고구려 시조 동명왕,
E-1·5는 동부여왕 해부루解扶婁-아들 금와金蛙, 천제의 아들 해모수-아
들 고구려 시조 동명왕으로 혈연관계가 설정되어 있다. 그리고 E-3·4는
북부여왕이었던 해부루가 도읍을 옮겨 동부여를 세운 배경을 설명하고
있는데, 그것은 천제 또는 하늘의 계시 때문이었다.

해모수·부루·동명의 혈연관계가 복잡하게 얽혀있다. 해모수는 천제이
자 북부여의 시조로서 동부여왕 부루의 아버지가 되기도 하고(E-2), 천제
의 아들로서 동명왕의 아버지가 되기도 한다(E-1·5). E-2의 경우 부루가
북부여에서 동부여로 옮긴 배경은 해모수가 아닌 상제의 명에 의한 것이
다. 여기서는 상제-동명의 관계가 성립되며, 천제 해모수와 상제는 동일
한 존재가 아니게 된다. 해모수를 중심으로 여러 전승이 착종되어 있음을
볼 수 있다. 해모수는 어쨌든 천제 또는 천제의 아들로 인식되고 있었다.
그리고 그가 부루를 낳았다거나 주몽을 낳았다는 전승이 있었다. 해모수
와 부루가 혈연관계로 연결되지 않을 경우에는 북부여왕 부루의 선계에
대해서는 달리 설명할 방법이 없다. 부루의 모계에 대해서는 전승이 확인
되지 않지만, 동명의 모계는 대체로 하백의 딸로 이해되고 있었다.

이런 측면에서 고조선 시조 단군과 동부여왕 부루를 혈연관계로 연결하려는 시도가 있었다. 그것이 『단군기』와 『단군본기』에서 단군이 부루를 낳았다는 전승이다. 여기서도 부루의 모계에 대해서는 여전히 미궁 속에 빠져있다. 하지만 천제 또는 천제의 아들이었던 해모수와 제석 또는 상제인 환인의 손자였던 단군을 동일한 존재로 파악할 경우, 착종되어 있는 여러 전승을 풀 수 있는 실마리가 제공된다. 그들은 모두 하늘과 직접 관계를 가지고 있기 때문에 양자를 동일한 존재로 파악할 수 있는 충분한 근거도 확보하고 있는 셈이다. 그렇다면 해모수와 관계하여 동명을 낳은 하백의 딸 역시 부루의 모계와 연결할 수 있는 근거 또한 가지게 된다. 이와 같은 전승의 착종에서 이를 나름의 인식 속에서 하나의 계통으로 정리하려는 결과가 단군과 하백의 딸 사이의 부루, 해모수와 하백의 딸 사이의 동명이라는 전승을 만들어 낸 것이 아닌가 싶다. 단군의 아들로서 부루의 모계가 하백의 딸로 정리될 수 있다면(D-1·3), 자연스럽게 부여를 계승한 고구려를 비롯한 삼한·삼국의 역사 역시 한 계열로 인식할 수 있는 근거가 마련되기 때문이다. 이런 시각에서 『단군기』와 『단군본기』의 관련 기록을 접근해야 할 것이다. 여기에는 단군과 해모수가 동일한 존재일 수 있다는 묵시적 동의가 잠재되어 있다.

이 경우에도 두 가지 해석이 가능하다. 하나는 단군과 해모수가 동일한 존재라는 이해이고, 다른 하나는 양자를 다른 존재로 이해하는 것이다. 전자의 경우에는 천제 또는 상제를 중심으로 단군과 해모수는 계보를 같이 하고 있음을 주목한 것이다. 이들을 동일한 존재로 파악할 수 있는 실마리가 여기에 있다. 부루와 동명의 모계 역시 하나이기 때문에 이를 둘러 싼 이견이 있을 수 없다. 그들은 동복형제同腹兄弟의 관계가 성립한다. 이럴 경우에는 고조선 시조 단군을 중심으로 하는 일원적 역사계승인식이 보다 체계화될 수 있었다.

그렇지만 일연과 이승휴는 이를 수용하지 않았다. 아무래도 단군과 해모수를 동일한 존재로 파악하는 것에 부담을 가진 듯하다. 그들 역시 고조선과 (북)부여 사이에 존재하는 시간의 간극을 의식하지 않을 수 없었을 것이다. 따라서 그들은『단군기』와『단군본기』의 내용을 소개하면서도 이를 본문이 아닌 분주에서 처리할 수밖에 없었다. 단군과 해모수를 동일한 존재로 파악하는 것을 경계한 것이다. 그 결과가『삼국유사』와『제왕운기』에서 고조선에 대해 서술하면서도 그 후계에 대한 언급을 전혀 하지 않도록 하였으며, 해모수와 부루, 동명의 관계를 북부여·동부여·고구려 등 관련 항목에서 언급하게 하였다.

일연의 경우는 이를 충분하게 이해하고 있으면서도 한편으로는 소극적이나마 단군과 해모수의 관계를 설명하고 있다. 그것은 부루와 주몽의 모계로 등장하는 하백의 딸에 대한 언급에서 나타난다. 그는 단군과 해모수를 동일한 존재로 파악하는데 부담을 가지면서도 부루의 모계가 밝혀져 있지 않음을 주목했다. 그런데 해모수의 아들이자 북부여의 왕인 부루가 상제의 강압으로 동부여로 옮기는 과정에서 천제의 아들로 다시 등장하는 해모수와 하백의 딸 사이에서 동명이 출생한다. 해모수와 하백의 딸을 부모로 둔 동명과 해모수를 부계로 둔 부루 사이의 혈연적 관계가 형성된다. 부루와 동명은 모두 해모수의 아들이지만, 부루의 모계는 알 수 없다. 부루의 모계에 대한 설정이 필요했다. 이점에서 하백의 딸은 부루의 모계로서 최적의 존재였다. 부계로 연결되어 있는 해모수와 관계하고 있기 때문이다. 단군과 하백의 딸의 관계는 이렇게 이루어졌다. 일연 역시 약간의 모순은 인정하면서도 해모수가 하백의 딸을 사통私通하여 출생한 주몽보다는 단군과 하백의 딸 사이에 출생한 부루를 적통으로 추측하였다. 그가 부루와 주몽이 이모형제異母兄弟라고 추측하는 데는 이 같은 배경이 작용하고 있었다. 그랬기 때문에 주몽 역시 단군의 아들이라는 전승 역시 성립할 수 있었다(D-2). 그렇지만 부루의 부계로 설정되고 있던 단군과 해모수 사이에는 여전히 상충되는 문제를 지닐 수밖에 없었다.

단군·해모수·부루·주몽 사이의 혈연적 관계가 어느 정도 설명이 가능하다면, 앞서 언급한 바와 같이 고조선 이후의 국가는 하나의 계통 아래에서 체계적인 설명이 가능하다. 고조선-북부여-동부여로 연결되는 부루 계열, 고조선-북부여-고구려-백제로 이어지는 동명 계열, 고조선 유민이 건국하고 선주민으로 정착했던 고조선-삼한, 신라 계열, 그리고 일통삼한으로 이를 계승한 고려가 그러하다. 이런 점에서 "비류왕沸流王 송양松壤이 말하기를 '나는 선인仙人의 후손으로 여러 대에 걸쳐 왕이 되었고, 지금 그대는 나라를 세운지 일천日淺하니 우리에게 부용附庸함이 옳지 않은가'라고 하였다"는 『동명본기東明本紀』를 인용하여 송양 역시 단군의 후손인 듯하다는 이승휴의 추측 또한 참고할 수 있다.[38] 또 『삼국사기』에서는 백제 건국과 관련하여 또 다른 시조로 설정할 수 있는 비류沸流의 선계先系를 북부여왕 해부루의 서손庶孫인 우태優台로 이해하고 있기도 하다.[39] 그렇다면 백제 건국의 한 갈래집단은 단군-해부루-우태-비류로 이어지는 계통의식을 지니고 있었을 가능성이 있다.

『삼국유사』와 『제왕운기』에서 고려의 역사를 고조선을 중심으로 재편한 과정에는 이런 혈연적 관계망이 작용하고 있었다. 고조선의 한 갈래가 부루를 중심으로 북부여-동부여로 이어진다는 전승은 단군이 우禹 임금의 도산塗山 조회朝會에 아들 부루를 보냈다는 것으로까지 확대되고 있었다.[40] 고조선의 대외관계라는 점을 의식한 전승이라는 점에서 단군-부루로 이어지는 후계 전승이 보다 구체적으로 형성되어 있었음을 추측하게 한다.

고조선 시조 단군을 북부여의 왕에서 도읍을 옮겨 동부여의 시조가

---

38) 『제왕운기』 권하, 「동국군왕개국연대」 한사군급열국기 참조.
39) 『삼국사기』 권23, 백제본기1, 온조왕 참조.
40) 『회헌선생실기』 권1, 시, 「侍從忠宣王如元感唫」 "麒麟公子白裘狐 寶玦珊瑚釦轐轆 上國觀風思季札 塗山贊玉愧扶婁 傷心漠漠關河雲 慣眼依依古塞楡 最是此生無限痛 百年天下帝單于[王以世子再如元 先生亦再赴 故云慣眼依依]".

된 부루, 고구려 시조 동명(주몽)과 혈연적으로 연계시키고, 단군의 대외
적인 통치로 우의 도산 조회를 언급하고 있음은 단군의 후사와 관련하여
보다 구체적인 전승이 이미 전해져 오고 있었을 가능성과 함께, 사회 문
화적인 필요에 따라 새로운 전승도 만들어지고 있었을 것임을 시사한다.
여기에서 주목하려는 단군묘檀君墓 역시 이와 관련을 가진다. 단군묘의
등장은 고조선 시조로서 단군의 역사적 위상과 밀접할 수밖에 없기 때문
이다. 국가의 사전祀典 체계에서의 문제를 차지하고, 단군묘의 등장은 고
조선과 단군에 대한 전승을 역사적으로 보다 확고하게 인식하려는 노력
의 결과였기 때문이다.

4. 또 다른 단군의 최후와 단군묘

자료에서 단군묘가 최초로 확인되는 것은 『동국여지승람』에서이다.
평양 부근의 강동군에 단군의 무덤으로 전하는 고적이 있다는 것이다.

> F-1. 큰 무덤[하나는 縣의 서쪽 3里 떨어진 곳에 있는데 둘레가 410尺으로 諺
> 傳에 檀君墓라고 한다. 하나는 縣의 북쪽 30里 떨어진 刀㓒山에 있는데
> 諺傳에 옛날 皇帝墓라고 한다](『동국여지승람』 권55, 「강동현」, 고적)

자료 F-1에 따르면, 단군묘의 위치는 강동현 읍치에서 서쪽으로 3리
정도 떨어진 곳이고, 둘레는 410척이라고 한다. 그 전거는 구전에 의해
전해진다는 언전諺傳이었다. 이로 미루어 최소한 조선전기부터는 단군의
최후로서 단군묘에 대한 전승이 있었음을 알 수 있다. 이제까지 전통적
으로 이해되어온 아사달산신이라는 최후와는 다른 방식의 이해였다.
그런데 이 자료를 그대로 수용하기에는 어려운 점이 있다. 『세종실록』
지리지에서는 강동현의 고적으로 단군묘가 확인되지 않는다는 것이
다.41) 그렇다면 단군묘에 대한 전승이 세종 이후 세조 연간에 형성되었

음을 의미하는 것인가. 고조선 시조인 단군이 국조로서 명확하게 자리 잡은 시기는 평양에 단군사당이 창건되고, 단군에 대한 치제致祭가 사전에 포함되었던 세종 때부터라고 할 수 있다. 그렇다고 이때 아사달산신과는 다른 최후에 대한 전승으로 단군묘 전승과 고적이 새롭게 만들어졌을 것이라고는 생각되지 않는다. 여기서 전승의 근거가 언전이었음을 유의할 필요가 있다.

이는 단군묘 전승이 고려시대에도 있었을 가능성을 보여준다. '언전'이라는 것에 기대어 그 전승의 상한을 무작정 끌어올릴 생각은 없다. 하지만 가능성조차 탐색하지 않을 필요 역시 없다. 이런 점에서 앞서 살펴본 단군과 부루, 동명이 혈연관계로 맺어진 전승에 다시 한 번 유의하고자 한다. 고조선 시조로서의 단군에 대한 역사적 위상이 점차 자리매김되면서 이제까지 그의 최후로 이해되고 있던 아사달산신은 설득력을 상실하게 되었을 것이다. 역사적 측면에서의 접근은 객관적이고 합리적인 인식의 틀 속에서 진행된다. 그렇지 않다면 그 존재는 계속 전설이나 전승이라는 범위에서 머무를 수밖에 없고, 잊혀질 수밖에 없기 때문이다.

이승휴는 원에 사신으로 가면서 요하遼河의 강변에 이르러 그 지역사람들에 의해 부여의 부마대왕묘駙馬大王墓라고 전하는 고적을 보았다고 했다.[42] 바로 이어서는 가탐賈耽의 말을 인용하여 "큰 평원의 남쪽 압록은 모두 부여의 옛 땅이니 북부여는 마땅히 요하의 강변에 있었다. 그 개국은 대개 후조선後朝鮮부터 지금에 이르렀을 것"이라고 하였다.[43] 그가 전해 들었던 부여의 부마대왕묘는 북부여 왕실과 관계된 무덤이라는

---

41) 『세종실록』 권154, 지리지, 평안도, 평양부, 강동현 "大塚縣北二十里都磨山 周回四百十尺[諺傳皇帝墓]".

42) 『제왕운기』 권하, 「동국군왕개국연대」 한사군급열국기 "臣嘗使於上國 至遼濱路傍有立墓 其人曰 扶餘駙馬大王墓也".

43) 『제왕운기』 권하, 「동국군왕개국연대」 한사군급열국기 "又賈耽曰 大原南□鴨綠血扶餘舊地 則北扶餘者 宜在遼濱 其開國盖自後朝鮮而至此幾矣".

전승이 있었던 것으로 짐작된다. 그렇다면 요하 주변에 부여 왕실과 관련하여 전하는 고적이 상당수 전하고 있었을 것으로 추측할 수 있다. 거기에는 부마대왕묘와 같은 무덤도 포함되어 있었을 것이다. 부여 왕실의 계보가 어느 정도 전해지고 있었을 가능성도 보여준다. 후대의 부여의 역사적 위상과도 밀접한 관련을 가진다. 이는 단군묘 전승에 대해 접근하는데 도움을 준다. 전승의 존재시기를 고려시대로 검토할 수 있는 가능성을 보여준다.

이와 관련하여 기자묘箕子墓 전승 역시 참고할 수 있다. 1102년(숙종 7) 예부禮部에서는 고려의 예의가 교화되기 시작한 것은 기자箕子부터인데 아직 사당이 없고 사전에도 포함되어 있지 못하니 그 분영墳塋을 찾게 하고 사당을 세워 제사지낼 것을 건의하여 숙종의 허락을 받는다.[44] 이에 기자묘를 찾기 위한 노력이 전개되었을 것이고 그 전후 사정은 알 수 없지만, 현재 평양 모란봉에 있는 기자묘를 중심으로 옆에 사당을 세우고 사전에 포함시켜 제사하였다. 이는 민간에서 기자묘로 전하는 고적이 전해오고 있었음을 의미한다. 또 기자묘는 중화문화의 입장보다 고구려 계통으로 이어지는 민간신앙 측면에서 이전부터 묘가 전해지고 있었고, 이를 찾으려는 건의가 있던 숙종 7년에는 전해오던 고기류古記類의 관계기록도 남아있을 가능성이 있다는 견해도 참고할 수 있다.[45]

기자묘 전승을 참고할 때, 단군묘 역시 그렇지 않다고 말할 수 없다. 다만 양자는 기자묘가 12세기 초부터는 중화문화와 관련한 국가의 관심으로 그 제사가 사전에 포함되면서 정례적인 치제와 관리가 이루어졌던 반면, 단군묘는 그렇지 못했다는데 차이가 있다. 단군묘와 관련한 전승 역시 기자묘 전승과 마찬가지로 이미 고려시대에 전해져 오고 있었을 것

---

44) 『고려사절요』 권6, 숙종 7년 10월 참조.
45) 박광용, 1980, 「箕子朝鮮에 대한 認識의 변천」 『한국사론』 6, 서울대 국사학과, 255쪽.

이다. 그리고 그 위치는 기자조선의 도읍이 평양이라는 인식에서 그 묘를 그곳에서 찾았던 것과 같이 단군묘도 평양 혹은 그 인근에서 찾으려했고, 강동의 단군묘는 그런 배경에서 주목되었을 것이다. 단군과 관련한 인식의 성장과 전승 내용의 확산은 기자의 그것과 대응 혹은 대립적인 측면에서도 접근이 가능할 것으로 생각된다.

F-2. 평양은 본래 仙人 王儉의 宅이다. 혹은 왕의 도읍을 王險이라고 한다
(『삼국사기』 권17, 고구려본기5, 동천왕 21년)

자료 F-2 역시 단군묘와 관련해서도 유의해야 할 것 같다. 이는 『삼국사기』의 찬자 또는 그 편찬에 저본이 된 이전 사서의 찬자가 평양에 대한 자신의 견해를 기록한 것으로 보인다.46) 『삼국유사』에서는 왕검이 단군과 연칭하여 '단군왕검'으로 기록되어 있고, 고조선 역시 단군을 표제하지 않았지만 '왕검조선'으로 별칭되었음을 분주하고 있다.47) 이를 염두에 둘 때, F-2의 왕검은 단군왕검, 왕검조선과 연결될 수밖에 없다. 왕검은 바로 고조선 시조 단군왕검을 지칭한다.

특히 일연이 단군왕검의 첫 번째 도읍지로 기록되고 있는 평양성을 서경(평양)으로 비정하고 있고, 자료 F-2 역시 동천왕東川王의 묘사廟社 이전移轉의 역사적 사실이 현재의 평양과는 다를지라도 『삼국사기』의 찬자 또는 그 편찬에 저본이 된 이전 사서의 찬자가 왕검을 평양과 관련하여 이해하고 있기 때문이다. 고조선의 도읍지 평양, 동천왕의 천도지 평양이 『삼국유사』와 『삼국사기』에서 이해되고 있는 평양과 동일한 곳은 아니라 할지라도, 김부식을 비롯한 고려중기 식자층과 일연은 이를 동일한 곳으로 비정하고 있었다. 이런 이해는 『삼국사기』 이전부터 전

---

46) 김성환, 2000, 「단군신화의 기원과 고구려의 전승」『단군학연구』3, 단군학회 참조.
47) 『삼국유사』 권1, 기이2, 고조선[왕검조선] "魏書云 乃往二千載 有壇君王儉 立都 阿斯達" 및 "… 雄乃假化而婚之 孕生子 號曰壇君王儉 …".

해오고 있었을 가능성도 있다. 서경[평양]에 대한 고려 왕실과 식자층의 인식 정도와 관련을 가지고 있다.

자료 F-2에서 평양, 왕검과 관련하여 유념해야 할 문제는 '선인仙人' 과 '택宅'이다. 왕검이 선인으로 이해되고 있다는 것에서는 역사적 존재 로서의 위상을 전혀 찾아볼 수 없다. 물론 이승휴는 『제왕운기』에서 『삼 국사기』의 이 기록을 염두에 두고 비류왕 송양이 선인의 후예라고 한 말에 주목하여 그를 단군의 후예로 이해하려 하기도 했다.[48] 하지만 고 구려 고분벽화나 다른 기록에서 볼 수 있듯이 선인의 존재는 다양하다. 고려시대에도 선가, 도참사상과 관련하여 선인의 모습을 확인하기는 어 렵지 않다. 대표적인 예로 묘청이 서경 팔성당에 모신 신격 중 첫 번째 인 호국백두악태백선 인실덕문수사리보살護國白頭嶽太白仙人 實德文殊師利 菩薩, 세 번째인 월성악천선 실덕대변천신月城嶽天仙 實德大辯天神, 네 번째 인 구려평양선인 실덕연등불駒麗平壤仙人 實德燃燈佛, 다섯 번째인 구려목 멱선인 실덕비파시불駒麗木覓仙人 實德毗婆尸佛을 들 수 있다.[49]

특히 팔성당의 네 번째 신격인 구려평양선인과 F-2의 선인의 관계도 주목된다. 이로 미루어 평양과 관련하여 『삼국사기』에 보이는 선인의 존재는 선가 혹은 도참사상과 관련한 측면에서 이해하는 것이 합리적이 다. 역사성이 완전히 탈락되어 있다. 고려 전중기에는 고조선의 역사적 사실이 그 도읍으로 인식되었던 평양에서조차 잊혀지고 있었던 것이다. 적어도 고조선과 단군, 단군과 평양, 고조선과 평양의 관계에서 고조선 과 단군, 고조선과 평양에 대한 인식이 일반적인 것이었다고 파악하기는 어려울 것 같다. 다만 단군과 평양의 관계는 선가 또는 도참사상과 습합 되면서 자료 F-2와 같이 선인 왕검의 존재로 남게 되었을 것으로 추측된 다. 다음의 자료 F-3도 마찬가지라고 할 수 있다.

---

48) 『제왕운기』 권하, 「동국군왕개국연대」 한사군급열국기 참조.
49) 『고려사』 권127, 열전40, 반역1, 묘청 참조.

F-3. 평양의 출발은 仙人 王儉으로 지금의 遺民 堂堂한 司空에게 이르렀네/평양의 君子는 삼한에 앞서 있어 천여 년을 넘게 장수하고 또 仙人이 되었다네/藩宣을 받음이 그 후손에게 이어져 衰盾의 세월 公에게 모두 갖추어졌다네(「趙延壽墓誌銘」, 김용선 편저, 『高麗墓誌銘集成』, 한림대 아시아문화연구소).

F-3에서 볼 수 있듯이 『삼국유사』와 『제왕운기』에서 고조선 시조로서 단군의 위상이 재정립되었음에도 불구하고, 평양은 여전히 선인 왕검의 유택으로 전해지고 있었다. 물론 자료 F-2와는 달리 여기서는 그가 삼한에 앞선 존재로 천여 년을 넘게 장수했고, 그 유민이 고려후기까지 이어져오고 있었다는 사실을 기록하고 있다. 『삼국유사』와 『제왕운기』의 고조선 기록에 준하는 역사적 인식을 염두에 둔 서술일 가능성이 높다. 이런 면에서 자료 F-3는 F-2보다 선인 왕검에 대한 보다 구체적이면서도 역사성의 표현에서 앞서있다. 그렇다고 할지라도 아직까지 그의 최후는 선인이었다. 이는 다름 아닌 아사달산신과 같은 성격의 또 다른 표현이었다고 보인다.

다음은 '택宅'의 문제이다. 이와 관련해서는 여러 가지 자의字意가 있다. 그리고 그중 하나가 택조宅兆, 즉 묘지, 무덤이다.[50] 이에 기대어 위의 『삼국사기』 자료를 '선인 왕검의 장지葬地, 택조' 등으로 추측할 수 없을까. 물론 '택'에 대한 해석을 너무 좁게 접근하려는데 문제점이 없는 것은 아니지만, 가능성 중의 하나를 상정할 수 있다. 이 같은 가능성이 허용된다면, "평양이 선인 왕검의 택"이라는 F-2의 자료는 단군묘와 관련하여 검토할 수 있다. 더 나아가 단군묘 전승의 상한을 『삼국사기』 편찬, 혹은 『삼국사기』 편찬에 저본이 된 이전 사서의 편찬

---

50) 『廣雅』 釋地 "宅 葬地也" ; 『儀禮』 士喪禮 "筮宅 冢人營之" ; 「鄭玄注」 "宅 葬居也" ; 『孝經』 喪親 "卜其宅兆而安措之" ; 「邢昺注」 "宅 墓穴也" 단국대 동양학연구소, 2001, 『한화대사전』, 단국대출판부 참조.

시기로 올려볼 수도 있다. 하지만 그러기에는 자의적인 해석에 치우치는 경향이 있고, 목적성이 개재되어 의도적인 측면으로 몰아가려는 경향이 강하게 보인다. "선인 왕검과 유서가 깊은 곳", 또는 "선인 왕검과 관련한 전승·고적이 있는 곳", "선인 왕검의 영향이 있는 곳" 등 폭넓게 해석하는 것이 타당할 것으로 보인다. 단군은 평양신平壤神으로 평양 일대에서 병첩의 기원, 기우 등 공동체의 안녕을 위한 기능을 하고 있었기 때문이다.51)

그러면 단군묘 전승은 언제 형성되었는지 추측할 만한 것은 없을까. 이에 대해서는 어디에서도 확인되지 않는다. 북한학계에서 주장하고 있는 고조선 시조 단군의 무덤으로 단정하기에는 무리한 점들이 너무 많다. 하지만 기자묘의 경우 숙종 때 이미 고려 조정의 관심이 있었다. 숙종 이전부터 기자묘 전승이 있었음을 의미한다. 이는 단군묘에도 그대로 적용될 수 있다. 단군묘 역시 민간에서나마 관심의 대상이 되고 있었을 것이다. 그리고 그 계통은 부루, 동명과 혈연관계로 맺어지고 있음을 볼 때, 부여 또는 고구려로 연결되었을 것이다. 특히 단군은 역사성을 상실한 것이기는 하지만, 이미 고구려 때 민간에서 가한신可汗神으로 숭배되고 있었을 가능성도 있기 때문이다.52)

고조선의 시조로서 단군에 대한 기억이 대부분 상실되었을지라도, 희미하게나마 평양 일대의 민간에서는 이에 대한 기억을 간직하고 있었을 것이다. 평양의 신격 중의 하나로 숭배되고 있었고, 그 사당에 대한 국가의 관심이 간헐적으로 지속되었기 때문이다. 비록 그것이 선가 또는 도참사상에 기댄 것이라 할지라도 그 소속집단에서는 고조선의 시조로서

---

51) 김성환, 1998, 「高麗時代 平壤의 檀君傳承」『문화사학』 10, 한국문화사학회(김성환, 2002, 『高麗時代 檀君傳承과 認識』, 경인문화사 재수록) 참조.

52) 한영우는 고구려에서 숭배되었던 신격중 하나인 可汗神을 단군으로 비정하고 있다. 한영우, 1983, 「高麗와 朝鮮前期의 箕子認識」『朝鮮前期社會思想硏究』, 지식산업사, 232쪽.

단군에 대한 인식이 있었을 것이다. 물론 선가 또는 도참사상에 경도되어 있던 부류들은 사실적인 모습보다는 신비주의적이면서도 신앙적인 측면에서의 접근에 익숙해 있었고, 전통적인 최후에 대한 인식으로서 아사달산신은 그들에게 보다 선호되었을 것이다. 그렇다고 하더라도 조선시대 선가사학의 예를 통해볼 때,53) 그들은 단군 혹은 그 이전 환인, 환웅부터 자신들까지의 계통의식을 가지고 있었으며, 이를 기록으로 남기게 되었을 것이다.

13세기 말 이전『단군기』와『단군본기』,『단군고기』등에서 단군의 후계와 관련한 전승을 채록하고 있었다는 것은 이런 점에서 참고할 수 있다. 물론『단군기』와『단군본기』의 저술연대에 대해서는 자세히 알 수 없다. 이들이『삼국유사』와『제왕운기』에 전거로 인용되고 있음을 고려할 때, 그 이전임은 분명하다.『삼국유사』북부여조에 인용되어 있는『고기』에서는 흘승골성訖升骨城에 대한 위치 비정을 "대요大遼 의주醫州의 경계에 있다"고 분주하고 있다.54) 이를 염두에 둘 때, 북부여조에 인용되어 있는『고기』의 저술 시기는 10~12세기 초로 상정할 수 있다. 하지만 이곳의『고기』와 고조선 조에 인용되어 있는『고기』를 같은 책으로 볼 수 있지만은 않다. 또『고기』와『단군기』·『단군본기』는 성격에서 다른 자료일 가능성이 보다 많다.

이런 상황에서『단군기』·『단군본기』의 저술은, 북부여·동부여왕 부루와의 혈연관계, 서하 또는 비서갑 하백의 딸과의 혼인관계 설정 등을 고려할 때, 삼한을 벗어나는 보다 확대된 역사인식의 필요에 의해 저술되었을 것으로 생각된다. 그렇다면 그 시기는 삼한을 중심으로 하는 역

---

53) 서영대, 2006,「조선후기 선가문헌에 보이는 상고사 인식-단군문제를 중심으로」『한민족연구』2, 한민족학회 ; 2008,「韓國 仙道의 歷史的 흐름」『선도문화』5, 국학연구원 ; 김성환, 2008,「선가 자료『청학집』의 자료적 검토」『한국선도 관련 자료의 수집·교감·심화해제』발표 자료집, 국학연구원 참조.
54)『삼국유사』권1, 기이2, 북부여 참조.

사계승인식에 머물러 있던 『삼국사기』가 편찬된 12세기 이후일 것이다. 물론 이 역시 하나의 가능성일 뿐, 이전에 저술되었을 가능성을 전혀 배제하는 것은 아니다. 만약 이들이 『삼국사기』 편찬 이전에 저술되었다면, 그 성격은 선가, 도참, 도교 등과 관련한 자료일 가능성이 보다 높아진다. 그렇지만 이럴 경우 그 성격은 고조선과 그 시조 단군에 대한 역사적 관념이 뚜렷하게 작용하여 이루어진 저술이라고 할 수는 없다.

즉 이 자료들은 선가 또는 도참사상에 소속된 집단이 단군 이래 당대까지의 계보를 정리한 자료일 수 있거나, 그들이 정리한 자료를 참고하여 저술한 자료일 것으로 추측된다. 이는 폭넓은 인식으로서 자리잡지 못했을지라도, 단군이 역사적 인물이라는 전승이 전해오고 있었음을 의미한다. 그리고 더 나아가 그의 최후에 대한 인간적인 접근을 창출하게 되었고, 그것이 단군묘 전승으로 귀결된 것으로 추측된다. 그 시기는 구체적으로 추적하기 어렵지만, 『단군기』와 『단군본기』 등이 저술되던 전후, 또는 기자묘 전승의 형성과 비슷한 때로 추측할 수 있다. 그렇다면 대체로 고려 전기, 혹은 그 이전부터도 단군묘 전승이 전해지고 있었을 가능성도 있다.[55]

5. 맺음말

고대국가의 건국시조는 인간이자 신이었다. 그들은 하늘과 이어지는 신성함이 있었기 때문에 출생과 건국, 통치가 가능했다. 또 그들의 죽음은 하늘로 돌아간다는 승천 등으로 이해되었고, 시조릉의 조성과 함께 시조묘가 세워졌다. 시조릉이 역사적 존재로서의 최후라면, 시조묘는 그들의 신격을 모신 곳이었다. 고구려, 백제, 신라, 가야 등이 그렇다. 삼국

---

55) 이런 점에서 1106년(예종 1) 朴昇中 등이 음양지리에 관련한 여러 자료를 산정하여 편찬했다고 하는 『海東祕錄』 역시 참고할 수 있다.

의 경우 시조묘와 시조릉은 첫 도읍지에 만들어졌다. 그리고 고구려와 백제의 예에서 볼 수 있듯이 천도한 경우에도 후대의 왕들은 매년 시조묘와 시조릉이 있는 첫도읍지에 가서 정례적인 의례를 시행하였다. 내적으로는 조상숭배의식이었고, 외적으로는 왕실의 신성함을 천명하기 위함이었다. 고구려의 경우는 천도한 이후 새 도읍지에 시조묘와 시조릉을 새로 조성하기도 하였다. 평양의 동명왕릉과 동명왕사당은 이런 측면에서 이해할 수 있다.

고조선 시조 단군의 최후로 전하는 아사달산신과 단군묘 역시 이런 점에서 이해가 가능한가. 얼핏 보기에 단군의 최후에 대한 전통적인 인식인 아사달산신은 고조선 건국시조로서의 신격에 해당되어 그를 모신 사당이 시조묘와 유사한 기능을 하고 있다면, 또 다른 최후를 전하는 단군묘는 시조의 시신을 묻었거나 그렇다고 믿어지는 곳이었다. 삼국의 시조묘와 시조릉의 관계로 파악할 수 있는 존재이다. 하지만 고조선의 아사달산신과 단군묘는 고구려, 신라 등에서의 시조묘-시조릉의 관계와는 다르다. 두 가지 전승을 고구려, 신라 건국시조의 최후와 같은 시조릉-시조묘의 관계로 이해하기 어렵다. 삼국에서 고대국가의 시조들은 그들이 정한 도읍에서 시조묘에 봉안되고 시조릉에 묻혔지만,[56] 고조선의 시조 단군은 달랐다. 그는 최후에 아사달산신으로 좌정하기도 했고, 단군묘에 묻히기도 했다. 여기에서는 단군이 왜 그런 최후를 가져야했는가의 문제를 검토하고자 했다.

단군의 최후에 관한 전승인 아사달산신과 단군묘는 상충관계이지 보완관계가 아니다. 이들은 각기 독립된 개별 전승이다. 산신으로 돌아간 아사달산과 무덤이 있는 평양 역시 같은 장소로 여겨지지 않는다. 산신

56) 최광식, 1994, 『고대한국의 국가와 제사』, 한길사 ; 김두진, 1999, 『한국고대의 건국신화와 제의』, 일조각 ; 나희라, 2003, 『신라의 국가제사』, 지식산업사 ; 채미하, 2008, 『신라 국가제사와 왕권』, 혜안 참조.

이 되었다는 아사달산은 두 번째 도읍지로 전승되는 구월산으로, 무덤
이 있는 곳은 첫 번째 도읍지로 기록된 평양으로 비정되고 있기 때문이
다. 이를 종합하면, 초도지인 평양에서 죽은 후 천도지인 구월산에서 산
신이 되었다고 이해할 수 있다. 혹 첫도읍지인 평양에 무덤을 조성하고,
후에 아사달로 천도하여 시조묘를 그곳으로 옮김에 따라 아사달산신으
로 좌정하게 되었다고 이해할 수도 있다. 하지만 이는 성립할 수 없다.
단군묘 전승이 아사달산신 전승보다 늦은 시기에 형성된 것으로 보이기
때문이다.

　단군의 최후를 둘러싼 두 가지 전승은 같은 시기에 형성되지 않았다.
고조선이 망한 지 오랜 시기가 지난 후, 아산달산신으로의 최후라는 전
승이 먼저 만들어졌을 것이다. 이는 고조선의 역사성이 상실되면서 시조
단군에 대한 기억 역시 희미해지는 상황과 관련이 있다. 단군은 묘향산,
평양, 구월산 등 서북한 지역의 신격으로 자리하면서 그 최후 역시 그에
적합한 것으로 설정되어야 했다. 고려시대에 묘향산이나 평양에서 단군
의 최후와 관련한 전승이 직접 확인되지 않는 것도 무관하지 않다. 구월
산 일대에서 전하는 아사달산신으로의 전승은 단군의 최후를 알려주는
대표적인 것으로 자리하게 된 데는 이런 배경이 있었다. 고조선과 관련
한 역사성이 거의 사라졌지만, 아사달산신으로서 단군은 이미 고려전기
부터 사전에 포함되어 국가에서 관장하는 제사 대상이 되었고, 구월산대
왕으로 봉작되기도 했다. 기우, 전염병 퇴치 등 지역사회의 안녕을 위해
서였다.

　『삼국유사』와 『제왕운기』가 인용하고 있는 『단군기』와 『단군본기』
에서는 단군과 부루를 부자관계로 설정하여 혈연적으로 연결시키고 있
다. 그리고 매개인 모계로 서하 또는 비서갑 하백의 딸을 등장시키고 있
다. 서하 하백의 딸은 다름 아닌 천제 또는 천제의 아들이자 북부여의
시조인 해모수와 관계하여 동명을 출생하기도 했다. 또 부루는 해모수의

아들로 전해지기도 했다. 이런 점에서 단군과 해모수는 동일한 존재로
이해되기도 했고, 다른 존재로 파악되기도 했다. 그리고 이에 따라 부루
와 주몽은 이모형제로 파악되기도 했고, 주몽이 단군의 아들로 설정되기
도 했다.

　단군-부루, 단군-주몽의 혈연적 관계, 부루-주몽의 배다른 형제 관계
는 고려시대 선가 혹은 도참사상을 신봉하는 집단에 속하면서 이에 기대
어 고조선과 단군에 대한 인식을 하고 있었던 일부 계층을 중심으로 만
들어졌을 것으로 보인다. 그 목적은 고조선, 단군에서 출발하여 고려를
포함한 후대의 국가 모두를 하나의 계통, 그것도 혈연을 중심으로 재편
하려는 것이었다. 그들은『단군기』와『단군본기』를 저술하면서 이런 전
승들을 채집하여 서술하였거나, 혹은 앞선 시기에 저술된 다른 자료의
내용을 인용했을지도 모른다. 어쨌든『단군기』와『단군본기』의 관련기
록은 단군의 후계를 부여, 고구려와 적극 연결시키려는 목적이 내포되어
있다. 그리고 이 같은 혈연적 연계는 역사적 존재로서의 단군과 고조선
에 대한 인식의 범위를 시공간적으로 확대시켰고, 의도되었건 그렇지 않
았건 단군묘라는 단군의 최후에 대한 또 다른 전승의 형성 또는 이해
확산에 영향을 주었거나, 영향을 받고 있다.[57]

　평양은 '선인 왕검의 택'이며, 그는 평양에서 삼한 이전 천여 년 이상
을 장수하였다. 평양신平壤神으로서 선인 왕검과 평양의 관련성이 보여
준다. 고구려에서는 민간에서 기자신과 함께 가한신을 모셨으며, 가한신
은 단군과 관련이 있을 가능성이 있다. 그렇다면 단군, 선인 왕검, 가한

---

57) 단군묘 전승의 형성시기와『단군기』와『단군본기』의 저술시기에 대해서는 구체
　　적으로 추측할 수 없기 때문에 그 선후관계 역시 마찬가지이다. 일반적으로 단군
　　묘 전승이『단군기』와『단군본기』의 저술보다 먼저 형성되었을 가능성에 높지만,
　　꼭 그렇지도 않다. 단군묘 전승과『단군기』와『단군본기』의 저술은 그 선후관계
　　와는 관련 없이 고조선 시조 단군에 대한 역사적 존재로서의 인식을 강화하는데
　　일정한 기능을 하고 있었다.

신, 평양신은 동일한 신격을 지칭하고 있음을 알 수 있다. 고려 숙종 때에는 기자묘를 찾아 사당을 세우고 있음에서 민간에서 이미 기자묘에 대한 전승이 있었음을 알 수 있다. 이는 단군묘 전승의 형성시기를 이해하는데 도움이 된다. 평양과 단군과의 유원성, 고구려 때 가한신의 존재 등을 고려할 때, 단군묘 전승 역시 일찍부터 민간에 전해지고 있었을 것으로 추측된다.

평양은 고조선의 첫도읍지였기 때문에 시조의 무덤은 아사달산보다 평양에 있는 것이 보다 합리적이었다. 다만 기자묘가 12세기 초부터는 중화문화와 관련한 국가의 관심으로 정례적인 치제와 관리가 이루어졌던 반면, 단군묘는 그렇지 못했다. 그렇다고 이에 대한 최고의 기록이 『동국여지승람』이라고 하여 전승의 형성시기를 조선 건국 이후로 설정하려는 경향 역시 바람직한 것이 아니다. 이는 현재의 단군묘를 고조선의 시조 단군의 무덤으로 단정하고, 고조선부터 북한정권에 이르는 역사계승의식의 정당성을 설명하려는 북한학계의 주장에 대한 묵시적 반론일 수밖에 없다.

단군묘 전승이 고려시대 이미 평양 일대에서 전해지고 있었을 가능성은 충분하다. 고려 전중기 이미 단군전승이 도참사상에 연계되어 정치적으로 이용되고 있음을 볼 때, 선가 또는 도참사상을 지닌 일부계층에서는 고조선의 시조로서 단군에 대한 인식이 있었을 것이다. 그들은 단군 혹은 그 선계로서 환인, 환웅부터 자신들까지의 계통의식을 가지고 있었을 것이고, 『단군기』와 『단군본기』 역시 그들과 관련한 자료가 아닐까 싶다. 이들은 단군의 최후를 보다 역사적인 측면에서의 접근을 가능하게 했고, 그것이 단군묘 전승으로 귀결된 것으로 추측된다. 그 시기는 구체적으로 추적하기 어렵지만, 『단군기』와 『단군본기』 등이 저술되던 전후, 또는 기자묘 전승의 형성과 비슷한 때로 추측할 수 있다.

제2장 세조의 평양 순행巡幸과 단군묘檀君墓

1. 머리말

『동국여지승람東國輿地勝覽』 강동현江東縣 고적에 처음 보이는 단군묘檀
君墓 기록에[1] 대해서는 아무런 정보를 가지고 있지 못하다. 이에 대한
『동국여지승람』의 돌연한 출현은 이전의 자료를 전혀 확보하고 있지 못
한 상황에서 당혹감을 느끼기 충분하다. 그러나 이 기록 역시 이전부터
강동지역에 전하는 전승에 토대하고 있음이 분명하다. 단군묘 기록에 관
한 전거를 언전諺傳에 기대고 있음은 이를 의미한다. 단군묘는 숙종 이후
간혹 수치修治에 대한 기록을 확인할 수 있고, 한말에는 단군릉으로의 숭
봉이 추진되기도 한다. 일제강점기에는 강동군 유림을 중심으로 대대적인
수축운동이 이루어지기도 한다. 단군묘가 강동지역의 역사와 문화를 대표
하는 상징으로 자리하여 지속적인 관심의 대상이 되었음을 의미한다.[2]

　이 같은 움직임에서도 불구하고 조선후기의 문헌에서조차 그 유래와
관련한 내용은 거의 찾을 수 없다. 대부분의 기록이 『동국여지승람』에
기대고 있음을 확인할 수 있을 뿐이다. 이는 『동국여지승람』이 관찬이라
는 성격에 기인하는 것이기도 하지만, 전승의 다양성에 있어서는 그만큼
제한적일 수밖에 없다. 단군묘 역시 여러 갈래의 전승을 지니고 있었을

---

1) 『동국여지승람』 권55, 「강동현」, 고적 참조.
2) 『동국여지승람』 이후 강동현과 관련한 각종 지리지에서 단군묘가 강동을 대표하
　는 고적으로 수록되고 있음은 이점에서 참고할 수 있다.

것이다. 그 내용이 신화적이든 역사적이든, 또는 중국신화를 차용한 것이든, 전설이나 민담을 차용한 것이든 고조선 시조로서의 위상을 생각할 때, 단군묘는 어느 역사적 존재의 능묘보다 다양한 전승을 지니고 있었을 것임은 짐작할 수 있다. 그렇지만 현재 전승의 대부분은 일실되었다. 이런 상황에서 단군묘에 대한 역사적 접근과 의미를 검토하는 자체가 지난한 것임은 당연하다. 이와 관련한 새로운 자료가 확보되지 않는 한 간접적인 자료를 활용하고, 이를 토대로 유추하는 방법밖에는 없어 보인다.

여기에서는 이 같은 자료적 한계에도 불구하고 단군묘의 출현에 대한 의미를 살펴보고, 그 전승의 시기적 문제의 약간 역시 보강하고자 하는데 목적을 가진다. 보다 근본적인 목적은 전통시대 단군전승의 하나로 단군묘를 검토하려는데 있다. 이는 현재 북한에서 진행 중인 단군릉의 역사적 해석과는 다른 접근이다. 역사적 측면에서 전승의 의미를 검토하는 것과 이를 그대로 역사적 사실로 수용하여 고조선의 역사를 서술하는 것은 다른 문제이기 때문이다.

먼저 1460년(세조 6) 이루어진 세조의 평양 순행巡幸과 그 과정에서 이루어진 단군전檀君殿 친제親祭를 주목하고자 한다. 세조의 단군전 친제는 고조선과 시조 단군에 대한 역사적 사실을 확고하게 인식한 바탕 위에 이루어진 것이었다. 새로운 통치체제의 구축이라는 집권 의지와도 관련되어 있다고 생각된다. 그의 단군전 제사는 평양 순행 이전 단군묘에 대한 정보를 인지하고 있는 가운데 이루어진 것으로 추측된다. 이런 점에서 『동국여지승람』의 단군묘 기록에 대한 근원을 양성지梁誠之가 주도한 『팔도지리지八道地理誌』의 편찬을 위해 찬진된 『평안도지리지平安道地理志』와 관련하여 접근하고자 한다. 『평안도지리지』에서 단군묘 전승을 확인한 양성지가 「편의便宜 24사事」를 건의하면서 전대 능묘의 수호와 관련하여 전조선의 능침을 포함하고 있기 때문이다.

단군묘 전승의 시기 문제와 관련해서는 앞서 살펴본 "평양이 본래

선인 왕검仙人 王儉의 택宅"이라는 『삼국사기』의 기록에 주의하고, 이
를 현재의 평양이 고조선의 도읍으로 인식되게 된 시기와 관련하여 접
근하고자 한다. 이런 측면에서 『삼국유사』 고조선조에 실려 있는 『고
기古記』의 평양과 관련한 세주를 주목하고자 한다. 이상의 검토는 단군
묘에 대한 보다 합리적인 이해를 도모하기 위해 이루어진 것이다. 그러
나 자료의 한계와 필자의 능력 부족 때문에 추측만 거듭하여 많은 오류
가 있을 것으로 생각된다. 앞으로의 지속적인 논의를 통해 보완되어야
할 것이다.

2. 세조의 단군전檀君殿 친제親祭

  세조는 계유정란의 결과로 왕위에 올랐다. 즉위 직후에는 성삼문을
비롯한 집현전 학사들이 단종 복위를 꾀하는 격변을 겪기도 했다.3) 이후
그는 자신의 왕위계승에 대한 정당성과 합법성을 위한 제반 조치를 적극
도모하는 방향으로 국정을 운영했다. 육조직계제·직전법·보법保法 등이
정치·경제·군사 분야에서 시행되었고, 『경국대전』·『동국통감』·『삼국사
절요』·『국조보감』 등 각종 법전과 사서들이 편찬되었다. 또 원구제圜丘
祭의 실행과 단군·기자·동명 등 역대 시조의 제사가 강화되는 등 제반
조치들이 다양한 분야에서 추진되었다. 이런 일련의 조치들은 새로운 통
치체제의 구축이라는 세조의 집권 의지에 초점이 맞추어져 있었다고 할
것이다.

  특히 역대 시조의 제사와 관련하여 고조선과 그 시조 단군에 대한 조
치 역시 이와 긴밀하게 연결되어 있었다. 세조는 즉위 이듬해 단군사檀君
祠의 수치를 명하고,4) 신주도 '조선단군朝鮮檀君'에서 '조선시조단군지위

---

3) 『세조실록』 권4, 세조 2년 6월 갑진 참조.
4) 『세조실록』 권4, 세조 2년 4월 정묘 참조.

朝鮮始祖檀君之位'로 고쳐 단군의 위상을 분명히 하였다.5) 명실공이 역사
적 존재로서 국조國祖에 위치시킨다. 제의에 관한 성복盛服도 마련된다.6)
물론 이런 조치는 기자사箕子祠·동명왕사東明王祠 등과 함께 이루어졌고,
전체적으로 민족의식의 고양이라는 결과로 설명되기도 한다.7) 그런데
'후조선시조기자지위後朝鮮始祖箕子之位'라는 기자의 위패가 전조선을 염
두에 둔 것이었는데, 단군의 위패는 이에 대칭하는 전조선이 아닌 후조선
을 포함하는 조선 전체를 표제하고 있음이 주목된다. 조선은 전조선만을
의미하는 것이 아니라『삼국유사』에서 이미 시도되었듯이 기자까지를
포괄하는 고조선을8) 가리키는 것이었다.

　　이런 움직임은 이미 세종 때부터 보인다. 1429년(세종 11) 건립된 단
군사와 기자사의 위패가 이듬해 '조선후단군지위朝鮮侯檀君之位'에서 '조
선단군朝鮮檀君'으로, '조선후기자지위朝鮮侯箕子之位'에서 '후조선시조기
자後朝鮮始祖箕子'로 개정되고 있음이 그것이다.9) 역사적으로 단군과 기
자의 위치가 병렬적인 것에서 단군에서 기자로 이어졌다는 역사계승인
식으로의 전환을 의미한다. 조선의 의미가 '오동방吾東方' 내지 '단군조
선'을 뜻하고 있기 때문이다.10) 그리고 이것이 세조때 다시 '조선시조단
군지위'로 고쳐진 것은 조선 역사의 시조로서 단군의 위치를 보다 확고

---

5)『세조실록』권4, 세조 2년 7월 무진 참조.
6)『세조실록』권15, 세조 5년 3월 계사 참조.
7) 韓永愚, 1981,「15세기 官撰史書 편찬의 추이」『朝鮮前期史學史硏究』, 서울대출
　　판부, 64～65쪽.
8)『삼국유사』권1, 기이2, 고조선[왕검조선] 참조.
9)『세종실록』권49, 세종 12년 8월 갑술 "禮曹據各道山川壇廟巡審別監所申條件 磨
　　鍊以啓 … 一 箕子殿神位版 書曰 朝鮮侯箕子之位 依本朝諸祀儀式 改書曰 後朝
　　鮮始祖箕子 削之位二字 一 檀君神位版 書曰 朝鮮侯檀君之位 高句麗始祖神位版
　　書曰 高句麗始祖之位 依本朝諸祀儀式 改書曰 朝鮮檀君 削侯字及之位二字 已上
　　六條, 依所申施行 …".
10) 韓㳓劤, 1976,「朝鮮王朝初期에 있어서의 儒敎理念의 實踐과 信仰·宗敎-祭祀問
　　題를 中心으로-」『韓國史論』3, 서울대 국사학과, 193～204쪽.

하게 자리매김하기 위한 것으로 보인다. 여기에는 고조선을 중심으로 하는 역사인식체계를 토대로 왕위계승의 정당성을 천명하려는 세조의 현실적 의지가 표현되어 있음도 물론이다.

이는 1460년(세조 6) 평안도 순행에서 이루어진 단군전 친제에서 확연하게 드러난다. 조선 각 지역의 순행에 대한 세조의 관심은 지대했다. 왕위계승에 대한 정통성의 확보와 집권력 강화를 위해 순행으로 민심의 동태를 파악하는 것은 효율적인 방안 중 하나였기 때문이다. 그러나 그의 강력한 의지에도 불구하고 세조의 순행은 가뭄, 변경의 불안 등을 이유로 하는 신료들의 반대로 인해 번번이 중단되었다. 1457년 경상도 순행을 계획했다가 가뭄으로 인한 시기의 적정성을 문제 삼은 우의정 강맹경姜孟卿·좌찬성 신숙주申叔舟 등 신료들의 반대로 뜻을 이루지 못했다.[11] 1458년에는 이듬해의 평안도 순행을 계획하고, 이를 준비하기 위해 신숙주를 평안도 도체찰사로 임명하는 한편, 당해년의 생원시·진사시·문무과를 모두 순행을 마치고 환궁한 후에 시취試取할 것을 명하기도 했다.[12] 그러나 이 역시 이루어지지 못했다. 충청도에 표류한 중국인의 짐을 의주까지 수송하는데 평안도·황해도 백성을 동원해야만 했기 때문에 잠정적으로 정지하지 않을 수 없었다.[13]

그럼에도 불구하고 순행에 대한 의지는 여전했다. 이런 저런 사정으로 몇 차례의 순행을 중지한 세조는 1459년 10월에 이듬해 봄에 다시 서북지방을 순행하기로 결정한다.[14] 물론 흉년을 이유로 의정부와 육조

11) 『세조실록』권8, 세조 3년 7월 계유 및 신사·임오 참조. 경상도 지역의 가뭄과 왜인의 소동을 염려한 사헌부와 사간원 및 대신들의 중지 건의가 앞서도 있었다. 『세조실록』권8, 세조 3년 7월 을해 및 무인 참조.
12) 『세조실록』권14, 세조 4년 9월 병술 및 11월 경자 참조. 이에 대한 신료들의 반대를 무마하기 위해 영중추원사 李季甸에게 그 뜻을 밝히는 한편(『세조실록』권14, 세조 4년 11월 무술 참조), 추진을 위해 상중이었던 鄭昌孫의 사직을 반려하기도 했다(『세조실록』권14, 세조 4년 12월 계해 및 병인 참조).
13) 『세조실록』권14, 세조 4년 12월 기사 및 신미 참조.

에서 반대하기도 하고, 대간들은 지역을 전라도와 경상도로 바꿀 것을 청하기도 했으나 세조의 뜻은 확고했다.15) 황해도와 평안도 관찰사인 김수金脩·조효문曹孝門에게 순행에 대한 폐단을 제거하도록 유시하기도 했다.16) 그러나 다시 중단될 수밖에 없었다. 야인들의 침구로 서북지방이 안정되어 있지 못하다는 것이 원인이었다.17)

서북지방이 점차 안정되자 세조는 병조에 순행 준비를 다시 시작하게 한다.18) 병조판서 한명회韓明澮·이조판서 구치관具致寬 등과 이에 대해 의논하고, 평안도관찰사에게 그 대비책을 유시하기도 했다.19) 그리고 1460년 10월 마침내 세조는 평안도 순행을 단행한다.20) 계획이 서너 차례 무산된 후 이루어진 것이어서 이번 순행을 세조가 얼마나 중요하게 여겼는지는 짐작할 수 있다. 목적은 민폐의 수렴과 건주위建州衛에 대한 융병戎兵을 위한 것이었다고 한다.21) 세조는 경우에 따라서 평양이나 의주에서 수개월을 머무르면서 제진諸鎭과 성城을 순시할 생각도 가지고 있었다.22)

1460년 10월 4일 한양을 떠난 대가大駕는 파주를 지나 개성·황주를 거쳐 열흘이 조금 넘은 15일 평양에 도착했다.23) 여정 중에는 신료들과 송악에 올라 고려의 고도古都를 관망하며 그 흥망을 논하기도 했고, 황주에서는 선전관 송익손宋益孫을 보내 용당龍塘에 제사하기도 했다.24) 평양

14) 『세조실록』 권18, 세조 5년 10월 정축 참조.
15) 『세조실록』 권18, 세조 5년 10월 무인 ; 11월 경진 및 계미 참조.
16) 『세조실록』 권18, 세조 5년 11월 계미 참조.
17) 『세조실록』 권18, 세조 5년 11월 을유 ; 권19, 세조 6년 2월 경술 참조.
18) 『세조실록』 권19, 세조 6년 3월 무자 ; 권20, 세조 6년 4월 병진 ; 6월 병인 참조.
19) 『세조실록』 권20, 세조 6년 6월 임신 및 경오 참조.
20) 『세조실록』 권22, 세조 6년 10월 병오 참조.
21) 『세조실록』 권18, 세조 5년 11월 계미 참조.
22) 『세조실록』 권20, 세조 6년 6월 경오 참조.
23) 『세조실록』 권22, 세조 6년 10월 정사 참조.
24) 『세조실록』 권22, 세조 6년 10월 경술 및 을묘 참조.

에 도착한 이튿날에는 평안도·황해도 문무사文武士를 대상으로 전시殿試
를 거행하고 부벽루에서 사후射侯를 관람했다.25) 그리고 17일 드디어 단
군사당에서 친제를 거행했다.26) 기자사당에서도 마찬가지로 친제가 시
행되었고, 고구려시조는 단군사당에 함께 봉안되어 있었기 때문에 단군
전 친제와 함께 이루어졌다. 이때 단군전에서 친제의親祭儀의 내용은 다
음과 같다.

> G. 期日 前 1일-攸司에서 殿 안팎을 소제하고 饌慢을 동문 밖에 설치한다.
> 忠扈衛가 大次를 殿 동문 밖에 남향하여 설치하고, 王世子의 幄次를 대차
> 의 동남쪽에 서향하여 설치하는데, 모두 땅의 형편에 따른다.
>
> 祭享日-행사하기 전에 殿司가 전하의 褥位를 朝鮮始祖 檀君과 高句
> 麗始祖 東明王의 神位 사이에 설치하고, 왕세자의 자리를 東階의 동남쪽
> 에 설치하되 북향하게 하며, 宗親과 文武群官은 뜰아래에 동서로 나누어
> 중심이 머리가 되게 하고 자리를 달리하여 겹줄로 모두 북향하게 한다.
> 殿司와 掌饌이 각각 그 소속을 거느리고 들어가 祭文을 신위의 오른쪽에
> 올려놓고[각각 坫이 있다] 祭器·實饌具·香爐·香合·燭을 신위 앞에 설치
> 하고, 尊을 지게문 밖의 왼편에 설치한다. 三刻 전에 陪祭할 종친·문무
> 군관이 時服 차림으로 모두 殿門 밖 위차에 나아간다. 一刻 전에 副知通
> 禮가 왕세자를 인도하고, 奉禮郎이 종친·문무백관을 나누어 인도하고 들
> 어와서 자리에 나아가게 한다. 贊禮가 대차 앞에 나아가 꿇어앉아서 外辦
> 을 아뢰면, 전하가 翼善冠·袞龍袍를 갖추고 대차에서 나온다. 찬례가 앞
> 에서 인도하여 동문으로 들어와 동계로 올라가서 신위 앞 褥位에 나아가
> 북향하여 선다. 執禮가 再拜하여 贊禮가 재배하기를 계청하면 전하가 두
> 번 절한다. 通贊이 재배라 贊하면, 왕세자 이하 모든 자리에 있는 자가
> 모두 두 번 절한다. 近侍 1인은 향합을 받들고 1인은 향로를 받들어 꿇어
> 앉아 올리면, 찬례가 꿇어앉아 三上香하기를 계청하고, 근시가 향로를 조
> 선시조의 신위 앞에 드린다. 執尊者가 술을 따르면 근시 1인이 爵으로 술
> 을 받아 꿇어 앉아 올린다. 찬례가 執爵獻爵하기를 계청하면, 전하가 집
> 작헌작하고 작을 근시에게 주어 신위 앞에 드리게 한다. 찬례가 俯伏·興·

25) 『세조실록』 권22, 세조 6년 10월 무오 참조.
26) 『세조실록』 권22, 세조 6년 10월 기미 참조.

少退·跪하기를 계청하면, 전하가 부복하였다가 일어나서 조금 물러나 꿇
어앉는다. 大祝이 신위 오른편에 나아가서 동향하여 꿇어앉아 祭文을 읽
고 나면, 찬례가 俯伏·興·平身하기를 계청한다. 찬례가 꿇어앉아 고구려
시조 신위 앞에서 上香하고 헌작하며 祭文읽기를 계청하면, 위의 儀式과
같이 한다. 집례가 재배라 하여 찬례가 부복·흥·재배하기를 계청하면 전
하가 부복하였다가 일어나 두 번 절한다. 통찬이 재배라고 찬하면, 왕세
자 이하 모든 자리에 있는 자가 모두 두 번 절한다. 찬례가 앞에서 인도
하여 층계로 내려와서 대차로 돌아온다. 부지통례는 왕세자를 인도하고
봉례랑은 종친·문무군관을 나누어 인도하여 차례로 나온다. 掌饌은 禮饌
을 거두고 대축은 제문을 구덩이에 묻는다(『세조실록』 권22, 세조 6년 10
월 기미).

단군전 친제의의 내용은 기자사箕子祠에도 똑같이 적용되었다. 세조의
욕위褥位를 단군과 동명왕 신위의 사이에 설치하고 종친과 문무백관을
뜰아래에 겹줄로 배열하는 한편, 익선관과 곤룡포를 갖춘 세조가 부복하
여 친제하였다. 이 같은 기자전·동명왕사를 포함한 단군전 친제는 이례
적인 것이었다. 조선시대에 걸쳐 역대시조묘歷代始祖廟에 대한 친제는 세
조가 유일했다. 이 같은 세조의 행위에서는 평양 순행과 관련한 일반적
인 것이기보다는 특정의 목적성을 엿볼 수 있다.

그것은 단군전 친제에 국한하여 자신의 집권을 조선 역사의 시원인
단군에게 고함으로서 정통성과 합법성을 표명한 것이자 고조선·고구려
의 영토에 대한 의지를 표명한 것이었다고 할 수 있다. 먼저 자신의 욕
위를 단군과 동명왕 위패의 가운데 설치했음은 자신의 왕위계승이 역사
적 시조인 고조선 단군과 이를 이은 고구려 동명왕을 계승했음을 승인받
고자 한 것이었고, 의식을 통해 이를 대내외에 선포하려는 목적성이 게
재되어 있다. 또 승지 홍응洪應과 대화하면서 삼국 중 고구려가 막강했다
고 언급하고 있는 것은 고조선·고구려의 영토에 대한 관심을 간접적으
로 드러낸 것이라고 짐작할 수 있다.[27]

세조의 단군전 친제로 조선시조 단군은 후조선을 아우르는 조선 역사

의 시원으로서 그 위치를 공고히 하였다. 그리고 그 인식은 보다 확대되어 강동에 전하던 묘의 존재까지 탐색하는데 이르렀다고 추측된다. 즉 그의 단군전 친제는 이후『팔도지리지』와『동국여지승람』에 언전에 근거한 한 지방의 고적으로서 간략히 소개된 것에 불과하지만, 단군묘에 대한 관심에도 일정한 영향을 끼쳤다고 생각된다. 따라서 현재『동국여지승람』에서 비롯하는 단군묘 기록은 강동 지역을 중심으로 지역민들에게 전해오던 전승이 세조의 단군전 친제로 인해 인식의 범위를 확대한 결과로 받아들여야 할 것이다.

3.『평안도지리지平安道地理志』와 단군묘

『동국여지승람』강동현 고적조에서의 단군묘 기록은 강동에 있는 고적 중에 2기의 대총大塚이 있는데, 그중 하나가 단군묘라는 것이다. 그 위치는 읍치에서 서쪽으로 3리 떨어진 곳이며, 규모는 410척에 달했다고 한다.[28] 이 같은 단군묘에 대한 전거로『동국여지승람』은 언전에 기대고 있다. 그런데 이미 언급한 바와 같이『동국여지승람』은 양성지가 편찬을 주도한『팔도지리지』를 토대로 이루어진 것이다.[29] 계유정란 직후 세조는 1453년(단종 1) 정인지鄭麟趾에게 지리지 편찬의 적임자를 물

---

27)『세조실록』권22, 세조 6년 10월 기미 "上親祭于永崇殿 遂詣檀君·高句麗始祖·箕子殿行祭 問承旨洪應曰 高麗始祖誰 應對曰 高朱蒙 上曰 三國高句麗莫强焉". 이에 대해서 고구려를 내세운 왕조의 정통성과 관련한 해석이 있다. 김송현, 2006,「동명왕제사를 통하여본 고구려의 조선적 성격」『北方史論叢』9, 고구려 연구재단, 192쪽. 하지만 이는 東明王祠만에 국한한 것이 아니라 檀君祠를 제사 하면서 여기에 합사된 동명왕을 대상으로 하는 가운데 나온 언급이어서 고조선과 고구려의 계승성을 모두 포함하여 파악해야 할 것이다.

28)『동국여지승람』권55,「江東縣」, 古跡 "大塚[一 在縣西三里 周四百十尺 諺傳檀君墓一 在縣北三十里刀㇍山 諺傳古皇帝墓]".

29) 김성환, 2006,「朝鮮時代 檀君墓에 관한 認識」『韓國史學史學報』13, 한국사학사 학회 참조.

었고, 정인지는 『고려사』 지리지의 편수를 경험한 양성지를 추천하였
다.30) 『세종실록』 지리지의 부족한 점을 보완하기 위해 1455년 세조의
명으로 이루어진 것이 『팔도지리지』라고 할 때,31) 여기에는 전조선 및
단군을 비롯한 양성지의 자국 역사에 대한 인식이 그대로 투영되었을 것
이다. 잘 알려진 바와 같이 그는 조선의 역사 시원으로서 단군을 분명하
게 인식하고 있었고, 중국과는 달리 고조선에서 출발하는 독자적인 자국
의 역사와 문화에 자긍심을 지니고 있었다.32) 따라서 『동국여지승람』의
단군묘 기록 역시 『팔도지리지』의 그것을 그대로 수용했을 것은 분명하
다. 『팔도지리지』가 『세종실록』 지리지와 비교하여 능묘陵墓나 인물 등
역사와 문화에 대한 내용을 비중 있게 다루고 있다는 지적은 이 점에서
참고할 수 있다.33)

  1455년 8월 세조에게 편찬의 명을 받은 양성지는34) 각 도의 지리지

---

30) 『단종실록』 권8, 단종 1년 10월 갑자 참조.
31) 鄭杜熙, 1976, 「朝鮮初期 地理志의 編纂」 『歷史學報』 69·70, 역사학회 ; 徐仁源,
   2000, 「訥齋 梁誠之의 歷史地理認識」 『龜泉元裕漢敎授停年紀念論叢』 下, 혜안 참조.
32) 『눌재집』 권2, 奏議, 「便宜十二事[丁丑三月十五日 以判書雲觀事上]」 “… 一 …
   我東方與堯並興 幅員萬里 生聚之繁 士馬之强 百官制度之盛 雖未能別建年號 獨
   不可襲麗舊而稱節日乎 乞令大臣 擬議施行 …” ; 같은 책 권3, 奏議, 「書籍十事
   [丙戌十一月十七日 以大司憲上]」 “… 一 東國文籍 自檀君至本朝 歷歷可考 非他
   蕃國遼金西夏之比也 …” ; 같은 책 권4, 奏議, 「請封功臣[辛卯二月十七日 以工
   曹判書上]」 “… 中國自唐堯至大明 凡二十三代 東國自檀君至今日 纔七代 此无
   他 …” ; 같은 책 권4, 奏議, 「便宜三十二事[辛卯十二月初四日 以知中樞府事上]
   」 “一 州縣陞號 臣竊惟東方州郡 自檀君以來 因山河隘塞 道里遠近 … 一 禁用還
   紙 盖吾東方文獻之國 自檀君至今日 東人諸史子集 傳而不失 非西夏遼金之比也
   … 一 議定服色 臣竊觀吾東方 地瘠民貧 自古好着白衣 檀君朝鮮箕子朝鮮以至新
   羅 俱享千年 …” ; 같은 책 권4, 奏議, 「便宜四事[壬辰二月二十日 以南原君上]」
   “… 一 … 大東風俗 自檀君箕子以來 至于前朝 極爲淳美 逮至于今 漸不如古 庶
   人則以親之屍 付之烈焰而不恤也 …”.
33) 鄭杜熙, 1976, 「朝鮮初期 地理志의 編纂」 『歷史學報』 70, 역사학회 참조.
34) 『세조실록』 권2, 세조 1년 8월 을묘. 서인원, 2002, 『조선초기 지리지 연구―동국
   여지승람을 중심으로―』, 혜안 참조.

를 토대로 작업을 진행했을 것이다. 이는 『팔도지리지』가 편찬되기에
앞서 각 도에서 지리지가 찬진되고 있음에서 알 수 있다. 1454~55년의
『경기지리지京畿地理志』와 『평안도지리지』가 그것이다. 『팔도지리지』의
편찬 작업 직전 각 도에서 지리지가 찬진되고 있음은 이 자료가 각 도의
지리지를 토대로 편찬되었음을 의미한다.[35] 그리고 『평안도지리지』는
이를 위해 각 군현에서 작성된 읍지류나 이와 유사한 자료에 토대해서
만들어졌을 것이다.

『평안도지리지』의 편찬을 위해 강동현에서 작성한 자료에 단군묘와
관련한 기록이 어느 정도였는지는 알 수 없다. 하지만 사류층의 기록 방
식을 고려할 때, 그 내용은 『동국여지승람』에 실려 있는 내용과 별 차이
가 없었을 것으로 추측된다. 물론 단군묘 전승과 관련한 별도의 기록이
강동현에 전해지고 있었을 가능성은 충분하다. 전승의 내용 역시 현전하
는 것보다 풍부했을 것이고, 자료의 양 역시 보다 많았을 것이다. 하지만
강동현에서 그 내용 전체를 『평안도지리지』의 편찬을 위해 평안도 감영
에 올렸을 것으로 보이지는 않는다.

이런 정황으로 미루어 볼 때, 1455년 찬진된 『평안도지리지』의 강동현
조에는 이미 단군묘 기록이 수록되었을 가능성이 매우 높다. 하지만 그
내용은 언전에 기댄 『동국여지승람』의 단군묘 기록 범위를 벗어나지 못
했을 것이다. 그렇다면 『동국여지승람』의 단군묘 기록은 『팔도지리지』의
편찬을 위해 찬진된 『평안도지리지』의 그것에서 출발했다고 할 수 있다.

이런 점에서 양성지가 『팔도지리지』의 편찬 작업을 진행하면서 1456
년 3월 세조의 집권 강화를 위해 시정 전반에 걸친 내용을 상소한 「편의
24사」를 주목할 수 있다. 여기에는 전대 군상君相의 제사와 전대 능묘의
수호에 관한 내용이 포함되어 있는데, 이는 단군묘와 관련하여 당연히
주목된다.

---

35) 『눌재집』 권4, 「進新撰地理志箚子[戊戌正月初六日 以工曹判書上箚子]」 참조.

H-1. 一. 前代의 임금과 宰相을 제사하는 것입니다. 臣이 그윽이 명나라 諸司의 職掌을 보니 관원을 보내어 역대의 君相을 제사하는데 大牢로서 쓰니 심히 盛擧입니다. 본조는 역대의 군왕이 도읍했던 곳에서 散祭하는 데도 혹은 당연히 제사지내야 할 텐데 제사하지 않는 것이 있고, 혹은 配享한 大臣이 없어 欠典된 것 같으니, 바라건대 매년 봄·가을로 東郊에서 前朝鮮王 檀君, 後朝鮮王 箕子, 新羅始祖·太宗王·文武王[두 왕은 고구려·백제를 통합하였음], 高句麗始祖·嬰陽王[隋兵을 大敗시킴], 百濟始祖, 高麗太祖·成宗·顯宗·忠烈王 이상 12位를 合祭하고, 신라의 金庾信·金仁問, 고구려의 乙支文德, 백제의 黑齒常之와 근일에 정한 前朝의 配享 16臣, 韓希愈·羅裕[哈丹을 막는데 공이 있었음], 崔瑩·鄭地[倭寇를 막는데 공이 있었음] 등을 배향하게 하소서

H-2. 一. 前代의 陵墓를 수호하는 것입니다. 臣이 『續六典』을 보니 고려의 태조·顯宗·文宗·元宗 4陵은 각각 수호하는 자 2호를 정하여 樵採를 금하게 하고, 태조의 陵에는 1호를 더하게 하였으니 심히 盛德입니다. 그러나 신이 그윽이 생각하건대, 歷代君主가 비록 모두 功德이 백성에게 있지 않았더라도 또한 모두 一國의 인민이 함께 임금으로 모셨으니, 그 있는 데를 살피지 못한 자는 그만이지만, 그 능묘가 옛날과 같되 狐狸로 하여금 능히 곁에 구멍을 뚫게 하고 樵採하는 자로 위를 다니게 하면 어찌 민망하지 않겠습니까. 빌건대 有司로 하여금 前朝鮮·後朝鮮·三國·前朝가 도읍했던 開城·江華·慶州·平壤·公州·扶餘·金海·益山 등지의 능묘가 있는 곳을 자세하게 尋訪하게 하여 그 공덕이 있는 자는 守陵에 3호를 두고, 별다른 공덕이 없는 자는 2호를 두게 하소서. 正妃의 능묘에도 역시 1호를 두어 賦稅를 蠲減하고 徭役을 면제하며 그 樵蘇함을 금하게 하고, 이어 所在官으로 하여금 春秋로 살펴보고 致祭하게 하소서(『세조실록』 권3, 세조 2년 3월 정유 참조)

우선 전대 군상의 제사에서는 역대 시조 및 공덕이 있는 왕 12위를 매년 춘추로 동교東郊에서 제사할 것을 청하고 있다. 당연히 제사지내야 할 왕 중 제사하지 않는 것과 배향한 대신이 없어 흠전된 것을 대상으로 매년 봄·가을로 동교에서 합제合祭하자는 것이 내용이다.

후조선왕 기자, 신라시조·태종왕·문무왕, 고구려시조·영양왕, 백제시조, 고려태조·성종·현종·충렬왕, 그리고 전조선왕 단군이 그 대상이었

다. 여기에서 전조선→후조선→삼국(신라통일을 포함한 신라 중심)→고려로 이어지는 그의 역사관을 엿볼 수 있지만, 중요한 것은 흠전된 합제의 대상으로 전조선왕前朝鮮王 단군이 포함되어 있다는 사실이다. 이것은 단군이 역사적 존재로서 전조선의 왕이었음과 고조선이 조선의 역사인식체계에서 확고하게 자리를 잡았음을 의미한다. 조선 건국 직후 사전祀典을 중심으로 단군에 대한 지속적인 제사의 정비와 그 결과인 단군사 건립으로 역사적 존재로서 고조선 시조 단군이 보다 체계적으로 인식된 결과였다.

전대 능묘의 수호와 관련해서는 그 상태가 옛날과 같되 호리狐狸들에 의한 훼손과 관리가 전혀 되지 못하고 있는 것들이 그 대상이었다. 이에 전조선·후조선·삼국·고려가 도읍했던 개성·강화·경주·평양·공주·부여·금해·익산 등지의 능묘를 자세하게 심방하여 수호하고 지방관에게 춘추로 치제하도록 하자는 것이 내용이다. 그중 전조선의 능묘가 포함되고 있음이 주목된다.

이제까지 고조선과 관련한 능묘에 대한 논의는 전혀 없었다. 권근 등이 주도한『동국사략東國史略』에서는 단군조선에서 출발하는 역사인식체계를 정립하였고, 중사中祀로서 사전에서의 단군제사가 정비되었다. 또 세종 때의 단군사 건립 등 일련의 고조선과 그 시조 단군에 대한 국가제사의 정비작업이 진행되었다.36) 하지만 능묘에 대한 논의는 탐색조차 이루어지지 못했다.『세종실록』지리지의 편찬을 위해 각 도에서 찬진한 것으로 보이는 지리지중 하나인『경상도지리지慶尚道地理志』의 편찬 규식에는 본조의 선후先後 능침陵寢과 단군사당·기자사당·기자릉·전조태조묘前朝太祖廟·역대명현묘歷代名賢墓의 위치를 '모읍모방기리허某邑某

36) 鄭求福, 1975,「東國史略에 대한 史學史的 考察」『歷史學報』45, 역사학회 ; 桑野榮治, 1990,「李朝初期の祀典を通してみた檀君祭祀」『朝鮮學報』135, 朝鮮學會, 및 1990,「檀君祭祀儀の分析」『年報朝鮮學』1, 九州大學朝鮮學研究所 ; 金成煥, 1992,「朝鮮初期 檀君認識」『明知史論』4, 明知史學會 참조.

方幾里許'까지 정확하게 기재하라는 내용이 있다.37) 여기에서도 고조선의
왕릉 또는 단군묘에 대한 내용은 언급되지 못했다. 이는 국가적으로 세
종 때까지도 고조선 시조 단군에 대한 인식이 묘의 존재를 언급할 정도
까지는 진전되지 못했음을 의미한다.

그런데 세조 즉위 직후 그 존재에 대한 언급을 논의하기 시작한 것은
국조로서의 인식이 보다 구체화되는 과정과 관련이 있는 것으로 파악된
다.38) 즉 양성지의 「편의 24사」에 포함되어 있는 전조선 능묘의 탐색은
조선 역사의 시원으로 확고해진 고조선과 시조 단군에 대한 역사인식체
계 내에서의 자리매김을 마무리하려는 노력과 관련된 것으로 보인다.39)
특히 이를 『팔도지리지』의 편찬과 연계할 때, 양성지의 전조선 능묘에
대한 탐색의 의지는 『평안도지리지』의 단군묘 기록을 염두에 둔 것이
분명하다.

한편 세조는 1457년 사사寺社 등의 사처私處에서 보관해서는 안 될 서
책을 회수할 것을 유시하고 있는데, 여기에 고조선과 관련한 자료가 포함
되어 있다. 『고조선비사古朝鮮秘詞』·『조대기朝代記』·『삼성밀기三聖密記』·
『삼성기三聖記』 등이 그것이라 추측된다.40) 이들 서적에 대한 회수의 명

---

37) 『경상도지리지』, 編纂規式, "一 本朝先後陵寢 及檀君·箕子祠堂·箕子陵·前朝太
祖廟·故昔名賢之墓 在某邑某方幾里許 是如施行事".
38) 김성환, 2006, 앞의 논문, 49~50쪽.
39) 양성지는 遼水의 동쪽에 있는 자국의 역사가 중국 요임금과 함께 단군으로부터
시작된 만리지국으로 대대로 사대의 예를 다하면서도 別乾坤을 지니고 있다고 인
식하고 있었다. 『訥齋집』 속편 권1, 「請罷中國置鎭開州疏」 "惟我大東 居遼水之
東 長白之南 三方負海 一隅連陸 幅員之廣 幾於萬里 自檀君與堯並立 歷箕子新羅
皆享千年 前朝王氏亦享五百 庶民則男女勸耕桑之務 士夫則文武供內外之事 家家
有封君之樂 世世存事大之體 作別乾坤 □小中華 凡三千九百年于玆矣". 또 양성
지의 예악사상을 살펴보면서 그의 예악에 대한 언급은 황제국을 지향하고 있으
며, 자주적인 정신이 함양되어 있다는 견해도 제출되었다. 신두환, 2005, 「訥齋
양성지의 예악사상─시문에 나타난 '조선예악'과 단군」 『유교사상연구』 22, 한국
유교학회, 89쪽.
40) 『세조실록』 권7, 세조 3년 5월 무자 참조.

이 어떤 목적에서 이루어졌는지 확실하지 않지만, 이는 다양하게 이해되고 있던 단군전승을 정리할 목적에서 이루어진 것으로 추측할 수 있다.

단군과 관련해서는 고려시대에도 많은 갈래의 전승이 전해지고 있었고, 서북한 지역에서는 곳곳에서 마을신앙으로 기능하고 있었다.[41] 조선이 건국되면서 다양한 갈래의 전승은 단목檀木 아래로 내려온 단군이 국인國人의 추대로 건국했다는『웅제시』유형 으로 정리되었고, 이를 중심으로 고조선의 역사와 단군을 이해하기 시작했다. 역사적 측면에서 고조선과 단군을 이해하고 그 인식을 확대하는 과정에서『고기』내지『본기』또는『제왕운기』유형 등 신화적인 내용을 담고 있는 전승은[42] 가능한 정리되어야 했다. 그 이해의 정도가 신화적 측면에서 역사적 측면으로 강화된 것이다. 조선 초기 이런 제반의 조치들은 단군묘를 탐색하기 위한 과정에도 참고할 수 있을 것으로 생각된다.

세조가 평양 순행에서 단군전에 친제한 배경에는 조선 초기 고조선을 중심으로 확대된 역사인식과 이를 위해 수반된 제반 조치 등이 일정한 영향을 미쳤다. 물론 그 자신 역시 이를 위해 단군의 위패를 역대 국가를 아우르는 조선시조로 명확하게 하는 한편, 사회적으로 부정적 역할을 하기도 했던 다양한 전승을 통합하기 위한 조치를 시행하기도 했다. 그리고 이를 토대로 단군을 인식하고 있던 그는『평안도지리지』를 통해 단군묘 전승의 존재를 인지하고 있던 양성지를 통해 이에 대해 전해 들었을 것이다. 즉 세조 역시 평양 순행 이전 그를 통해 강동의 단군묘에 대해 어느 정도 알고 있었을 가능성이 높다. 특히 양성지가 건의한「편의 24사」의 내용 중 전조선왕前朝鮮王의 능침에 대한 내용을 접했던 그였기 때문에 단군묘에 대한 정보는 세조에게 전달되었을 것이다. 또 만약 세조가 순행했던 평양 인근의 군현에 강동현이 포함될 수 있다면, 그

---

41) 김성환, 2002,『고려시대 단군전승과 인식』, 경인문화사 참조.
42) 김성환, 2006,「고려시대 단군관의 역사적 정립」『白山學報』75, 백산학회 참조.

는 단군묘를 직접 찾았을 수도 있다. 그렇지 못했더라도 단군묘에 대한 보다 풍부한 전승을 지역민으로부터 전해 들었을 가능성이 있다.

단군전 친제 후 세조는 18일 평양의 옛 궁궐터에 행궁을 짓는 일을 한명회韓明澮와 의논한 후,[43] 19일 정도에 평양을 떠나 순안현順安縣을 시작으로 인근 군현을 순행한 후 21일 평양으로 돌아왔다.[44] 그가 행차한 군현 중 단군묘가 전해진다는 강동현이 포함되었는지 확실하지 않다. 하지만 가능성 역시 배제할 수 없다. 이는 단군전 친제 이전에 이미 양성지 등을 통해 단군묘와 관련한 전승을 접했을 것이기 때문이다. 이런 점에서 1456년 양성지가 건의한 「편의 24사」의 내용 중 전조선의 능묘에 대한 탐색의 움직임과 『동국여지승람』의 단군묘 기록을 주목할 필요가 있다. 하지만 실제 세조가 강동현을 순행하며 단군묘를 심방했거나, 그 전승의 내용에 대해 전해 들었더라도 이를 그대로 수용하기는 어려웠을 것이다. 이는 조선 초기 기자묘비箕子墓碑의 건립 논의에서 약간의 도움을 얻을 수 있다.

기자는 단군과 달리 일찍부터 동방교화지주東方敎化之主로 알려져 왔다. 이미 고구려 때부터 민간신앙적인 기자신箕子神에 대한 제사가 있었고, 고려 숙종 때에는 사당의 건립과 분묘의 탐색에 대한 논의가 시작되었다.[45] 1102년(숙종 7) 묘를 탐색하고 입사立祠하자는 예부의 요청이 그것이다.[46] 기자사箕子祠는 잡사雜祀의 하나로 사전에 포함되어 있었다. 1325년(충숙왕 10)에도 기자사당이 건립되었다고 하는데,[47] 이는 대대적인 수치를 의미하는 것으로 생각된다. 1356년(공민왕 5) 다시 수영修營되기도 했다.[48] 명종 때는 제사를 위한 유향전油香田 50결이 지급되기도

---

43) 『세조실록』 권22, 세조 6년 10월 기미 참조.
44) 『세조실록』 권22, 세조 6년 10월 신유·계해 참조.
45) 『고려사』 권95, 열전8, 제신, 鄭文 참조.
46) 『고려사』 권63, 지17, 예, 길례, 잡사 및 『고려사절요』 권6, 숙종 7년 10월 참조.
47) 『고려사』 권35, 세가35, 충숙왕 12년 10월 을미 참조.

했다.49) 이후 기자사의 제사는 평양부에서 연례적으로 행제行祭되었는데, 기자묘箕子墓 역시 마찬가지였을 것이다. 『고려사』에 의하면, 기자묘는 평양성 북쪽 토산兎山 위에 있다고 한다.50)

기자묘에 비碑를 건립하자는 논의는 1408년(태종 8) 묘를 소분가토掃墳加土하고 석양·석수를 설치하는 한편, 송덕비를 건립하자는 평양부윤 윤목尹穆의 건의로 시작되었다. 이는 긍정적으로 검토되었으나,51) 추진되지 못했다. 기자묘 자체에 대한 부정적인 인식이 이유였던 것으로 짐작된다. 1419년(세종 1)에는 묘비가 없어 기자가 동방에 끼친 공을 현양하지 못하고 있다는 이유로 다시 비를 건립하자는 판한성부사 권홍權弘의 상소가 있었으나, 이 역시 긍정적으로 검토되지 못했다. 평양에서 전해오는 기자묘가 시대가 멀어 믿기 어렵다는 것이 그 이유였다. 이에 세종은 참찬 변계량卞季良에게 비문을 짓되 기자사箕子祠에 건립하는 것으로 계획을 수정했다.52) 그러나 비를 어느 곳에 세울 것인가는 확정되지 못하고 논의는 계속되었다. 1428년(세종 10) 성산부원군 이직李稷·좌의정 황희黃喜·이조판서 허조許稠 등은 기자묘 전승이 토인土人들에게 서로 전하는 것뿐으로 상고할 만한 문적文籍도 없어 수천 년 후 토인들의 상전에 근거하여 확적한 설로 삼는다는 것은 문제가 있음을 지적하며, 앞서의 교지에 따라 사당에 비를 세울 것을 건의하고 있다. 반면 비문의 찬자인 변계량은 묘에 비를 세울 것을 주장하고 있다. 물론 이 논의는 이직 등의 건의를 수용하는 것으로 결론되어 비의 건립을 기자묘箕子廟에 하는 것으로 추진되었다.53)

48) 『고려사』 권63, 예지5, 길례 잡사, 공민왕 5년 6월 참조.
49) 『고려사』 권78, 식화지1, 전제, 공해전시, 명종 8년 4월 참조.
50) 『고려사』 권58, 지12, 지리, 북계, 서경유수관 평양부 참조.
51) 『태종실록』 권15, 태종 8년 5월 정사 참조.
52) 『세종실록』 권3, 세종 1년 2월 경자 참조.
53) 『세종실록』 권39, 세종 10년 1월 기유 ; 4월 신사 참조.

그런데 고려시대부터 고려 조정에서의 탐색 노력과 지방관에 의해 제사까지 행해지던 기자묘에 비석을 건립하자는 논의가 상고할만한 증거가 없고, 평양에 전하는 일설에 불과하다는 이유로 이루어지지 못하고 있음은 주목된다. 이는 조선전기 식자층의 기자묘에 대한 인식의 정도를 반영하고 있기 때문이다. 그들에게 역시 기자는 교화지주로서 동방문화의 상징이었다. 하지만 그 묘에 대한 이해에는 부정적이었고, 신중한 접근을 요구하였다. 기자묘는 평양 토인들의 속전俗傳에 불과했다.

기자묘에 대한 이런 불신론은 단군묘에도 그대로 적용될 수 있다. 『평안도지리지』에 의해 양성지에게 주목된 단군묘 역시 이전부터 강동 일대에서 속전되고 있었을 것이다. 그 내용은 "전조선 시조 단군의 묘로 언전되는 대총이 읍치 서쪽에서 3여리 떨어진 곳에 있는데, 규모는 410척이다"라는 정도였을 것이다. 이는 조선 초기 고조선에서 시원하는 역사인식체계의 정립과 이에 부수하는 단군제사 정비 등 확대되어가던 단군인식과 연계되면서 보다 이해의 폭을 넓혀갔을 것이다. 전조선의 능묘를 탐색하고자 하는 의도를 밝히고 있는 양성지와 『평안도지리지』의 단군묘 기록을 그대로 수용하고 있는 『팔도지리지』, 그리고 『동국여지승람』의 단군묘 기록은 그 결과였다. 따라서 세조는 평양 순행에 앞서 강동 일대에서 전하고 있던 단군묘 전승을 어느 정도 인지하고 있었을 것이 분명하다. 그러면 평양 일대에서 단군묘의 존재를 의식하고 이에 대한 관심을 가지게 된 배경의 문제를 살펴보기로 한다.

4. 단군묘와 황제묘皇帝墓

『동국여지승람』의 단군묘 기록이 언전에 근거한 『평안도지리지』에서 출발한 것이라면, 강동현에서의 단군묘 전승은 15세기 중엽 이전부터 이미 전하고 있었다고 생각된다. 그렇다면 『세종실록』 지리지가 편찬될 때에도 단군묘 전승은 강동에 전하고 있었을 것이 분명하다. 그런데 『세종실록』 지리지는 강동현의 고적으로 단군묘를 주목하지 못하고, 황제묘皇帝墓만 기록하고 있다. 그 이유가 무엇인지는 확실하지 않다. 다음은 황제묘와 단군묘에 대한 『세종실록』 지리지와 『동국여지승람』의 기록이다.

I-1. 큰 무덤이 縣의 북쪽 20리 떨어진 都磨山에 있는데 둘레가 410尺이다 [諺傳에 皇帝墓라고 한다](『세종실록』 권154, 지리지, 평안도, 평양부, 강동현).

I-2. 큰 무덤[하나는 縣의 서쪽 3里 떨어진 곳에 있는데 둘레가 410尺으로 諺傳에 檀君墓라고 한다. 하나는 縣의 북쪽 30里 떨어진 刀亇山에 있는데 諺傳에 옛날 皇帝墓라고 한다](『동국여지승람』 권55, 「강동현」, 고적).

위의 기록을 살펴볼 때, 황제묘와 관련한 『세종실록』 지리지의 기록은 위치와 규모를 전하고 있다. 이는 『동국여지승람』에서 규모는 단군묘로, 위치는 황제묘로 정리되고 있다. 조선후기 강동의 지리지에서 황제묘의 둘레는 607척으로 기록하고 있어 단군묘보다 규모에서 훨씬 컸다.54) 황제묘라는 전승의 형성 배경 역시 그 규모와 무관하지 않았을 것으로 생각된다.

그러면 『세종실록』 지리지의 황제묘 기록을 어떻게 이해해야 할 것인가의 문제가 제기된다. 이에 대해서는 다음과 같이 추측된다. 강동현에는 어느 때부터인지 분명하지 않지만, 지역을 대표하는 고적으로 단군묘와 황제묘가 전해지고 있었다. 단군묘는 현의 서쪽 3리에 있었는데 둘레가 410척이었다. 또 황제묘는 현의 북쪽 20~30리 떨어진 도마산都磨山

54) 『관서읍지』(1871) 제15책, 「江東邑誌」 고적 ; 『관서읍지』(1895) 제10책, 「開國五百四年三月 日平安道江東縣邑誌」 고적 참조.

(또는 刀个山)에 있었는데 둘레는 607척이었다. 이 같은 강동현의 고적은
『세종실록』 지리지를 편찬하기 위해 찬진된 강동현 또는 평안도 지역의
지리지에 모두 포함되어 있었다. 그러나 기자묘가 평양지역의 토인에 의
해 속전되는 전승이라는 이해에서 짐작할 수 있듯이 단군묘 전승에 대한
긍정적인 접근은 어려웠다. 『세종실록』 지리지의 편찬자들은 강동현의
단군묘 전승에 대해 부정적이었고, 이를 그 대상에서 제외시키고자 했
다. 그들에게도 단군은 조선 역사의 시원으로서 인식되었지만, 그 인식
범위가 묘의 존재를 상정할 수 있을 정도로 확대되지는 못했기 때문이
다. 따라서 그들은『세종실록』 지리지를 편찬하면서 강동현의 고적으로
황제묘만을 기록하는 것으로 방향을 정하고, 이를 기록하는 과정에서의
황제묘의 위치는 그대로 옮긴 반면, 규모는 단군묘의 것을 황제묘의 것
으로 잘못 이해하여 기록했을 가능성이 있다.

다른 가능성은 군현의 읍치 이동과 관련한 것이다. 강동현은 세종 17
년 삼등현에 합병되었다가 세조 연간에 다시 현으로 돌아왔다.[55] 이 과
정에서 읍치의 변동이 있었고, 『세종실록』 지리지와 『동국여지승람』에
서 기록하고 있는 황제묘 및 단군묘의 위치는 다를 수 있다는 것이다.
특히『세종실록』 지리지의 황제묘 기록이 삼등현과의 합병 당시의 읍치
를 중심으로 한 것이었고, 『동국여지승람』의 단군묘와 황제묘가 다시
환원되었을 때 읍치의 위치를 중심으로 기록한 것으로 추측할 수 있다.
하지만 이 역시 적극적인 추론은 되지 못한다. 두 자료에서 소개되고 있
는 황제묘와 단군묘는 삼등현이 아닌 강동현의 고적이었기 때문이다.

다른 한편에서는『세종실록』 지리지의 편찬자들이 강동현과 평안도
에서 올라온 자료 중에서 단군묘와 관련한 내용을 의도적으로 제외시켰
을 가능성도 있다. 이 경우 그들의 오기 가능성은 줄어들지만, 묘의 존재
에 대해 주목하지 못할 수준의 인식론 문제는 여전히 남는다.

---

55)『동국여지승람』 권55, 평안도, 삼등현 및 강동현 참조.

 이후 황제묘와 단군묘는 강동을 대표하는 고적으로 각종 자료에 소개되었다. 강동에 있던 2기의 대총은 이후 그곳의 역사와 문화를 대표하는 상징으로 작용했다. 황제묘와 단군묘는 강동민들이 지역의 역사와 문화성과 관련하여 해석하는데 적합한 존재였고, 대표적인 결과였다. 그러나 역사성에 대해서는 확실하지 못했다. 이는 황제묘와 단군묘가 강동의 역사와 문화적 토대를 중심으로 언제라도 새로운 내용으로 꾸며질 수 있는 가능성을 보여준다.

 먼저 황제묘 전승을 검토할 때, 그 존재가 구체적인 역사 인물과 관련하여 해석되지 못하면서 강동현을 영역으로 포함하고 있었던 역대 국가들과의 연결이 모색되었다. 피장자에 대한 위만조선과 관련한 위만묘衛滿墓, 한사군과 관련한 한왕묘漢王墓, 고구려와 관련한 고구려왕릉, 특히 평양과의 연계성을 고려한 동천왕릉東川王陵, 막연히 중국 또는 조선 역대국가의 왕릉으로서 황제묘皇帝墓, 단군 인식의 폭넓은 확대 결과로 후대에 성립된 또 다른 단군묘 등 다양한 전승은 그 결과들이다.56)

 단군묘로 비정된 대총 역시 이것이 단군과 관련하여 하나로 정리되기 이전 강동지역의 역사 문화적 기반과 관련하여 피장자에 대한 다양한 전승을 가지고 있었을 것을 추측하기는 어렵지 않다. 단군과 관련한 전승은 그중 하나에 불과했을 것이다. 황제묘 전승과 비교할 때 더욱 그러하다. 그러나 후대로 내려오면서 단군과 관련한 역사인식이 확고해지고, 강동의 역사 문화적 여건이 고려되면서 이 대총은 다양한 전승들을 탈락시키고 단군이라는 존재가 지니는 역사적 의미와 관련해서만 이해되게 되었다. 그리고 어느 시점에서 이외의 전승은 자연 사라지고, 단군과 관련한 것만 정리되었을 것이다. 물론 묘의 진위와 같은 문제가 최근까지 지속되었지만, 이는 피장자의 시대를 넘나드는 문제는 아니었다.

 『삼국사기』 고구려본기 동천왕 21년조의 "평양은 본래 선인 왕검仙人

56) 김성환, 2006, 앞의 논문 참조.

王儉의 택宅이다. 혹은 이르기를 왕의 도읍을 왕험王險이라고 한다"는 기
록은57) 이와 관련하여 의미 있게 받아들일 수 있다. 이 기록은 246년(동
천왕 20) 고구려가 유주자사幽州刺史 관구검毌丘儉이 이끄는 위魏나라의
침입으로 도성인 환도성을 함락당하고 남옥저로 피난하는 직후의 사실
로58) 평양성으로의 이도移都와 관련한 것이다. 여기서 보이는 평양에 대
해서는 고구려의 도읍을 지칭하던 보통-명사이자 평양에 대한 전칭轉稱으
로 접근하는 관점과『삼국사기』찬자 또는 그 편찬에 저본이 된 사서의
찬자가 평양에 대한 자신의 견해를 서술한 것이라는 관점이 있을 수 있
다. 그러나 어떤 측면에서든 이는 평양과 단군과의 연계성을 시기적으로
올릴 수 있는 단서가 된다.

　특히 후자와 관련하여 평양에서의 단군전승은59) 이른 시기부터 전해
지고 있었다. 그리고 고구려가 수차례 도읍을 옮기는 과정에서 역사적
사실을 잘못 이해하여 이와 같은 내용이 환도성에서 평양성으로의 이도
와 관련하여 기록되었을 가능성이 있다. 이것은 평양과 관련한 선인 왕
검의 기록이『삼국사기』또는 그 편찬에 저본이 된 사서의 잘못된 이해
와는 관계없이 이전부터 전해져온 평양과 관련한 단군전승의 일부를 반
영하고 있는 것으로 해석할 수 있다.60)

　그런데 조선후기 또 다른 단군묘로 인식되기도 한 황제묘를 이와 관
련해서도 주목할 수 있다.61) 황제묘는 앞서 언급한 것처럼 단군묘檀君
墓·위만묘衛滿墓·한왕묘漢王墓·고구려 왕릉62) 등으로 비정되기도 했는

---

57)『삼국사기』권17, 고구려본기 5, 동천왕 21년 "春二月 王以丸都城經亂不可復都
　　築平壤城 移民及廟社 平壤者 本仙人王儉之宅也 或云 王之都王險".
58)『삼국사기』권17, 고구려본기 5, 동천왕 20년 참조.
59) 김성환, 1998,「高麗時代 平壤의 檀君傳承」『文化史學』10, 한국문화사학회 참조.
60) 김성환, 2000,「단군신화의 기원과 고구려의 전승」『단군학연구』3, 단군학회 참조.
61) 김성환, 2006, 위의 논문 참조.
62)『대동지지』권22, 平安道,「江東」[塚墓] "大塚[縣西三里有大塚 周一百六十一尺
　　俗稱檀君墓 ○縣西北三十里都馬山有大塚 周四百十尺 俗稱古皇帝墓 又云衛滿

데, 고구려 왕릉과 관련해서는 구체적으로 동천왕묘로 지목되기도 했다
는 사실을 유의할 수 있다.

> J. 皇帝墓[縣北 35리인 錢浦里에 있다. 주위 607척 4촌이고, 높이 126척으로
> 隧道와 丁字閣의 遺址가 완연하다. 지금 묘의 남쪽에 있는 烏崖窟 안에는
> '終南山下漢王天地'라는 8자가 있는데, 古人의 시에 이르기를 "片土至今
> 名漢垈 延熙三月葬東川"이라 했다. 삼가 漢史와 東史를 살펴보니 東川은
> 高句麗王이고 延熙는 蜀漢 後主의 年號이다. 東川의 葬禮가 延熙 10년 丁
> 卯에 있었으니 이를 東川王墓로 추측해도 의심이 없을 것이다](『관서읍지
> 』(1895) 제10책, 「開國五百四年三月 日平安道江東縣邑誌」 古跡).

1895년 간행된 『강동현읍지江東縣邑誌』에 따르면, 황제묘 남쪽에 있는
오애굴烏崖窟 안에 '종남산終南山 아래는 한왕 천지漢王天地'라는 글씨가
있어 이를 한왕묘로 비정하기도 했다고 한다. 그런데 『강동현읍지』에서
는 "이곳의 지금 이름이 한대漢垈인데, 연희延熙 3월 동천東川을 장례했
네"라는 고인古人의 시를 근거로 이를 고구려 동천왕묘로 비정하고 있다.
이 고인의 시구를 1871년 『강동읍지江東邑誌』와 1935년 『강동지江東誌』
에서는 '연희십재장동천延熙十載葬東川' 또는 '연희십년장동천延熙十年葬東
川'으로 기록하고 있어[63] 3월은 십년 또는 십재十載의 오기로 보인다. 이
는 "동천東川의 장례葬禮가 연희延熙 10년 정묘丁卯에 있었으니 이를 동천
왕묘東川王墓로 추측해도 의심이 없을 것"이라는 『강동현읍지』의 서술에

墓 正宗十年 置守護 禁樵採 ○按此二處 高句麗南遷後 某王之葬耳]".
63) 『관서읍지』 제15책, 「江東邑誌」 古跡 "皇帝墓 在縣北三十五里 圍六百七尺四寸
高一百二十六尺 墓南烏崖窟中有 終南山下漢王天地八字 古人有詩曰 片土至今
名漢垈 延熙十載葬東川[年代不可攷]" ; 『강동지』 제1편 地理, 제5장 古跡 "皇
帝墓는 郡西北三十五里에在하니周六百七尺四寸이요高一百二十六尺이요隧道와
丁字閣의遺址가 至今宛然이라墓南烏崖窟中에終南山下漢王天地八字가有함으로
或稱漢王墓라하며古人詩에曰片土至今名漢垈延熙十年葬東川이라하니東史와漢
史를按考한즉東川은高句麗東川王이요延熙는蜀漢後主의年號라東川王葬時가延
熙十年丁卯에當하니東川王의陵됨이無疑이나漢王의稱은不知何據니라".

서도 보강될 수 있다. 19세기 말 『강동읍지』와 『강동현읍지』, 그리고 일제강점기 『강동지』 편찬자들은 강동의 고적중 하나인 황제묘를 전통적으로 유력한 전승에 따라 한왕묘로 기록하면서도 그 내용에서는 이를 고구려 동천왕묘로 비정하는데 무게를 두고 있다. 여기서 황제묘를 최초로 동천왕묘로 비정한 고인이 누구인지는 아쉽게도 알 수 없다.

동천왕묘와 관련한 비정은 비교적 일찍부터 평양에서도 이루어지고 있었다.

> K. 平壤은 옛 王儉城으로 檀君·箕子·衛滿·高句麗의 도읍이었다. 그 산천과 謠俗이 여러 차례 中國의 史策에 기록되었으나 星歷이 미치지 못한 바가 있고 역대 문헌으로도 밝히지 못하는 것이 있다. 혹 이르기를 檀君의 享國은 천여 년에 이른다고 하고, 혹 이르기를 箕子朝鮮은 平壤이 아니라고 하며, 衛滿·高句麗에 이르러서는 그 연대가 逾近하기도 하고 그 사실이 逾晦하기도 했다고 한다. … 대개 前世 遺聞의 墜乘이 柱下에 보이지 않더라도 혹 墟墓나 丘陵 등의 殘碑나 廢堵의 글을 얻어 그 闕漏한 부분을 보충할 수 있다. 옛날에 柴原에 도굴된 무덤이 있었는데 大隊가 玄遠했고 瓦甓으로 꾸며져 가히 王公大夫의 葬穴임을 알 수 있었으나 마침내 寶貨를 竊盜하고 石槨의 銘을 剝缺하고 도망했다고 들었다. 地志를 살펴보니 柴原은 平壤의 북쪽 10리에 있는데 高句麗 東川王이 薨하자 近臣들이 많이 자살로 殉死하여 國人이 柴를 베어 이를 덮은 까닭에 이름을 柴原이라 했다고 하니 이가 어찌 東川王陵이 아니겠는가. 古器와 刻字를 비록 다시 볼 수 없으나 만약 점차 그 곁을 파서 힘써 탐색한다면 반드시 볼만한 것이 많을 것이다. 그러나 사람들이 이 사실을 알지 못하는 것은 생각건대 樵豎·牧夫가 躑躅하여 그 무덤을 엿보는데 있으니 悲歌로서 조상한다. 噫라! 옛날의 자취를 얻는 것이 이와 같아 오히려 發揮할 수 없는데 하물며 檀箕의 退荒은 어떨 것인가(『석재집』 권11, 序, 「送外從叔荷棲趙公[璥]出按關西序」).

이 자료는 1785년경 윤행임尹行恁(1762~1801)이 평안감사로 부임하는 외종숙 조경趙璥을 송별하기 위해 지은 것이다. 여기서 그는 지지地志를 근거로 평양 북쪽 10리에 있는 고총을 동천왕묘로 비정하고 있다. 특히 시원柴原의 유래와 순장 사실 등을[64] 언급함으로서 그 근거 역시 나름대로 제시하고 있다. 그가 참조한 지지는 『평양지平壤誌』에서 시록柴麓이 동천왕묘와 관련하여 서술되고 있음을 볼 때,[65] 대략 윤두수尹斗壽의 『평양지』 등 평양의 지리지로 짐작된다. 그러나 평양 동쪽 30리 떨어진 시록에 있는 고총에서 발견되었다는 여러 행의 각자刻字 내용을 확인할 수 없는 상황에서 이것이 동천왕묘로 비정된 근거는 유물·유적 등의 구체적인 자료에 따른 것이 아니라 시록과 동천왕이 안장된 시원이라는 지명의 유사성에 근거한다.

강동이 성천 등과 함께 '평양동촌平壤東村'이라 불렸다는 『강동읍지』의 기록을 참고할 때,[66] 강동은 평양과 같은 문화 기반을 지닌 곳이었음을 알 수 있다. 그렇지만 평양 시록의 고총과 강동의 황제묘가 동일한 무덤이라고 생각되지는 않는다. 황제묘가 동천왕묘로 비정된 근거 역시 고인의 시구에 불과하고, 그 시에서 어떻게 한대漢垈를 동천왕과 연결했는지 분명하지 않지만, 이들은 조선전기부터 평양과 강동 일대에 위치한 여러 고총들이 고구려 때 묘사廟社를 평양으로 처음 옮긴 동천왕이 묻힌 묘와 관련하여 비정되고 있었다는 사실을 보여준다.

그런데 문제는 평양에서 동천왕묘로 비정되기도 했던 고총과 별개로 강동에서 동천왕묘로 비정되기도 했던 황제묘가 18세기 후반 이전부터는 또 다른 단군묘로 비정되기도 했다는 사실이다. 이만운李萬運·이긍익李肯翊 등에게서 이 같은 사실을 확인할 수 있다.[67] 이들이 도산刀山 또는

---

64) 『삼국사기』 권17, 고구려본기 5, 동천왕 22년 "秋九月 王薨 葬於柴原 號曰東川王 國人懷其恩德 莫不哀傷 近臣欲自殺以殉者衆 嗣王以爲非禮禁之 至葬日 至墓自 死者甚多 國人伐柴以覆其屍 遂名其地曰柴原".

65) 『평양지』 권5, 잡지, "柴麓 在府東三十里 有墓高丈餘 頃年盜發其所藏壙內一面石 上有刻字數行 盜欲掩覆 扣擊破之 其痕猶在 高句麗東川王墓 名爲柴原 今柴麓之 名 與柴原相似 人疑爲東川墓云".

66) 『강동읍지』 참조.

67) 『기년아람』 권5, 序, 「檀君朝鮮」 "陵墓[一在江東縣西 周四百十尺 一在縣北刀

도료산刀了山의 황제묘를 또 다른 단군묘로 비정한 근거는 확실하게 알 수 없다. 그러나 여기에는 조선후기 보다 확대된 고조선 인식에 바탕을 두고 단군의 존재를 역사적 측면에서 객관적이고 합리적으로 이해하기 위한 목적성이 개재되어 있음이 분명하다. 또 황제묘의 주체가 어떤 이유에서 한왕·위만·고구려왕·동천왕 등 다양하게 이해될 수 있었는가에 대해서도 구체적으로 알 수 없지만, 이 역시 강동지역이 지니고 있던 역사적·문화적 배경과 긴밀하게 연계되어 있음은 두말을 필요로 하지 않는다.

여기서 평양이 본래 '선인왕검지택仙人王儉之宅'이라는 의미를 다시 생각할 필요가 있다. '택宅'의 의미를 어떻게 접근하는가에 따라 그 의미가 달라질 수 있다. 이에 대해서는 '선인왕검이 살던 곳'이라는 포괄적인 해석이 일반적이다.[68] 이는 평양이 단군조선의 초기 도읍이라는 『삼국유사』의 전승을 염두에 둔 것이다. 물론 여기서의 평양이 현재의 이해와 동일한 것이 아님은 문제로 남지만, 중요한 것은 평양이 이미 고려 중기 이전부터 단군과 관련한 곳으로 이해되고 있었다는 사실이다. 그리고 이와 관련하여 이후 어느 시기부터 평양과 강동의 고총들이 단군·동천왕

山]" ; 『연려실기술』별집 권19,「歷代典故」"檀君墓 在江東縣西三里 周四百十尺[一在縣北刀了山]" ; 『기년동사약』권1,「檀君朝鮮紀」, 乙未 "商武丁三十九祀 入阿斯達山 … 或云 墓在江東縣西 周四百十尺 或云 松壤今成川西 有檀君塚" ; 『동전고』권12, 歷代,「檀君朝鮮」"檀君墓 在江東縣西三里 周四百十尺[一在縣北刀了山 備考]".

68) 이병도, 1991, 『국역 삼국사기』, 을유문화사 ; 이상호 편, 1991, 『북역 삼국사기』 (상), 신서원 ; 이강래, 1998, 『국역 삼국사기』, 한길사 참조. '宅'의 字意에는 무덤내지 葬居·葬地의 뜻을 포함하고 있어(諸橋轍次, 『大漢和辭典』1, 7064項, 宅 참조) 『삼국사기』의 "本仙人王儉之宅也"의 의미는 선인왕검의 무덤이 있는 곳이라는 의미로 해석될 수도 있다. 그러나 바로 뒤의 "혹은 이르기를 왕의 도읍을 王險이라고 한다"는 기록을 염두에 둘 때, 이런 접근은 무리한 측면이 많다. 대략 선인왕검과 유서가 깊은 곳 정도의 의미로 이해하는 것이 보다 합리적이라고 생각된다.

등의 역사 인물들과 연계되어 비정되었을 것이다. 특히『삼국사기』동
천왕조의 기록과 관련하여 강동의 고총들이 단군묘와 동천왕묘로 비정
되고 있음을 단순한 우연으로 이해해야 할 것인가.

다음과 같은 추측이 가능하다. 평양은 그 위치와 관계없이 고조선과
고구려의 도읍으로 알려져 왔다. 고조선의 초도지인 평양이 어디였는가
도 문제가 되지만, 고구려의 도읍 역시 몇 차례의 이도를 경험했다. 특히
평양성을 축성하고 백성과 묘사廟社를 옮기면서 어느 때부터인가 고구려
의 도읍이 평양이라는 인식은 후대까지 지속되었다. 그곳이 현재의 평양
이었는지의 사실과는 관계없이 평양은 후대에 그렇게 이해되고 있었다.

고구려에서 평양성으로 백성과 종묘·사직을 옮긴 시기는 동천왕 때
이다. 이후 동천왕은 고구려에서 평양과 관련한 존재로 인식되었고, 후
대에는 더욱 그렇게 이해되었다.『삼국사기』의 동천왕 때 평양성 축성
과 묘사 이건, 이와 선인왕검과의 기록은 이런 측면에서 이해가 가능하
다. 평양은 고구려가 도읍하기 이전 고조선의 도읍으로 이해되고 있었기
때문이다. 즉 평양을 둘러싼 고구려의 축성과 묘사 이건 및 고조선 도읍
에 대한 이해는『삼국사기』찬자 또는 그 편찬에 저본이 된 사서의 찬자
가 평양과 단군, 평양과 동천왕의 관계를 기록하게 되었고, 이는 더 나아
가 동천왕 때 평양성의 축조 기록에서 단군에 대한 언급을 하지 않을
수 없게 했을 것이다. 평양성을 짓고 이곳으로 묘사와 백성을 옮긴 동천
왕이 묻혔다는 시원柴原 역시 이후 자연스럽게 현재의 평양 부근에서 찾
게 되었고,『평양지』나 후대의 강동과 관련한 읍지류에서 시록이나 황
제묘를 동천왕묘로 비정하는 배경 역시 이와의 연관성이 크다.

단군묘와 관련해서는 먼저 평양과 그 부근에 남아있던 고조선 유민과
의 관계에서 추측할 수 있다. 고조선 시기에 축조된 단군묘를 중심으로
공동체를 형성했을 유민의 존재를 무작정 부정할 수만은 없다. 북한학계
의 경우 이를 보다 강조하는 입장에서 고구려의 고조선 계승성을 토대로

단군릉의 존재를 역사적 사실로 해석하고 있다.[69] 하지만 이런 논리는 너무 막연하다. 자료상으로 조그만 단서조차 확인되지 않는다. 만약 그랬다면, 역사성을 상실했다고 하더라도 이와 관련하여 어느 쪽에서든 전승의 편린은 지역에서 확인될 수 있다.[70] '박달곶朴達串'의 지명이 고려시대부터 확인되곤 있지만,[71] 이가 단군과 어떤 관계를 지니고 있는가도 분명하지 않다. 이런 점에서 단군묘와 고조선 유민과의 연계성은 희박하다고 할 수 있다.

평양이 고조선의 도읍이었다는 이해와 그 시조가 단군이라는 역사인식이 후대에 보다 확고해지면서 잊혀졌던 단군의 존재는 역사적·실존적 존재로 다시 자리하게 되었다. 따라서 그와 관련한 묘 역시 자연스럽게 주목될 수 있었고, 그 존재를 탐색하게 되었다. 물론 그 최후에 대해서는 아사달산신이라는 이해가 보편적이었지만, 일부 계층에서 묘의 존재는 주목될 수밖에 없었고, 자연 그 도읍이었던 평양 부근에서 이를 찾게 되었을 것이다. 그 시기가 언제였는가는 문제가 되지만, 대략 고조선의 도읍으로 평양이 주목되고, 그 평양이 현재와 동일한 곳이라는 인식이 성립된 이후일 것임은 분명하다.

---

69) 이와 관련한 이해는 최근 단군릉을 둘러싼 북학학계의 논의가 대표적이다. 조선민주주의인민공화국 사회과학원, 1994, 「단군릉발굴보고」『단군과고조선에관한연구론문집』, 사회과학출판사 ; 1994, 『고조선력사개관』, 사회과학출판사 ; 이형구 편, 1995, 『檀君과 檀君朝鮮』, 살림터 ; 강룡남, 2004, 「단군에 대한 우리 선조들의 리해와 숭배」『조선고대사연구』 2, 사회과학출판사 참조.
70) 최근 단군묘를 직접 언급하지 않았지만, 기자조선의 40여세 후손인 準王의 계보인식을 고조선 시조인식의 현실적인 계승집단과 연계하고, 이 같은 인식이 위만조선 영역 내에서의 준왕의 아들 및 친족집단에 의해 유지되다가 이후 현토군의 고구려 속현 및 주변 고조선 계통 세력과 비류국 송양의 소노부 시조인식으로 계승되었다는 시도가 있기도 했다. 조법종, 2005, 「한국 고대사회의 고조선·단군인식 연구-고조선·고구려시기 단군인식의 계승성을 중심으로」『先史와 古代』 23, 한국고대학회 참조.
71) 「金方慶墓誌銘」(김용선, 1997, 『고려묘지명집성』, 한림대 아시아문화연구소) 참조.

이런 점에서도 『삼국유사』의 고조선조는 주목될 수 있다. 여기에 인용되고 있는 『위서魏書』와 『고기古記』 중 전자에서는 단군왕검이 아사달에 도읍한 것으로 기록하고 있어 아사달과 평양의 관련성이 보이지 않는다. 이는 일단 『위서』가 편찬되는 시기에 평양과 단군과의 관계를 볼 수 없어 단군묘 전승 역시 이후에 성립되었을 가능성을 상정하게 한다. 반면 후자의 경우는 단군왕검이 당요 50년 경인에 평양성에 도읍하고 처음 조선이라 칭했다고 하여 평양이 단군의 도읍지로 기록되고 있다. 또 세주에서 평양성을 '지금의 서경'이라고 밝히고 있어 평양의 위치를 명확하게 밝히고 있다.72) 따라서 단군의 도읍지로서의 평양이 현재와 동일한 곳으로 비정된 『고기』의 편찬 시기와 단군묘 전승의 형성 시기도 관련이 있을 것으로 추측된다. 평양성을 '지금의 서경'이라고 밝힌 세주가 원래 『고기』의 것인지, 『삼국유사』의 저자에 의한 것인지, 아니면 『삼국유사』 편찬과 관련한 후대의 것인지에 대해서는 별도의 문제가 남아 있다.

이를 『고기』의 원주로 파악한다고 하다면, 그 상한은 이의 편찬 시기 이전으로 설정할 수 있다. 그러나 『고기』의 편찬 시기와 성격에 대해서는 구체적인 정보가 없다. 시기의 문제에서는 『구삼국사』보다 이른 시기의 것이라는 것이 일반적인 이해이다.73) 그 성격의 문제에서는 보다 다양한 전승의 가능성을 염두에 두고 '단군전승을 전하고 있는 옛 기록' 정도로 이해하는 것이 좋을 듯싶다.74) 그리고 단군묘 전승은 대략 『고기

---

72) 『삼국유사』 권1, 고조선[왕검조선] 참조.
73) 『고기』를 『구삼국사』와 관련해서 이해하려는 견해는 김영경, 1994, 「삼국사기와 삼국유사에 보이는 '고기'에 대하여」 『력사과학』 2 ; 鄭求福, 1993, 「高麗 初期의 '三國史' 編纂에 대한 一考」 『國史館論叢』 45, 국사편찬위원회 참조. 별개의 독립된 자료로 이해하려는 견해는 金貞培, 1997, 「檀君記事와 관련된 '古記'의 性格」 『韓國上古史의 諸問題』, 한국정신문화연구원 ; 李康來, 1996, 「三國遺事 引用 古記의 性格」 『三國史記典據論』, 민족사 참조.
74) 金成煥, 2002, 『高麗時代의 檀君傳承과 認識』, 경인문화사 참조.

』가 편찬되는 고려 전기와 관련하여 이해하면 어떨까 생각된다. 고조선의 도읍인 평양이 현재와 동일한 곳이어야 강동의 단군묘 전승 역시 형성이 가능했기 때문이다. 그렇다면『삼국사기』동천왕조에서 선인왕검의 평양과의 관련성 역시 이 같은 고기류의 기록을 참고한 결과를 반영하고 있다고 할 수 있다. 강동의 단군묘도 동천왕묘로 비정되기도 한 황제묘는 이런 인식의 결과였다. 또 황제묘가 조선후기 일부 계층에게 또 다른 단군묘로, 또는 동천왕묘와 관련하여 이해된 배경에는 평양을 둘러싼 이 같은 이해가 전제된 것이었다.

5. 맺음말

세조의 단군전 친제는 조선시대 역대시조묘에 대한 국왕의 유일한 친제였다. 평양 순행에서 이루어진 단군전에서의 단군과 동명왕, 그리고 기자전에서의 친제는 그의 집권력 강화를 위한 목적에서 이루어진 것이었다. 역사적 존재로서의 단군에 대한 확고한 인식에 토대하고 있음은 물론이다. 새로운 통치체제의 구축이라는 세조의 집권 의지가 역대 시조의 제사와 관련하여 고조선과 그 시조 단군에 대한 조치와도 긴밀하게 연결되어 있었다.

세조는 즉위 이듬해 단군사의 수치를 명하고, 신주를 '조선시조단군지위'로 고치고 제의에 관한 성복盛服도 마련한다. 특히 위패가 '조선시조'를 표제하고 있음은 단군이 역사적으로 후조선의 기자를 아우르는 인식의 결과였다. 몇 차례의 시도 끝에 이루어진 평양 순행 역시 그 목적이 민폐의 수렴과 변경의 방어책 수립 등으로 나타나고 있다. 하지만 단군전 친제는 역사 시원인 단군에게 자신의 집권을 고함으로서 정통성과 합법성을 표명한 것이자 고조선·고구려의 영토에 대한 의지를 표명한 것이었다고 할 수 있다. 자신의 욕위를 단군과 동명왕 위패의 가운데 설치함으로서 왕위계승을 역사적 시조인 고조선 단군과 고구려 동명왕을 계승했다는 것으로 승인받고, 의식을 통해 이를 대내외에 선포하려는 목적성이 게재되어 있다고 하겠다.

『동국여지승람』이 『팔도지리지』를 토대로 이루어진 것임을 감안할 때, 단군묘 기록 역시 『팔도지리지』의 그것을 그대로 수용했을 것은 분명하다. 즉 이의 편찬을 주도했던 양성지가 조선 역사의 시원으로서 단군을 분명하게 인식하고 있었고, 중국과는 달리 고조선에서 출발하는 독자적인 자국의 역사와 문화에 자긍심을 지니고 있었음은 『팔도지리지』에 단군묘가 강동의 고적으로 소개되고 있었다는 추측을 가능하게 한다. 그런데 단군묘 기록의 출발은 『팔도지리지』의 편찬을 위해 1455년 찬진되었던 『평안도지리지』라고 생각된다. 이런 점에서 1456년 3월 전대 군상君相의 제사와 전대 능묘의 수호 등을 포함하여 시정의 전반에 대한 건의인 「편의 24사」는 주목된다. 여기서 전대 능묘의 수호와 관련하여 전조선왕의 능침이 거론되고 있음은 그가 『평안도지리지』 등을 통해 단군묘에 대한 정보를 인지하고 있었음을 의미한다. 이는 역사의 시원으로 확고해진 고조선과 시조 단군에 대한 이해를 역사체계 내에서의 위상을 마무리하려는 노력과 관련된 것으로 보인다.

특히 평양 순행에서 3일 정도 순안현을 비롯한 인근 군현을 행차하고 있음은 강동현이 그 대상에 포함되었을 가능성을 상정할 수 있다. 만일 그렇지 못했더라도 단군묘에 대한 보다 풍부한 전승을 지역민으로부터 전해 들었을 가능성은 높다. 그가 양성지를 통해 단군묘에 대한 정보를 사전에 알고 있었기 때문이다. 그러나 실제 세조가 강동현을 순행하며 단군묘를 심방했거나 그 전승의 내용에 대해 전해 들었더라도 이를 그대로 역사적 측면으로 수용하기는 어려웠을 것이다. 이는 앞서 있었던 기자묘비의 건립 논의가 기자묘는 평양 토인들의 속전에 불과하다는 건의에 따라 사당에 건립되고 있는 사실에서 유추할 수 있다. 그렇다고 하더

라도 세조의 단군전 친제는 단군묘에 대한 인식의 범위를 넓혀 단군묘가
『팔도지리지』와『동국여지승람』의 강동현 고적에 실릴 수 있는 계기를
마련했다고 할 수 있다.

강동현에 있던 2기의 대총은 이후 그곳의 역사와 문화를 대표하는 상
징으로 작용했다. 그러나 그 역사성에 대해서는 확실하지 못했다. 강동
민들은 이들을 지역의 역사와 문화성과 관련하여 해석을 도모했고, 황제
묘와 단군묘는 이런 움직임의 대표적 결과였다. 황제묘가 단군묘·위만
묘·한왕묘·고구려왕릉·동천왕릉 등 역대 국가들과의 연결이 모색되거
나 구체적인 역사인물과 결부되어 해석되고 있음이 그것이다. 이는 단군
묘에 그대로 적용될 수 있다. 단군묘 역시 그것이 단군과 관련한 유력한
전승으로 정리되기 전까지는 황제묘 전승과 같이 다양한 전승을 전하고
있었을 것이다. 그러나 단군과 관련한 역사인식이 확고해지고, 강동의
역사 문화적 여건이 고려되면서 다양한 전승들은 탈락하고 단군이라는
존재와 관련한 이해로 정리되었을 것이다.

이런 점에서『삼국사기』에서 평양을 본래 '선인왕검지택仙人王儉之宅'
이라고 기록하고 있음은 의미 있게 받아들일 수 있다. 이는『삼국사기』
또는 그 편찬에 저본이 된 사서의 잘못된 이해와 관계없이 이전부터 전
해져온 평양과 관련한 단군전승의 일부를 반영하고 있는 것으로 해석할
수 있다. 조선후기 동천왕릉을 강동의 황제묘 또는 평양의 시록柴麓으로
비정하는 견해가 보이는데, 이는 고구려 역사에서 평양과 유서 깊은 인
물 중 동천왕이 포함되어 있었음을 의미한다. 이런 점에서『삼국사기』
의 선인 왕검과 관련한 기록은 평양과 단군과의 관계를 염두에 둔 것이
다. 이와 관련하여 단군묘를 이해할 때, 고조선 유민과의 관계성과 고조
선의 도읍으로서 평양과의 관계성을 상정할 수 있다. 그러나 전자와 관
련한 가능성은 희박하여 자연 후자에 대한 논의를 확대할 필요가 있다.

특히 여기서의 평양이 현재의 그곳과 일치해야만 한다는 전제에 토대

한다면,『삼국유사』에서 평양성을 '지금의 서경'이라고 밝히고 있는『고기』의 기록은 주목된다. 물론 이것이 원래『고기』의 것인지,『삼국유사』의 저자에 의한 것인지, 아니면『삼국유사』편찬과 관련한 후대의 것인지에 대해서는 별도의 문제가 남아있기는 하다. 이를『고기』의 세주로 인정한다면, 단군묘 전승의 상한 역시『고기』가 편찬된 것으로 추측되는 고려 전기로 상정할 수 있다. 고조선의 도읍인 평양이 현재와 동일한 곳이어야 강동의 단군묘 전승 역시 형성이 가능했기 때문이다. 그렇다면『삼국사기』동천왕조에서의 선인 왕검과 평양의 관련성 역시 이 같은 고기류의 기록을 참고한 결과를 반영하고 있다고 할 수 있다.

제3부
단군묘 인식과 단군릉檀君陵으로의 숭봉崇封

제1장 조선 전기의 단군묘 인식

1. 머리말

현전하는 고조선의 건국시조 단군에 대한 전승의 내용은 다양하다. 그중 『삼국유사』에서 전하는 『고기古記』유형의 전승은 최고의 것이자 현전하는 자료 중 고조선 건국신화의 모습을 가장 잘 담고 있는 것으로 이해되고 있다. 물론 현재까지도 폭넓게 이해되고 있는 전승 유형중 하나이기도 하다. 단군전승檀君傳承은 고조선 멸망이후 후대로 전해지면서 사회와 문화의 제반 변화에 긴밀하게 연계되면서 지속적으로 또 다른 새로운 전승을 창출했다.

이 같은 변화의 모습을 보다 구체적으로 이해하기 위한 방법으로는 크게 두 가지 측면을 고려할 수 있다. 하나는 제반 전승을 유형별로 분류하여 이해하는 방법이고, 다른 하나는 각 유형의 전승에서 개별 요소들이 변화하는 모습을 읽어내는 방법이다. 환웅과 웅녀의 결합 또는 단웅천왕檀雄天王과 단수신檀樹神 손녀孫女의 결합으로 단군이 태어났다는 비합리적이면서 신비스러운 내용을 담은 『고기古記』·『본기本紀』유형 등의 전승은 이후의 사회·문화적인 변화에 역동적으로 작용했다. 그리고 그 결과는 보다 객관적이면서도 사실적인 모습으로 내용을 전개해갔다.

유형별 이해에서 『제왕운기帝王韻紀』·『응제시應製詩』·『동국여지승람

東國輿地勝覽』·『제대조기第代朝記』 등의 유형이 새롭게 등장했고, 내용별 이해에서 아들로서의 부루夫婁와 주몽朱蒙 전승, 우禹 임금의 도산塗山 조회朝會에 태자 부루의 파견 전승, 세 아들의 삼랑성三郞城 축성과 참성단塹城壇에서 단군의 제천 전승,[1] 『삼국유사』의 1908세라는 단군의 나이를 고조선의 역년으로 해석한 권근權近의 이해 등 치세와 후계에 대한 전승이 등장했다. 이 같은 내용 전승에 대한 분석적 이해는 다양한 갈래의 단군전승을 상세히 검토하는데 효과적인 방법임은 당연하다. 또 여러 유형과 내용을 싣고 있는 자료를 보다 구체적으로 이해하기 위해서는 두 가지의 접근 방법을 적절하게 병행할 필요가 있음도 물론이다.

강동현의 단군묘檀君墓 전승 역시 이 점에서 마찬가지이다. 그러나 단군묘 전승은 제반 전승과는 또 다른 모습을 보여준다. 그것은 다름 아닌 단군의 최후와 관련한 것이다. 단군의 최후에 대해 우리는 『고기』·『본기』 유형의 아사달산신阿斯達山神으로의 좌정에 익숙해있다. 이는 신인神人으로서의 모습을 반영하는 것이기도 하다. 하지만 강동현의 전승은 신격神格으로서 보다는 인간적인 모습으로의 전승을 보여준다. 여기서 단군전승을 보다 합리적이고 객관적으로 이해하기 위한 사고가 반영되어 있음을 직감할 수 있다.

1993년 소위 단군릉 발굴 이후, 북한은 출토 인골의 연대측정 결과를 역사적 사실로 수용하면서 고조선 및 단군과 관련한 모든 역사서술과 인식체계를 그 결과를 중심으로 재편했다. 이것은 단순히 단군묘와 관련한 전승을 둘러싼 남북의 이해 차이가 아니라 우리 역사의 인식체계에서 커다란 괴리를 가져왔다. 또 이를 어떻게 극복해야 할 것인가의 새로운 과제를 야기했다. 특히 남북으로 갈라져 있는 체제의 현실에서 통일의 지향을 염두에 둘 때, 이를 중심으로 전개되고 있는 남북 역사인식의 차이

---

1) 김성환, 2008, 「국가제사에서 단군과 참성단 제사」 『강화도 참성단과 개천대제』, 경인문화사 참조.

는 반드시 극복해야 할 최선의 문제이다.

여기에서는 이 같은 이해를 전제로 조선전기 강동현의 단군묘 전승과 관련한 문제를 검토하고자 한다.2) 먼저 조선 건국 직후부터 조선시대 전승의 전형으로 등장한 『응제시』 유형과 단군묘의 관계를 살펴보려고 한다. 이 유형은 이전의 유형보다 역사적인 측면에서 단군을 이해하려고 했던 결과였기 때문에 단군묘 전승과 일정한 관련을 가지는 것으로 추측되기 때문이다. 다음은 단군묘 전승이 처음 보이는 『동국여지승람』에서 단군과 관련한 기록을 분석하여 그 편찬자들의 단군인식을 정리한 후, 이곳에서의 단군묘 기록의 의미를 살펴보고자 한다. 이 과정에서 『세종실록』 지리지의 황제묘皇帝墓 기록이 채록과정에서 오류로 단군묘 전승을 누락시키고 있음을 밝히고자 한다. 또 조선전기 사서로서는 처음으로 단군묘 전승을 단군의 최후로 적극 인식하고 있는 유희령柳希齡의 『표제음주동국사략標題音註東國史略』을 통해 '단군자립檀君自立'의 항목에서 단군묘가 지니는 가치를 평가하고자 한다. 이 자료는 고조선 역사를 단군을 중심으로 연대기적인 방법으로 이해한 현전하는 최고의 자료이기 때문이다. 이를 통해 조선전기의 단군묘 전승에 대한 이해의 모습이 보다 구체적으로 추적될 수 있기를 기대한다.

2. 『응제시應製詩』 유형의 전승과 단군묘

단군의 출생을 중심으로 하는 유형별 분류에서 『응제시』 유형은 1396년(태조 5) 권근權近(1352～1409)이 명나라 고황제에게 제진한 응제

---

2) 고려시대와 조선후기의 단군묘 인식과 관련해서는 김성환, 2008, 「檀君傳承과 檀君墓: 고려시대 단군묘 전승에 대한 가능성 모색」 『역사민속학』 29, 한국역사민속학회 ; 김성환, 2008, 「조선 후기의 단군묘 인식」 『단군학연구』 18, 단군학회 (이 책 Ⅱ-1 및 Ⅲ-2) 참조. 일제강점기 단군릉수축운동과 관련해서는 김성환, 2007, 「일제강점기 「단군릉기적비」의 건립과 단군전승」 『사학연구』 86, 한국사학회(김성환, 2009, 『일제강점기 단군릉수축운동』, 경인문화사) 참조.

시중 하나인 「시고개벽동이주始古開闢東夷主」에 대한 주석이다. 조선시대에 가장 널리 이해되었던 자료이다. "옛날에 신인神人이 단목檀木 아래로 내려왔는데, 나라 사람들이 세워 왕을 삼은 까닭에 단군檀君으로 불렀으며, 이때는 요임금의 원년인 무진년이었다"는 내용의 주석을 전제하고, "아주 오랜 전에 단군이 수풀로 내려와 동국東國의 임금이 되었는데 전하는 세대는 알 수 없지만 역년은 천여 년을 넘었다"고 읊고 있다.[3]

고려 말 변안열邊安烈(1334~1390)의 「동국유거음東國留居吟」이라는 시에서도 '단목檀木'이라는 표현이 있음을 볼 때,[4] 이 같은 유형이 고려시대에도 전해지고 있었을 가능성이 없는 것은 아니다. 하지만 『응제시』 유형은 조선시대에 보편적으로 이해되었다고 보는 것이 순리인 듯하다. "신인神人 단군이 태백산 신단수 아래에서 출흥出興하여 시조왕이 되었다"는 임진왜란 직후 승려 휴정休靜(1520~1604)의 서술은 고조선 시조로서의 단군에 대한 접근에 보다 구체적이다.[5] 여기에서는 단군의 최후에 대해 아무런 언급이 없다. 『삼국유사』에서 단군의 나이로 기록되어 있는 1908세나 어국御國 1500년, 『제왕운기』에서 향국享國으로 언급되고 있는 1028년 또는 1038년과는 달리 세대는 알 수 없지만, 이를 전한 세대로 이해하고 있음에서 고려시대보다 진전된 인식론을 볼 수 있다.

조선시대에 『응제시』 유형의 자료들은 독립적으로 기능하기 보다는 『고기』 등의 고려시대 전승과 상호 보완적인 관계에 있었다. 이 유형을 언급하고 있는 대부분의 자료들이 단군의 최후를 아사달산신으로의 좌정으로 기록하면서 『고기』 또는 『본기』 유형을 함께 소개하고 있음에

---

3) 『양촌집』권1, 시, 「命題十首 始古開闢東夷主[昔神人降檀木下 國人立以爲主 因
   號檀君 時唐堯元年戊辰也]」 "聞說鴻荒日 檀君降樹邊 位臨東國土 時在帝堯天 傳
   世不知幾 歷年曾過千 後來箕子代 同是號朝鮮."
4) 『대은선생실기』, 시, 「東國留居吟」참조.
5) 『해동금석원』보유 권6, 「明高麗釋迦金骨舍利浮圖碑」(1603) "… 我東方初無君長
   不列諸侯 神人檀君出興於太白山神檀樹下 爲始祖王 與堯並立也 … ."

서 짐작할 수 있다. 조선 초기에 단군전승의 주류가『고기』·『본기』유형에서『응제시』유형으로 바뀌었고,『고기』유형은『응제시』유형을 보완하는 역할을 하게 되었다. 이런 점에서 단군의 최후가 죽음과 묘의 조성으로 마무리된 단군묘 전승은 그 형성 시기와는 별개로 역사적 존재로서의 단군에 대한 인식이 확고해진 시기에 주목이 가능했고, 이런 점에서『응제시』유형의 전승 형성과도 밀접한 관련을 가진 것으로 보인다.6)

특히 고조선의 시조 단군이 국조國祖로 자리하여 역사적 위상을 되찾으면서 출생에 대해 황탄한 전승을 전하던『고기』·『본기』유형의 전승은 식자층에게 합리적인 인식의 틀에서 비판되기 시작했다. 대부분『고기』유형을 대상으로 하는 비판은 조선후기의 것이기는 하지만, 환웅이 신시神市를 열었다는 것이 역사에서 확인할 수 없어 탄망한 설이라는 홍경모洪敬謨(1774~1851)의 이해나,7) 곰이 여자로 변해 아들을 낳았다는 설이 황탄하여 기록하지 못하겠다는 오광운吳光運(1689~1745)의 이해,8) 단군전승을 염두에 두고 동사東史 대부분의 기록은 탄망하여 많은 사람들이 불신하고 있다는 안정복安鼎福(1712~1791)의 언급9) 등은 이 점에서 유효하다. 다만 선가사가仙家史家로 분류되기도 하는 홍만종洪萬宗(1643~1725)만 단군이 단목 아래로 내려왔다가 마지막에는 신이 되었다는 설이 탄망하기는 하지만, 단군은 동방이 홍황洪荒했던 시대에 있던 수출首出의 군주로 많은 이적異蹟이 있었을 것이기 때문에 망론妄論이

---

6) 김성환, 2006,「조선시대 단군묘에 관한 인식」『한국사학사학보』13, 한국사학사학회 참조.

7)『관암전서』권19, 記,「三聖祠記」"… 史云 神人降于檀木下 國人立爲君 號檀君 蓋有神市之事而史不言歟 史旣不言 則直一迂怪誕妄之說 何爲而信之 … ."

8)『약산만고』권5, 시,「海東樂府─太伯檀─」, "… 至若熊化爲女昏而生子之說 尤荒誕不幷記."

9)『동사강목』附 권상,「考異」"… 中國史所記 與東史略同 但東史太涉誕妄 故人多不信 而歸之慌惚存亡之間 則不可."

라고 할 수 없다고[10] 변론하고 있다.

아사달산신으로의 좌정에 대해 비판하고 있는 직접적인 자료는 확인하지 못했지만, 이 역시 같은 범주에서 취급되었을 수 있다. 위의 홍만종의 언급에서 짐작할 수 있다. 삼국의 시조묘始祖廟 조성 등에서 살펴볼 수 있는 것과 같이 시조를 신성하게 분식하기 위해 신격화하는 것이 고대국가 이래 일반적인 예이다. 그러나 산신으로의 좌정에서는 더 이상 건국시조의 모습을 발견하기 어렵다. 이는 역사적 기능의 상실을 의미한다. 따라서 아사달산신으로의 좌정은 일부 전승집단에 의해 비판되었을 것이고, 이 같은 비판은 보다 합리적인 전승의 이해를 위한 결과를 낳게 했다. 단군묘 전승은 이런 배경에서 연유되었을 것으로 추측할 수 있다.

건국시조들이 모두 하늘에서 산으로 내려와 산신이 되었듯이 산신과 건국시조의 관계는 밀접한 관련을 가지고 있다.[11] 신라 시조 혁거세의 어머니가 선도산신仙桃山神인 선도성모仙桃聖母였다는 전승,[12] 고려 왕실과 연계되어 왕건의 고려 건국을 예언했다는 지리산신인 지리산신모智異山神母, 가야의 건국과 관련한 정견모주靜見母主 등에서 건국시조와 산신의 관계를 살펴볼 수 있다.[13] 하지만 건국신화에 등장하는

---

10) 『동국역대총목』, 「단군조선」 "… 中國史所記 與東史略同 第東史所謂降于檀木下 終化爲神等說 似涉誕謾 然檀君首出御世 在東方則乃洪荒之世也 邃古之事 固多異蹟 故今不敢妄論 一從史書."
11) 임재해, 2005, 「산신설화의 전승양상과 산신숭배의 문화」 『비교민속학』 29, 한국비교민속학회, 392쪽.
12) 『삼국유사』 권5, 감통7, 「仙桃聖母隨喜佛事」 참조.
13) 이에 대해서는 박씨의 내력을 설명하는 가운데 단군 이하 삼국 건국시조의 출생담을 설명하고 있는 朴壽春(1572~1652)의 다음 자료를 참고할 수 있다. 『국담집』 권2, 序, 世系事實序 "朴氏之先 盖出於新羅始祖赫居世 先是朝鮮遺民 分居東海濱 爲六村 而無君長 漢宣帝地節元年壬子 六村長俱會於閼川上 高墟村長蘇伐公 望見楊山麓蘿井傍 林間有異氣 且有白馬跪拜狀卽觀之 馬忽不見 有一大卵 剖得嬰兒 形儀端美 浴於東川 身生光彩 鳥獸率舞 六部人以其生神異 收養之 及年十三 屹嶷夙成立爲君 赫居世號言王也 號居西干亦方言尊長之稱 其卽位元年實漢宣帝五鳳元年甲子 辰人謂瓠爲朴 以大卵如瓠 以朴爲姓 王有神德 在位六十一年 立閼

산신의 대부분은 그 시조의 조력자이지 주인공은 아니었다. 산신들은 건국시조를 직접 출생하거나 건국을 예언한다든지 등에서 역할을 하고 있을 뿐, 직접 건국을 하지 않았다. 이점에서 이들과 단군의 위치는 분명 다르다.

　단군 역시 처음부터 산신의 모습을 지니고 있었다고 생각되지 않는다. 그가 하늘에서 단목으로 상징되는 수풀로 내려와 고조선을 건국했다는 『응제시』 유형에서는[14] 산신으로의 성격을 엿볼 수 있겠지만, 고려시대의 전승 유형이었던 『고기』·『본기』·『제왕운기』 유형에서는 그의 부계 혹은 모계가 산신적인 성격과 연결되어 있었을지언정 그 자체가 산신은 아니었다. 고조선 건국에서 산신은 어디까지나 조력자였을 뿐이다. 그럼에도 불구하고 『삼국유사』에 인용된 『고기』에서 단군은 아사달로 환은還隱하여 산신이 되었다고 서술하고 있다. 『제왕운기』의 『본기』에서는 '환은'이 '입入'으로 기록되어 있지만, 그 의미는 다르지 않다. 그의

英爲妃 初龍見於閼英井 右脇生女 有老嫗養之 以井名名之 及爲妃能內輔 人稱二聖 或云 古有仙桃聖母 本中國帝室之女 名婆蘇 早得神仙之術 來止海東 久而不返 遂爲神 世傳赫居世乃聖母之所誕也 故中國人讚 有仙桃聖母娠賢肇 邦之語廣州西岳仙桃山 奮有聖母祠 事載三國勝覽傳說雜出 且涉荒誕 未敢必然 而竊觀古昔帝王之生 或有異於人者虹繞 神母而生伏羲 簡狄呑卵而生契 姜嫄履跡而生棄龍交大澤而生漢高 以東方言之 檀君降木下 六部長降山上 至如閼智朱蒙首露 或生於卵中 或出於檀裡 其亦此類 而今之金昔李崔裵孫薛皆其後 而其始皆從天而降得姓端倪如是奇異 □赫居氏之由天 而化以朴爲姓者 無足怪也 朱子嘗謂無人道而生 或者以爲不祥先儒頗疑之 而張子云 天地之始 固未始先有人也 則人固有化而生者矣 天地之氣生之也 蘇氏亦曰 凡物之異於常物者 其取天地之氣 常多故其生也 或異麒麟之生異於犬羊 蛟龍之生異於魚鼈 物固有然者矣 神人之生有異於人 何足怪哉 斯言得之矣 … ."

14) 『응제시』 유형의 전승은 조선 초기부터 정착되어 있었다. 『태종실록』 권31, 태종 16년 6월 신유 "敬承府尹卞季良上書 … 吾東方 檀君始祖也 盖自天而降焉 非天子分封之也 檀君之降 在唐堯之戊辰歲 迄今三千餘不異矣"; 『용비어천가』 권1, 9장 "… 唐堯戊辰歲 神人降于檀木之下 國人立爲君 都平壤 號檀君 …"; 『고려사』 권58, 지12, 지리3, 서경유수관 "… 唐堯戊辰歲 神人降于檀木之下 國人立爲君 都平壤 號檀君 是爲前朝鮮."

최후가 부계나 모계와 같은 성격으로 귀결된 것이다.

하지만 신인神人 단군이 하늘에서 내려와 나라사람들에 의해 추대되어 왕이 되었다는 내용으로 전승의 전환이 이루어진 이후, 그의 최후로서 아사달산신은 더 이상 기능할 수 없었다. 『고기』 유형의 전승이 『응제시』 유형을 보완하는 측면에서 조선시대에 유효했다고 하더라도 국조로의 위상으로 아사달산신은 적합하지 못했다. 이첨李詹(1345~1405)의 이해는 이런 점에서 유의할 수 있다.

> A. 『魏書』에 이르기를 지금부터 이천년 전 檀君이 있었는데, 阿斯達山에 도읍을 세우고[註에 이르기를 無葉山이라 하였고, 혹은 白岳이라 하였는데 白州 땅에 있다. 혹은 개성 동쪽에 있는데 지금의 白岳宮이다] 나라를 열어 조선이라 하였는데, 요임금과 같은 때이다. 혹은 平壤城에 도읍하여 처음 조선이라 하였고, 또 白岳山으로 도읍을 옮겼다고 하는데 옳고 그름을 알지 못하겠다(『쌍매당협장집』 권22, 잡저, 「단군조선」)

이첨은 『삼국유사』에 인용되어 있는 『위서魏書』의 기록을 거의 전재하며 단군조선에 대해 서술하고 있지만, 『고기』를 인용해 소개되었던 단군의 출생과 최후에 대해서는 전혀 언급이 없다. 그의 관심은 오로지 단군의 고조선 건국에 있었다. 『위서』의 기록을 중요하게 여기고, 평양성에 첫도읍하고 백악산白岳山에 천도했다는 『고기』의 전승 역시 '혹운或云'이라는 형식으로 소개하고 옳고 그름을 알지 못하겠다고 자신의 입장을 밝히고 있는데서 그러하다. 『고기』의 내용에 대해서는 거의 취신하지 못한다는 입장이었다. 단군에 대한 역사적 인식을 분명하게 하고 있으면서도 그 출생과 최후 등 신화적인 내용에 대해서는 함구하고 있는 고려 말 이색李穡(1328~1396)의 태도와[15] 동일선상에서 이해할 수 있다.[16]

---

15) 김성환, 2007, 「고려시대 단군관의 역사적 정립」 『백산학보』 75, 백산학회, 28~29쪽.

고조선의 건국시조 단군에 대한 역사적 인식의 정립으로 인해 그 출생은 물론 최후는 보다 객관적인 측면에서 이해되어야 했다. 신인神人 단군이 하늘에서 직접 내려온 존재였기 때문에 더욱 그러했다. 조선 초기 사류층들에게 고조선 시조 단군의 출자出自가 하늘과 직접 연결되어 있었다는 것은 별반 문제가 되지 않았다. 삼국의 시조들 역시 그러하듯이 건국시조들의 출생은 신이함을 지닌 것이 당연했기 때문이다.『응제시』 유형의 전승이 하늘에서 내려온 존재[물론 알이라는 또 다른 모습으로 나타나지만]가 국인國人의 추대로 왕위에 올랐다는 신라의 시조 혁거세 출생담과 기본적으로 같은 구조를 가지고 있었다는 것은17) 이점에서 참고할 수 있다. 그들에게 단군의 최후에 대해서도 역시 점차 삼국의 건국 시조와 같은 유형의 전승이 필요하게 되었다.

이런 측면에서 조선 전기 사류층들은 아사달산신으로서의 신비스러운 최후가 아닌 역사적이고 인간적인 단군의 최후에 대한 이야기에 주목하였을 것이다. 이것이 강동현에서 전하고 있던 단군묘였을 것이다. 단군묘 전승을 수용한다고 할 때, 고조선은 우리에게 한발 더 가까이 다가올 수 있었다. 그 역시 우리와 같은 인간이었기 때문이다.

그렇다고 아사달산신으로의 최후는 쉽게 폐기될 성격의 전승이 아니었다. 이는 단군의 최후로서 전형적인 인식이었고, 단군묘 전승 역시 민간에서 전하는 언전에 근거하고 있는 것이었기 때문에 사류층에게 쉽게 수용될 수 있는 것도 아니었기 때문이다. 이 시기 사류층들이 단군묘 전승에 대해 거의 모두 함구하고 있는 것도 이와 무관하지 않은 것으로 보인다. 이들 중 대부분은 단군묘 전승을 알지 못했기 보다는 황탄한 망

---

16) 이런 인식은 1488년(성종 19) 명나라 사신과 원접사 許琮(1434~1494)의 대화에
　　서도 보인다.『성종실록』권24, 성종 19년 3월 정묘 "遠接使許琮馳啓曰 … (天
　　使)曰檀君者何 (答)曰東國世傳 唐堯卽位之年甲辰歲 有神人降於檀木下 衆推以爲
　　君 其後入阿斯達山 不知所終 … ."

17)『삼국사기』권1, 신라본기1, 시조 혁거세 참조.

론으로 언급조차 할 필요를 느끼지 못한다고 생각했던 듯하다. 이 때문에 단군묘 전승은 어디에서도 찾을 수 없었다.

3. 『동국여지승람東國輿地勝覽』에서의 단군 기록과 단군묘

『동국여지승람』은 이전에 편찬된『세종실록』지리지나『팔도지리지八道地理誌』와는 성격이나 내용이 크게 다르다. 앞의 두 자료와 비교하여 예속禮俗 관계의 내용이 많은 비중을 차지하는 대신 경제나 군사 관계의 내용은 거의 취급되어 있지 않고, 각 지방의 역사적 연원이 훨씬 체계화되어 있으며, 중국측 연호도 거의 사용되지 않고 있다. 이는 당시 지배층의 국가의식이나 역사의식과 관련이 있다.[18] 이런 점에서『동국여지승람』의 단군 기록을 검토할 필요가 있다. 이 시기 단군에 대한 역사적 인식은 어느 때보다도 확고했었기 때문이다.

1481년(성종 12) 노사신盧思愼(1427~1498)이 올린「진동국여지승람전進東國輿地勝覽箋」에서는 "조선은 하늘이 낸 나라로 단군이 개국開國"하였음을 밝히고 있다.[19] 또 경도京都의 연혁을 설명하는 모두에 고조선과 마한馬韓 지역이었음을 천명하고 있다.[20] 이후 전국의 도나 군현의 연혁을 서술하면서 대부분 삼한이나 삼국시대의 영역인식에서 출발했음을 기본으로 하고 있음과 달리 경도만은 고조선이 첫머리에 등장하고 있음이 주목된다. 고조선으로부터의 역사적 연원을 강조한 것이다. 여기서는『동국여지승람』에서 보이는 단군 관련 기록을 통해 강동현 고적조에 실려 있는 단군묘가 이 자료의 편찬자들에게 어떻게 이해되고 있었는지에

---

18) 정두희, 1976,「조선초기 지리지의 편찬(하)」『역사학보』70, 역사학회, 104~125쪽.
19) 『동국여지승람』,「進東國輿地勝覽箋」"… 惟吾海隅之地 實是天作之邦 檀君啓祚於前 … ." 이는 서문에도 밝혀져 있다.『동국여지승람』,「東國輿地勝覽序」참조.
20) 『동국여지승람』권1, 경도 상 참조.

관심을 둔다. 『동국여지승람』의 편찬자들이 가지고 있던 단군 기록들이
어떻게 유기적으로 연결되고 있었는지의 문제도 자연스럽게 드러날 것
이다.

『동국여지승람』에서 단군 관련 기록은 강화도호부, 문화현, 평양부,
영변도호부, 강동현에서 확인할 수 있다. 고려시대 이래 전승의 공간적
범위가 서북한 지역이었다는데서 인식의 차이는 없다.21) 다만 강동현의
고적조에서 단군묘가 추가되고 있음이 다를 뿐이다.

강화도호부에서는 '세전世傳'을 근거로 사단祠壇 조에서 단군제천처檀
君祭天處였다는 참성단과 고적조에서 단군이 세 아들에게 쌓게 하였다는
삼랑성三郎城을 소개하고 있으며,22) 문화현에서는 산천조에서 역시 '세
전'을 근거로 단군이 첫 번째 도읍인 평양에서 이곳 백악白岳으로 천도
하였다가 당장경唐藏京으로 옮겨간 후에 다시 돌아와 신이 되었다는 전
승을, 불우佛宇조에서는 옛날부터 성수초제星宿醮祭를 위한 제단이었던
사왕사四王寺를, 사묘祠廟조에서는 환인·환웅·단군을 모신 삼성사三聖祠
를, 고적조에서는 역시 '세전'을 근거로 단군의 도읍터였다는 장장평莊莊
坪을 소개하고 있다.23) 또 평양부에서는 건치연혁조에서 『응제시』 유형
의 전승 내용을, 군명郡名조에서 왕검성王儉城을, 사묘祠廟조에서 단군사
檀君祠를 소개하고 있으며,24) 영변대도호부에서는 고적조에서 태백산太

---

21) 김성환, 2002, 『고려시대 단군전승과 인식』, 경인문화사 참조.
22) 『동국여지승람』 권12, 강화도호부 참조. 이와 관련한 연구로는 김성환, 1997, 「고려
    시대 강화지역의 단군숭배」 『대학원논문집』 1, 명지대대학원 ; 2008, 「강화도 단군
    전승의 이해와 인식: 문집 자료를 중심으로」 『인천학연구』 8, 인천학연구원 ; 서영
    대, 1999, 「강화도 참성단에 대하여」 『한국사론』 41·42, 서울대 국사학과 참조.
23) 『동국여지승람』 권42, 문화현 참조. 이와 관련한 연구로는 김성환, 1996, 「고려시
    대 삼성사의 단군전승」 『백산학보』 46, 백산학회 ; 허흥식, 1999, 「구월산 삼성당
    사적의 제의와 그 변화」 『단군학연구』 1, 단군학회 참조.
24) 『동국여지승람』 권42, 평양부 참조. 이와 관련한 연구로는 김성환, 1998, 「高麗時
    代 平壤의 檀君傳承」 『문화사학』 10, 한국문화사학회 참조.

伯山에 대한 서술로 천신天神 환인의 명에 의한 환웅의 강림과 신시神市에서의 인간사 주관, 신인神因[환인]과 웅녀의 혼인 및 단군의 출생,[25] 단군과 비서갑非西岬 하백河伯의 딸과의 혼인으로 북부여왕 부루의 출생, 금와·대소로 이어지는 역사계승의식 등이 소개되어 있다.[26] 그리고 마지막으로 강동현에서는 고적조에서 '언전'을 근거로 단군묘를 소개하고 있다.[27]

『동국여지승람』 편찬자들은 각 지역의 이런 단군전승들을 어떻게 이해하고 있었을까가 궁금하다. 조선전기 그들이 지니고 있던 고조선에 대한 확고한 역사인식체계 안에서 다양한 전승들이 유기적인 관계를 가지고 있는가의 문제이다. 먼저 그들은 고조선의 영역으로 평안도와 황해도,[28] 그리고 경도京都를 언급하고 있다. 이로 볼 때, 『동국여지승람』 편찬자들은 서북한 지역을 중심으로 한강 이북 지역까지를 고조선의 영역으로 이해하고 있었던 것으로 보인다. 각 지역 전승의 공간적 범위와도 일치한다. 하지만 그 영역을 한반도에 국한시켜 이해함으로서 한계를 노출하고 있기도 하다.

단군의 출생에 대해서는 『응제시』 유형(평양부)과 『동국여지승람』 유형(영변대도호부)을 동시에 소개하고 있는데, 후자의 유형은 『동국여지

---

25) 이에 대해 '神因'을 "神=桓雄이 이로 인하여"로 새겨 '神'을 '雄'의 오기로 보기도 한다. 하지만 조선후기 몇몇 자료에서 확인되는 바와 같이 전승의 측면에서 '神因'은 '桓因'으로 파악하는 것이 옳을 듯하다. 이런 측면에서 필자는 이를 단군의 출생을 중심으로 하는 전승의 유형 중 조선시대에 새로 출현한 『동국여지승람』 유형으로 분류한 바 있다. 이에 대해서는 김성환, 1999, 「檀君傳承의 類型 (Ⅱ)」『사학지』 32, 단국대 사학과 참조.

26) 『동국여지승람』 권54, 영변대도호부 참조. 이와 관련한 연구로는 김성환, 2000, 「高麗時代 妙香山의 檀君傳承」『명지사론』 11·12, 명지사학회 참조.

27) 『동국여지승람』 권55, 강동현 참조. 김성환, 2006, 「조선시대 단군묘에 관한 인식」『한국사학사학보』 13, 한국사학사학회 참조.

28) 『동국여지승람』 권41, 황해도, "本朝鮮馬韓舊地 後爲高句麗所有 …"; 권51, 평안도, "本朝鮮故地 …."

승람』에 처음 보이는 것이다. 그중 전승의 주류는 『응제시』 유형에 두었
으며, 『동국여지승람』 유형은 보조적인 위치에서 이해된 것으로 보인다.
문화현에서는 출생에 대해 전혀 언급하지 않음으로서 출생지는 영변의
태백산(묘향산)으로 파악하고 있었던 것으로 추측된다.

  단군의 통치와 관련한 유적으로는 앞서 편찬된 지리지의 내용을 계승
하여 강화에서의 참성단과 삼랑성, 평양의 왕검성, 문화현의 장장평(당
장경) 등이 거론되고 있다. 하지만 평양과 구월산, 당장경이 단군의 도읍
지로서 인식되고 있음을 고려할 때, 이와 관련한 구체적인 유적들이 전
혀 소개되고 있지 않아 『동국여지승람』 편찬 당시 전승 내용의 다양성
이나 풍부함을 생각할 수는 없을 듯하다. 단군숭배와 관련해서는 문화현
의 삼성사, 평양의 단군사가 파악되고 있는데, 세조의 단군전檀君殿 친제
를 비롯한 그 내용에 대해서는 전혀 언급이 없다. 오히려 함께 모셔져
있던 동명왕에 대해서는 동명왕사東明王祠라는 별도의 항목을 설정하여
1429년(세종 11) 처음 건립되었고, 중사中祀에 편재되어 춘추로 강향축
제降香祝祭되고 있음을 소개하고 있어[29] 단군사檀君祠가 부수적인 위치에
놓여있었다는 느낌을 받을 수 있을 정도이다.[30] 단군의 후계에 대해서
는 아들 북부여왕 부루·금와·대소로 이어지는 전승에 주목하고 있었다.
하지만 단군이 아들로 하여금 쌓게 하였다는 삼랑성과 관련해서는 그 이
름을 언급하고 있지 않아 이를 어떻게 연결하고 있었는지에 대해서도 추
측하기 어렵다. 전거가 '언전'·'세전'이었다는 점과 무관하지 않은 것으
로 보인다.

  우리의 관심인 단군의 최후에 대해서는 문화현 산천조에서 구월산九

---

29) 『동국여지승람』 권42, 평양부 참조.
30) 단군사 설치 과정과 사전에서의 제사에 대해서는 桑野榮治, 1990, 「李朝初期の祀
   典を通してみた檀君祭祀」 『朝鮮學報』 135, 朝鮮學會 ; 1990, 「檀君祭祀儀の分
   析」 『年報朝鮮學』 1, 九州大學朝鮮學研究所 ; 김성환, 1992, 「朝鮮初期 檀君認
   識」 『明知史論』 4, 명지사학회 참조.

月山을 서술하면서 이곳이 단군의 재도지인 백악, 아사달산이었음을 서술하고, 단군이 당장경으로 옮겨갔다가 후에 이곳으로 돌아와 산신이 되었음을 소개하는 한편, 강동현에서는 읍치의 서쪽으로 3리 떨어진 곳에 단군묘라는 것이 있음을 소개하고 있다. 평양부에서 최후에 대해 서술하지 않고 있는 것은 문화현이나 강동현의 전승으로 최후를 인식하고, 그곳에서 서술하는 방법을 고려했기 때문이라고 할 수 있다. 하지만 역시 두 전승의 근거는 '세전'과 '언전'이었다. 이들은 서로 의미가 다르지 않다. 그리고 여기에서는 이를 채집하여『동국여지승람』에 싣고 있는 편찬자의 접근태도를 엿볼 수 있다는 점에서 일정한 의미를 가진다.

조선전기에는 단군의 출생담으로『응제시』유형의 전승이 주류적인 인식으로 수용되었다. 여기에는 국조로서 단군의 출생에 대한 보다 합리적인 인식을 하려는 목적이 내포되어 있다. 이런 점에서 평양부의 건치연혁조에 실려 있는『응제시』유형의 출생담을 이해할 수 있으며, 또 다른 출생담이 영변도호부 고적조에 실려 있는 것과 비교된다.

단군의 최후에 대한 전승 역시 이런 시각에서 접근이 가능하다. 앞서 언급한 바와 같이 문화현 산천조의 구월산에서는 그의 최후를 아사달산신으로 서술하고 있고, 강동현 고적조에서는 무덤으로 기록하고 있다. 서술 방법에서 차이가 있다. 전자에서는 단군이 산천신山川神으로서 지역사회에서 일정한 기능을 하고 있었음을 보여준다. 불우조에서 성수초제星宿醮祭를 하던 고단故壇으로 소개되어 있는 사왕사四王寺가[31] 실은 단군천왕당檀君天王堂이었고,[32] 환인·환웅·단군을 모신 삼성사는 가뭄에 기우하면 효험이 있었다는 내용에서도 그러하다.[33]

그러나 강동현의 단군묘는 그렇지 못했다. 고적조에 실려 있음이 우

---

31)『동국여지승람』권42, 문화현, 불우, 사왕사 참조.
32)『성종실록』권13, 성종 2년 11월 병인 참조.
33)『동국여지승람』권42, 문화현, 사묘, 삼성사 참조.

선 그렇다. 고적이란『동국여지승람』의 편찬 이전에 이미 예전부터 전하여 지금까지 남아 있는 것이지만, 현재적 기능이 이미 상실된 것임을 의미한다. 특히 그 존재가 독립 항목으로의 편재도 아니고, '대총大冢'이란 것에 또 다른 고적인 황제묘와 함께 소개되고 있음에서 그렇게 짐작된다. 따라서 그 위치와 410척이라는 규모만 서술될 수 있을 뿐이었다.34)

그런데『세종실록』지리지의 강동현 고적조에서는 단군묘가 확인되지 않는다. 황제묘에 대한 자료만 확인된다. 이를『동국여지승람』의 단군묘 기록과 비교할 때,『세종실록』지리지는 자료의 채집 과정에서 오류가 있었을 가능성이 있었음을 추측할 수 있다.

> B-1. 큰 무덤이 縣의 북쪽 20리 떨어진 都磨山에 있는데 둘레가 410尺이다 [諺傳에 皇帝墓라고 한다](『세종실록』권154, 지리지, 평안도, 평양부, 강동현).
>
> B-2. 큰 무덤[하나는 縣의 서쪽 3리 떨어진 곳에 있는데 둘레가 410척으로 언전에 檀君墓라고 한다. 하나는 현의 북쪽 30리 떨어진 刀亇山에 있는데 언전에 옛날 皇帝墓라고 한다](『동국여지승람』권55, 강동현, 고적).

위의 두 자료는 그 내용이 착종되어 있음을 볼 수 있다.『세종실록』지리지에 의하면, 강동현의 도마산都磨山에는 둘레 410척의 대총大塚이 있었는데, 황제묘로 전해지고 있었음을 알 수 있다. 그런데 불과 30여년 후에 제작된『동국여지승람』에 의하면, 강동에는 2기의 고총이 전해지고 있었다고 한다. 하나는 단군묘이고, 다른 하나는 황제묘라는 것이다. 읍치에서 서쪽으로 3리 떨어진 대박산大朴山 아래 위치한 단군묘는 둘레가 410척이고, 황제묘는 북쪽으로 30여리 떨어진 도마산刀亇山에 있다고

---

34)『동국여지승람』권55, 강동현, 고적 "大塚[一 在縣西三里 周四百十尺 諺傳檀君墓 一 在縣北三十里刀亇山 諺傳古皇帝墓]."

한다. 그리고 이 2기의 고총이 각기 단군묘와 황제묘라는 전거는 역시
『세종실록』지리지에서 황제묘의 전거로 제시되고 있는 언전에 따른 것
이다.『동국여지승람』에는 황제묘의 거리가『세종실록』지리지의 20리
에서 30리로, 도마산都磨山의 표기가 도마산刀ケ山으로 바뀌고 있다. 하지
만 이들은 큰 문제가 되지 않는다. 특히 '도마산都磨山'과 '도마산刀ケ山'
의 표기 문제는 모두 우리말을 한자로 표기하면서 생길 수 있는 차이로
생각되기 때문이다.[35]

두 자료를 검토할 때, 강동현에서는 이전부터 단군묘와 황제묘로 전
해지는 대총 2기가 전해지고 있었음을 알 수 있다.『동국여지승람』의 기
록과 같이 단군묘는 읍치에서 서쪽으로 3리 떨어진 곳에 있었는데 둘레
가 410척이었다. 또 황제묘는 읍치에서 북쪽으로 20∼30리 떨어진 도마
산都磨山 또는 도마산刀ケ山에 있었다. 이들은 강동현을 대표하는 고적이
었다. 그리고 두 고적에 관한 자료들은『세종실록』지리지의 편찬에 앞
서 강동현에서 작성한 자료가 평안도 감영으로 전달되었을 것이고, 평안
도 감영에서는 평안도 전역의 자료를 모아 중앙에 전달했을 것이다.

하지만 강동현의 고적으로 올려진 단군묘와 황제묘에 대한 자료는 그
대로 수용되지 못했다. 그 이유에 대해서는 자세히 알 수 없지만, 단군묘
가 탈락하고 황제묘만『세종실록』지리지의 편찬에 수용되게 되었다.
아마도 단군묘에 대한 이해의 범위와 관련이 있는 듯하고,『응제시』유
형이 전승의 주류를 차지했더라도 아직까지『고기』유형의 전승에 대한
영향력 역시 유지되었던 것과 관련이 있는 듯하다. 이에『세종실록』지
리지 편찬자들은 두 자료를 황제묘로 정리하면서 위치는 황제묘 전승
의 것을 그대로 따르고, 규모는 단군묘의 것을 서술한 것으로 추측된

35)『동아일보』에 의하면, 壇君墓는 漆浦里 阿達山 서방에 위치해 있는데 둘레는 410
척이라고 하며, 황제묘는 馬山面 漢王里에 있고 둘레 607척 높이 126척으로 漢王
墓라고 부르기도 한다고 한다. 「巡廻探訪 天惠의 沃土(2): 産物殷豊한江東」『동아
일보』, 1926년 10월 22일 참조.

다. 『동국여지승람』에서 황제묘의 규모에 대해 언급이 없음은 이런 사정과 관련이 있어 보인다. 따라서 『동국여지승람』에서 단군묘 전승이 처음 보이고 『세종실록』 지리지에서 보이지 않는 것은36) 『동국여지승람』 편찬 직전에 그 전승이 만들어진 것이 아니라 『세종실록』 지리지 편찬자들의 오류였거나, 아예 그 기록을 삭제하였을 가능성이 높다. 『세종실록』 지리지의 편찬 당시 단군묘 전승이 전해지지 않았음을 의미하지 않는다. 『세종실록』 지리지를 편찬하면서 강동에서 올린 단군묘 전승은 그 편찬자에 의해 탈락되었을 것이다. 단군의 사후와 관련한 무덤의 등장을 수용할 수 없었던 인식론과 관련이 있어 보인다.

단군의 최후에 대한 아사달산신과 단군묘 전승은 이미 이전부터 전자는 문화현에서, 후자는 강동현에서 전해오고 있었다. 하지만 문화현에서 아사달산신은 조선전기까지 지역공동체에 일정한 기능을 하고 있었지만, 강동현에서 단군묘는 거의 그렇지 못했다. 두 전승은 이런 차이를 가지고 있었고, 이는 『동국여지승람』의 편찬자에게도 그대로 수용되었을 것이다. 강동현에서 단군묘 전승의 유구성을 의미하는 것이기도 하지만, 다른 한편으로는 전승의 기능적 측면 역시 『동국여지승람』이 편찬되었던 시기에 이미 사회적으로 상당히 약화되었음을 뜻한다. 역사적 측면에서는 더욱 그러하다. 그저 강동현 사람들을 중심으로 오래전부터 단군의 무덤으로 전해져 왔다는 내용만 회자되고 있었을 뿐이었다. 물론

---

36) 단군을 신화적 인물로 보지 않고 역사적 사실로 인식하는 분위기가 대두된 것은 세종 때 단군묘가 설치되면서부터 본격적으로 나타나기 시작한다는 견해가 있다. 단군 무덤의 등장이 그것으로, 단군이 국조로서 제사대상이 된 이상 그의 실재성을 더욱 부각시키려면 그 치적과 아울러 유적을 입증할 필요가 있었을 터이기 때문에 단군 무덤이 등장했다고 한다. 박혜령, 1999, 「민족주의 전통담론과 단군의 수용」, 『실천민속학연구』 1, 실천민속학회, 123쪽. 하지만 단군묘는 세종 때 사전 체계 안에서 설치된 것도 아니었고, 그 실재성을 부각시키기 위해 필요에 의해 부각된 유적도 아니다. 오히려 세종 때 단군묘는 『세종실록』 지리지에 실릴 수 있었음에도 불구하고 실리지 못했다. 廟와 墓는 다르다.

이를 중심으로 한 전승집단의 존재도 고려할 수 있다. 하지만 이 역시 너무 오래 전의 일이었다.

4. 『표제음주동국사략標題音註東國史略』에서의 단군자립檀君自立과 단군묘

『세종실록』 지리지를 편찬하기 위해 강동현이나 평안도에서 올린 자료에 단군묘 전승이 포함되어 있었다고 할 때, 이미 고려시대, 보다 구체적으로 고려전기부터 강동현에서는 단군의 최후에 대한 또 다른 전승이 전해지고 있었을 것이다.37) 하지만 『동국여지승람』에서 비로소 그 위치와 규모만 알려주고 있을 뿐이다. 전승의 이해 폭은 넓지 못했다고 생각할 수 있는 대목이다.

무덤(墓 또는 塚)은 사람의 죽음과 직접적인 관계가 있다. 『설문說文』과 『광아廣雅』에 따르면, '묘墓'는 '구丘' 또는 '총塚'을 뜻하며, 중국 진秦나라 이전에는 장사하여 봉분이 없는 것을 '묘'라고 했으나, 한漢나라에 들어오면서부터 '분墳'과 '묘'의 구별이 없어졌다고 한다.38) 이런 점에서 단군묘의 존재는 신격神格으로서가 아니라 인간으로서 단군의 모습을 반영하고 있다. 물론 무덤이라고 해서 반드시 실존 또는 실재 인물을 매장한 것만은 아니다. 역사적 존재에 대한 후대의 숭배 정도에 따라 기자묘箕子墓와 같이 허묘나 가묘 등이 조성되기도 했다.

단군묘 역시 이 같은 이해의 범주에서 벗어날 수 없다. 고조선의 건국신화로 알려진 단군신화는 고조선 건국 직후 형성되어 고조선 사회에

---

37) 김성환, 2008, 「檀君傳承과 檀君墓: 고려시대 단군묘 전승에 대한 가능성 모색」 『역사민속학』 29, 한국역사민속학회(이 책Ⅱ-1) 참조.

38) 『說文』 「土部」 "墓 丘也 段玉裁注 丘自其高言 墓自其平言 渾言之則曰丘墓也" 및 『廣雅』 「釋邱」 "墓 冢也 王念孫疏證 蓋自秦以前 皆謂葬而無墳者爲墓 漢則墳墓通稱."

서 시조 숭배를 중심으로 하는 각종 의례를 통해 계승·발전되었다. 그
리고 고조선 멸망 이후에는 그 영역과 주민들을 계승한 고구려 및 고려
등에 계승되었고, 당대의 사회 문화적 조건과 연계되면서 그 내용이 더
해지거나 탈락되기도 했다. 단군묘 역시 그런 가운데 형성된 또 하나의
전승이라고 이해된다. 물론 전승의 형성 시기는 고조선 멸망 이후라는
것이 분명하며, 폭 넓은 것은 아니었다고 할지라도 일부 집단에서나마
고조선 시조로서 단군에 대한 이해가 바탕이 되었기 때문에 가능한 것
이었다.

『동국여지승람』에서 단군묘 전승이 채록된 이후, 이 전승은 유희령柳
希齡(1480~1552)의 『표제음주동국사략標題音註東國史略』에서 다시 한번
주목된다. 그는 16세기 일반 사류들과는 달리 고조선과 단군에 주목하고
있는데, 이것은 『동국통감東國通鑑』의 내용을 수정하여 새로운 역사인식
체계를 정리하려는 의도와 관련을 가진다.[39] 여기에서는 책의 모두에
고조선의 건국을 '단군자립檀君自立'으로 표제하여 이 시기에 저술된 다
른 사찬사서와는 뚜렷이 구별되는 점을 볼 수 있다.[40] 이는 자국의 역사
가 중국과는 다른 '별건곤別乾坤'이었다는 의미를 강조한 것이다. 그가
편찬했다고 하는 또 다른 사서인 『동국사기東國史記』와 관련한 다음의
자료는 이점에서 참고할 수 있다.

　　C. 홍문관에서 아뢰기를 "… 하문하신 『東國史記』는 古史에 비교한다면, 기
　　　재된 내용이 번잡하고 논의가 절충되어 있지 못하여 진강하는데 그다지
　　　크게 중요한 것은 아닐 듯합니다. 하지만 우리나라의 일은 반드시 한번 보
　　　서서 성패의 자취를 아시는 것도 유익함이 없지는 않을 것입니다. 다만 徐

---

39) 유희령의 『標題音註東國史略』 저술 배경에 대해서는 정구복, 1977, 「16~17세기
　　私撰史書에 대하여」 『전북사학』 1, 전북사학회 ; 한영우, 1980, 「16세기 士林의
　　歷史敍述과 歷史認識」 『동양학』 10, 단국대 동양학연구소 참조.
40) 박광석, 2004, 「≪標題音註東國史略≫의 歷史敍述과 歷史認識」 『역사교육논집』
　　32, 역사교육학회 참조.

居正 등이 지은『東國通鑑』은 단군 이하부터는 더욱 황망하니『고려사절
요』로 진강하는 것이 무방할 듯합니다"라고 하였다(『선조실록』권56, 선
조 27년 10월 을축).

현전하지는 않지만,『동국사기』는 전체 4권으로 유희령이 왕명으로
저술한 것으로 알려져 있다.41) 이로 미루어 이 책은『표제음주동국사
략』과 밀접한 관련을 가진다고 할 수 있다. 특히 "『동국사기』는 고사
古史에 비교하여 기재된 내용이 번잡하고 논의가 절충되어 있지 못하
다"는 홍문관의 평은 그가 지니고 있던 역사인식이 기존의 사림들의
인식과 상당히 다르다는 것을 의미한다. 그럼에도 불구하고 이 책이
진강進講을 위한 자료로 국왕의 관심대상이 되고 있음은 주목할 대목
이다.42)

　D.　○ 단군의 성은 桓氏이고 이름은 王儉이다. 동방에는 처음에 君長이 없었
　　　　는데[上聲] 神人 桓因의 아들 桓雄이 있어 무리 3천을 거느리고 太伯
　　　　山[평안도 寧邊府에 있다. 지금의 妙香山] 神檀樹 아래로 내려오니 이
　　　　를 神市라고 하였는데, 세상을 이롭게 하였다. 아들을 낳았는데 그 명
　　　　칭을 檀君이라 했으며 요임금 무진년[요임금 25년]에 즉위하여 비로
　　　　소 조선이라 하였다. 도읍을 평양[지금의 평양부]으로 하였다가 白嶽
　　　　[지금의 文化縣]으로 도읍을 옮겼다.

　　　　○ 非西岬[音은 甲] 河伯의 딸과 혼인하여 아들을 낳으니 夫婁이다.

　　　　○ 정사년[夏나라 禹王 원년] 우왕이 남쪽지방을 巡狩하며 제후를 塗山

---

41) 「유희령묘지명」 참조.
42) 홍문관의 "우리나라의 일은 반드시 한번 보서서 성패의 자취를 아는 것도 유익할
　　것"이라는 건의를『동국사기』와 관련하여 이해하면서『동국사기』의 가치를 평가
　　하는 견해가 있다(박광석, 앞의 논문 참조). 하지만 홍문관의 이 건의는『동국사
　　기』에만 국한된 것이 아니라, 그 논의의 대상이 된『동국통감』과『고려사절요』
　　역시 포함하고 있는 것이다. 따라서『동국사기』에 대한 홍문관의 평가는 "古史에
　　비교하여 기재된 내용이 번잡하고 논의가 절충되어 있지 못하다"는 것에 국한되
　　어야 한다. 자료의 의미를 확대 해석한 것으로 판단된다.

에서 朝會하자 부루를 보내어 조회하였다.

○ 海島에 塹城壇을 쌓고 하늘에 제사하였고, 세 아들에게 명하여 城을
쌓게 하였다[지금 모두 江華府에 있다].

○ 죽음에 松壤[지금의 江東縣]에 장례하였다. 後嗣가 箕子의 來封을 피
하여 藏唐京[문화현에 있다]으로 도읍을 옮겼다. 傳世 무릇 1500년이
다(『표제음주동국사략』 권1, 전조선).

위의 내용이 『표제음주동국사략』의 전조선조의 전문이다. 유희령의
고조선에 대한 이해는 그가 표현한 '자립自立'만큼 뚜렷한 것이자 역사
적인 것이었다. 이전에 편찬된 어느 관찬사서나 사찬사서에서도 볼 수
없는 적극적인 것이었다. 그리고 그 전반에는 고조선에 대한 연대기적인
이해가 깔려있다. 이것이 유희령이 『표제음주동국사략』의 전조선조에서
인식하고 있던 가장 특징적인 내용이라 할 수 있다. "내용이 번잡하고
논의가 절충되어 있지 못하다"는 『동국사기』에 대한 홍문관의 평은 이
런 것에 빗대어 나온 것일 가능성이 크다. 그리고 이런 서술체제는 『동
국통감』에서 외기外紀로 편재된 고조선을 역사적 사실 그대로 수용하면
서도 불만을 가지고 있던 그에게 있어 저술을 계획하던 단계부터 의도된
것이었다고 보인다.

유희령은 단군의 성을 '환씨桓氏'로 파악하였다. 이는 환인의 손자로
환웅-단군으로 이어지는 부계 계보를 염두에 둔 것이다. 환웅은 무리 3
천을 데리고 태백산 신단수 아래 내려와 신시神市를 열었지만, 여기에는
『삼국유사』나 『제왕운기』에서 보이는 웅녀 또는 단수신檀樹神 손녀와의
혼인에 대한 전승이 확인되지 않는다. 환웅의 아들 단군은 요임금 25년
조선을 건국하고 평양에 도읍하였다가 백악으로 천도하였다. 또 비서갑
하백의 딸과 혼인하여 아들 부루를 낳았는데, 우왕禹王 원년에는 우왕의
도산 조회에 아들을 보내기도 했다. 강화에서는 참성단을 쌓아 하늘에
제사지내는 한편, 세 아들에게 성을 쌓도록 하기도 하였다. 이 같이 통치

를 한 단군은 죽어 송양松壤에서 장례하였다. 그 후손들은 기자의 동래를
피하여 당장경으로 도읍을 옮겼는데, 고조선의 역년은 1500년이었다는
것이다.

단군 역시 특정의 고유명사가 아닌 보통명사로 이해했다. 성이 환씨,
이름이 왕검王儉이었음을 밝히고 있는데서 알 수 있다. 또 고조선을 세운
왕을 단군으로 불렀다고 서술하고 있음도 마찬가지이다. 장당경藏唐京으
로의 이도移都를 단군의 훙거 후 후사에 의한 것으로 파악한 것과 1500
년을 전세傳世했다는 것 역시 이런 측면에서 이해할 수 있다. 역사적 사
실의 진위 여부와 관계없이 이제까지 단군에 대한 이해가 고조선 건국시
조에 국한되고 있었던 것에 비해 상당한 진전을 보인 것이다.

전조선前朝鮮조에서 고조선 역사에 대한 그의 이해는 이제까지 어떤
사서보다도 완결성을 갖춘 것이었다.[43] 단군의 출생(태백산)→건국 및
정도定都(평양)→이도移都(백악)→하백河伯의 딸과 혼인 및 아들 부루夫婁
출생→우의 도산 조회에 아들 부루 파견→참성단 축조 및 제천, 삼랑성
축성→죽음 및 송양에서의 장례→후손의 장당경으로 천도와 전세傳世,
역년의 순서는 역사에 기록된 어느 왕의 기록과 비교해도 손색이 없다.
여기에는 『삼국유사』나 『제왕운기』 수준의 신화적인 내용이 철저하게
배제되어 있다. 구사舊史에 보이는 괴이한 내용은 모두 삭제한다는 저술
원칙에 따른 것이다.[44]

단군의 고조선 건국을 역사적 사실로 이해하려는 유희령의 의도는
'환인'의 이해에서도 나타난다. 『고기』와 『본기』에는 환인을 제석帝釋

---

43) 조선 전기 단군묘 전승은 『동국여지승람』을 제외하고 權文海(1534~1591)의 『大
東韻府群玉』에서만 확인할 수 있다. 그러나 이 역시 『동국여지승람』의 기록을 따
른 것이었다. 『대동운부군옥』 권14, 去聲 遇 墓, 「檀君墓」 "江東縣西有大塚 周四
百十尺 諺傳檀君墓[勝覽]."
44) 『표제음주동국사략』, 凡例 "… 一 高句麗東明 新羅赫居世 其他脫解閼智首露之
生 皆怪□□□舊史□□ 今皆削之 … ."

혹은 상제上帝로 이해하고 있다. 그런데 유희령은 이를 '신인神人'으로 이해하고 있다. 이점은 그가 곰·호랑이·단수신 등을 내용으로 하는 단군신화뿐만 아니라 환인의 천신天神 또는 제석, 상제로서의 역할에 대한 이해 역시 부정적으로 인식했음을 의미한다. 그는 조선시대 사인들에게 폭넓게 이해되고 있던 신인神人을 주체로 한『응제시』유형을 환인→환웅→단군을 계보로 하는『고기』유형에 확대 수용하였다. 환인을 신인神人으로 적극 해석함으로서 신화적인 내용으로 황탄하기 그지없던 고조선의 건국과정을 역사적으로 이해하려고 노력하였다. 환웅이 신시에서 재세이화在世理化하였다는 내용 역시 전체 문맥에서는 역사적 사실로 파악된다.

단군을 역사적 존재로서 파악하고자 하는 의도는 단군의 죽음과 송양(강동현)에서의 장례에 대한 사실의 기록에서 절정을 이룬다. 고조선과 시조 단군의 역사적 사실성을 강화하기 위한 목적성이 엿보이는 것이 당연하다. 아사달산신으로의 좌정이라는『삼국유사』나『제왕운기』등의 견해를 버리고, 그 죽음과 송양松壤에서의 장례만을 실음으로서 역사적 존재로서 단군의 실존을 사실화하고 있음이 그것이다. 특히 아사달산신으로의 기존 이해를 세주 형식으로도 전혀 소개하지 않고 있음에서 그의 의도를 그대로 읽을 수 있다. 송양에서의 장례로 기록된 단군묘 전승은 이제까지『동국여지승람』에서 강동현의 고적으로 간략하게 소개되었던 것이 전부이기 때문이다. 심지어『동국여지승람』편찬자들 역시 단군의 최후를 아사달산신으로 인식하고 있었다.

유희령은 또 기자의 내봉來封으로 인한 장당경藏唐京으로의 이도를 단군이 아닌 그 후사에 의해 이루어진 것이라는 이해하고 있다. 사서에서 왕의 죽음과 장례 사실을 기록하는 방법을 그대로 따라 단군의 죽음을 '훙薨'으로 표현하고, 묘墓의 존재를 언급하는 대신 송양에서의 장례 사실을 기록하고 있음도 그러하고, 전세 1500년도 그렇다. 전세 1500년의 이해는『삼국유사』에 인용된『고기』의 어국 1500년을 염두에 둔 것이다.45) 이렇게 함으로서 직접적인 기록은 없지만, 이제까지 단군의 최후에 대한 전형이었던 아사달산신에 대한 합리적인 인식도 도모할 수 있었다. 단군이 그 후세들에 의해 시조묘始祖廟에 봉안되었고, 이것이 후대에 산신신앙과 결합되었을 가능성을 열어둔 것이기 때문이다.

그러면『표제음주동국사략』의 단군 관련 기록에서 유희령이 참고한 자료는 어떤 것이었는가. 이와 관련해서는 "삼국 이전은 여러 사서에서 서술된 것을 따른다"는 것과 음의音義는『운회군옥韻會群玉』에 의거하여 설명하고, 군현의 연혁·개명·산천·관할에 대한 내용은『동국여지승람』에 의거하여 참고한다는 범례의 내용을46) 참고할 수 있다. 이를 염두에 두고『표제음주동국사략』의 단군 관련 기록에 대해서 민간전승자료나 설화에 근거하여 상고사의 미흡한 부분을 보완하려고 했다는 견해가 있다.47) 민간의 관련 전승을 채록하려고 노력했음은 분명해 보인다. 성씨를 환씨로, 이름을 왕검으로 파악하고 있는 이해 등에서 그렇다.

'단군자립檀君自立'의 내용을 볼 때, 유희령에게『삼국유사』·『세종실록』지리지·『고려사』·『역대세년가歷代世年歌』·『동국여지승람』등이 참고자료로 이용되고 있음도 분명하다. 하지만 그는 이를 그대로 인용하지

---

45) 아사달산신이 된 단군의 享壽가 1048년이었다는『고기』의 기록과 관련하여 그는 『동국통감』에 인용되어 있는 '傳世歷年之壽'이라는 권근의 설을 소개하고 있다. 『표제음주동국사략』권1, 전조선, 史臣曰 참조. 고조선의 건국이 중국과 대등한 출발이 아닌 것으로 평가하고 단군 관련 고적을 한반도 안으로 비정한『동국통감』 의 사론을 실은 것에 대해서는 崔溥를 비롯한 사림의 역사인식을 어느 정도 반영 한 것이라는 견해도 있다. 박광석, 앞의 논문 참조.

46)『표제음주동국사략』, 凡例 "… 一 三國以前 □□□□□□□□採諸書作紀 今 從之 … 一 音義 並依韻會群玉 付書其州縣沿革改名山川管轄 依輿地勝覽 參考 □編."

47) 정구복, 1977,「16~17세기 私撰史書에 대하여」『전북사학』1, 전북사학회 ; 정 구복, 1985,「標題音註東國史略 해제」『校勘 標題音註東國史略』, 한국정신문화 연구원 ; 박광석, 앞의 논문 참조.

않고 비판적으로 수용하며, 그것을 통해 고조선 역사의 전반에 대한 복원을 꾀하였다. 민간에서 채록한 전승 역시 예외는 아니었다. 그럼에도 불구하고 『표제음주동국사략』의 '단군자립'조에서 주 자료로 활용하고 있는 것은 『동국여지승람』이었을 것으로 추측된다. 범례에 나와 있는 것에서 알 수 있듯이 태백산·평양·백악·참성단·삼랑성·송양·장당경 등의 단군 관련 지명이 『동국여지승람』을 따르고 있고, 그 대부분의 내용 역시 여기에서 확인할 수 있기 때문이다. 특히 강동에서의 단군 장례 기록은 별도의 다른 전승이나 기록에 의한 것이 아닌 『동국여지승람』의 전승에 전적으로 의지하여 비판적이면서도 적극적으로 수용한 것으로 판단된다. 이는 고구려 건국과정에서 주몽과 영역 다툼을 했던 비류국沸流國의 송양을 단군의 후사로 이해할 수 있는[48) 인식의 확대 역시 도모하고 있는 것으로 보인다.

5. 맺음말

조선시대에는 초기부터 단군전승의 주류가 『고기』·『본기』 유형에서 『응제시』 유형으로 바뀌었고, 『고기』 유형은 『응제시』 유형을 보완하는 역할을 하게 되었다. 이런 점에서 단군의 최후가 죽음과 묘의 조성으로 마무리된 단군묘 전승은 그 형성 시기와는 별개로 역사적 존재로서의 단군에 대한 인식이 확고해진 시기에 주목이 가능했고, 이런 점에서 『응제시』 유형의 전승 형성과도 밀접한 관련을 가지고 있었다. 특히 고조선의 시조 단군이 국조로 자리하여 역사적 위상을 되찾으면서 출생에 대해 황탄한 전승을 전하던 『고기』·『본기』 유형의 전승은 식자층에게 비판되기 시작했다. 산신으로의 좌정에서는 더 이상 건국시조의 모습을 발견하기 어려웠기 때문이다. 역사적 기능의 상실을 의미한다. 이 같은 비판은

---

48) 『제왕운기』 권하, 「동국군왕개국연대」, 한사군급열국기 참조.

보다 합리적인 전승의 이해를 위한 결과를 낳게 했고, 단군묘 전승은 이런 배경에서 주목되었을 것이다.

그렇다고 아사달산신으로의 최후는 쉽게 폐기될 성격의 전승이 아니었다. 이는 단군의 최후로서 전형적인 인식이었고, 단군묘 전승 역시 민간에서 전하는 언전에 근거하고 있는 것이었기 때문이다. 이것은 사류층들에게 쉽게 수용할 수 없도록 하였다. 이 시기 사류층들이 이 전승에 대해 거의 모두 함구하고 있는 것도 이와 무관하지 않은 것으로 보인다. 이들 중 대부분은 단군묘 전승을 알지 못했기 보다는 황탄한 망론으로 언급조차 할 필요를 느끼지 못했다.

『동국여지승람』 편찬자들은 평안도와 황해도, 한양을 고조선의 영역으로 이해하고 있었다. 이것은 우리 상고사의 영역을 한반도에 국한시켰다는 인식론에서의 한계를 보여주는 것이기도 하다. 그들은 단군의 출생 전승에 대해서는 『응제시』 유형(평양부)을, 출생지는 영변의 태백산[묘향산]으로 파악하였고, 단군의 통치와 관련한 유적으로는 강화의 참성단과 삼랑성, 평양의 왕검성, 문화현의 구월산과 장장평(당장경) 등을 소개하고 있다. 후계에 대해서는 아들 북부여왕 부루·금와·대소로 이어지는 전승에 주목하였고, 단군숭배와 관련해서는 문화현의 삼성사, 평양의 단군사를 파악하고 있다.

단군의 최후에 대해서는 문화현 산천조에서 구월산이 단군의 재도지인 백악, 아사달산이었음을 밝히고 단군이 당장경으로 옮겨갔다가 후에 이곳으로 돌아와 산신이 되었음을 소개하는 한편, 강동현 고적조에서는 읍치의 서쪽으로 3리 떨어진 곳에 단군묘라는 것이 있음을 소개하고 있다. 물론 두 전승의 근거는 '세전'과 '언전'이었다. 하지만 두 전승의 의미는 사뭇 다르다. 전자는 단군이 문화현의 산천신으로 일정한 기능을 하고 있었음을 보여준다면, 후자는 현재적 기능이 거의 상실되었음을 의미한다.

『세종실록』지리지의 강동현 고적조에서 단군묘가 확인되지 않는 것은 편찬을 위한 자료의 채집 과정에서의 오류 또는 삭제였을 가능성이 있다. 『세종실록』지리지의 황제묘 기록 내용이 『동국여지승람』의 단군묘와 황제묘의 위치와 규모를 함께 서술하고 있는 것으로 미루어 그렇게 추측된다. 그 이유는 단군묘에 대한 이해의 범위와 관련이 있는 듯하고, 『응제시』유형이 전승의 주류를 차지했더라도 『고기』유형의 전승에 대한 영향력 역시 유지되었던 것과 관련이 있는 듯하다. 『세종실록』지리지의 편찬을 위해 이루어진 강동현과 평안도에서의 자료 수습 과정에서 단군묘 전승이 채록되었다면, 이는 강동현에서 단군묘 전승의 유구성을 의미하는 것이기도 하지만, 한편으로는 전승의 기능적 측면이 『동국여지승람』이 편찬되었던 시기에도 이미 약화되었음을 뜻하기도 한다.

단군묘 전승은 『동국여지승람』에서 처음 주목된 이후, 이는 유희령의 『표제음주동국사략』에서 다시 한번 주목된다. 그는 책의 모두에 고조선의 건국을 '단군 자립'으로 표제하여 자국의 역사가 중국과는 다른 '별건곤'이었다는 의미를 강조하고 있다. 그의 고조선에 대한 서술에는 연대기적인 이해가 깔려있다. 이것이 유희령이 『표제음주동국사략』의 전조선조에서 인식하고 있던 가장 특징적인 내용이라 할 수 있다. 『동국통감』에서 외기外紀로 편재된 고조선의 역사적 사실을 수용하면서도 불만을 가지고 있던 그에게 있어 저술을 계획하던 단계부터 의도된 것이었다고 보인다.

전조선조에서 고조선 역사에 대한 유희령의 이해는 이제까지 어떤 사서보다도 완결성을 갖춘 것이었다. 여기에는 『삼국유사』나 『제왕운기』수준의 신화적인 내용이 철저하게 배제되어 있다. 구사舊史에 보이는 괴이한 내용은 모두 삭제한다는 저술 원칙에 따른 것이다. 단군을 역사적 존재로서 파악하고자 하는 의도는 단군의 죽음과 송양(강동현)에서의 장례에 대한 사실의 기록에서 절정을 이룬다. 고조선과 시조 단군의 역사

적 사실성을 강화하기 위한 목적성이 엿보이는 것이 당연하다. 아사달산
신으로의 기존 이해를 세주 형식으로도 전혀 소개하지 않고 있음에서 그
의도를 그대로 읽을 수 있다.

제2장 조선 후기의 단군묘 인식

1. 머리말

조선후기에는 자국 역사에 대한 새로운 접근을 시도한다. 특히 실학자들은 전통적인 화이관華夷觀에 의문을 품고 자국自國 중심의 역사관을 형성하는 한편, 철저한 고증에 입각한 실증주의 측면에서 이 문제에 대해 접근하였다. 이는 자연 상고사에 대한 관심으로 이어졌고, 그 중심의 하나에는 고조선의 문제가 포함되어 있었다. 특히 단군의 출생과 고조선의 영역을 둘러싼 제반 문제는 그들에게 핵심적인 것이었다. 이 시기에는 보다 합리적인 전승의 도출로 고조선 역사의 지평을 한반도에서 만주일대로 확대하는 한편, 객관적인 측면에서 추적하려는 노력에 적극적이었다. 유형원柳馨遠·이익李瀷·안정복安鼎福·이규경李圭景 등은 이에 대한 전론專論을 펼치기도 하는데, 그들의 이 같은 학문 태도는 현재까지도 일정부분 유효하다고 할 수 있다.

단군묘에 대한 이들의 태도 역시 마찬가지였다. 단순히 취신取信과 불신不信의 문제가 아니었다. 그들이 이해하고 있던 고조선의 역사, 문화, 영역 인식 안에서 이 역시 접근되어야 하는 것이었다. 이에 대해서는 안정복과 같이 망론으로 단정하고, 불신론을 확고하게 견지하는 계층도 있었다. 하지만 조선전기에 비교하여 취신론을 전개하는 계층이 눈에 띄게 증가하였다. 고조선 역사에 대한 관심은 물론 그 인식의 확대로 인한 결

과였다. 특히 허목許穆의 단군묘檀君墓에 대한 취신과 이에 대한 역사적
접근은 이후 사류층들에게 영향을 주어 고조선의 시조인 단군의 역사적
위상을 한 단계 높이는데 상당한 역할을 했다고 보인다.

여기에서는 조선후기의 단군묘를 둘러싼 전반적인 모습을 추적하고
자 한다. 단군묘에 대한 불신은 조선전기 이래 지속되었지만, 그 논의는
보다 활발하게 진행되었다. 그것은 고려시대 이후 다양하게 전해져온 단
군전승의 진제 내용을 인지하면서[1] 충돌할 수 있는 개별 전승을 체계적
인 틀 안에서 이해하려는 것이기도 했다. 자료의 접근에서 이런 점을 유
의하면서 이 시기 단군묘 전승의 문제를 검토하고자 한다.

2. 강동현江東縣의 단군전승

강동의 단군묘에 관한 전승의 배경을 이해하기 위해서는 강동현과 단군
전승이 어떤 관계에 있는가의 문제를 먼저 검토할 필요가 있다. 하지만 이
를 추론할 만한 자료 역시 찾을 수 없다. 다만 일제강점기 이에 대한 간략
한 전승과 단군릉 발굴 이후 북한에서 발표된 몇몇 자료에서 확인할 수
있는 전승 내용 및 이와 관련된 전설·지명 등을 확인할 수 있을 뿐이다.[2]

이런 점에서 고려시대 단군전승의 공간적 범위가 서북한 지역이라는
사실을 염두에 둘 때,[3] 강동현 역시 단군전승이 전해지던 지역에 포함되

1) 조선시대 단군인식의 문제는 강만길, 1969,「李朝時代 檀君崇拜」『李弘稙博士回
甲紀念韓國史學論叢』; 全炯澤, 1980,「朝鮮後期 史書의 檀君朝鮮 敍述」『韓國學
報』 21, 일지사 ; 徐永大, 1987,「檀君崇拜의 歷史」『정신문화연구』 32, 한국정신
문화연구원 ; 김성환, 1992,「朝鮮初期의 檀君認識」『明知史論』 4, 명지사학회 ;
朴光用, 1997,「檀君 認識의 變遷」『韓國史學史硏究』-우송조동걸선생정년기념논
총(Ⅰ) 참조.
2) 최근 북한에서는 단군릉 개건 이후 관련 사진과 강동군에서의 단군전승의 내용,
이와 관련한 삽화 등을 중심으로 관련 도록을 간행하였는데, 여기에서도 대동강
문화론에 토대한 그들의 상고사 인식을 그대로 보여주고 있다. 사회과학출판사
편, 2003,『우리민족의 원시조 단군』참조.

고 있음을 주목할 수 있다. 강동현은 단군의 초기 도읍지로 알려진 평양과 20여리 남짓하고, 출생지로 알려진 묘향산과도 멀지 않다. 이 같은 지리적 위치는 자연스럽게 그 문화적 기반의 형성에 영향을 주었을 것이다. 특히 이승휴李承休에 의해 단군의 후예로 언급되기도 한 송양松壤이 다스렸다고 이해되었던 비류국沸流國(성천)이[4] 불과 3리 밖에 떨어져 있지 않아 일부 사류층은 단군묘의 위치를 송양으로 이해하고 있기도 하다. 이는 강동현이 성천과 같은 문화권임을 고려할 수 있게 한다.[5] 따라서 그 내용을 자세하게 알 수 없지만, 여기에서도 단군전승이 전해졌을 것임을 추측하기는 어렵지 않다.[6]

단군묘 전승이 그 내용을 제대로 전하지 못한 원인은 이를 접한 계층들의 이해 문제와 직접 관련이 있지만, 무엇보다도 비교적 늦은 시기에 채록되었다는 점을 들 수 있다. 단군묘는 15세기 후반 『동국여지승람東國輿地勝覽』에서 비로소 주목된다. 이때는 이미 조선시대 전승의 전형이라 할 수 있는 『응제시應製詩』 유형이 자리를 잡고, 『고기古記』 유형은 『응제시』 유형을 보조하는 위치에 있었다. 따라서 『응제시』 및 『고기』 유형과 내용을 달리하는 전승은 불신하게 되었거나 전승 범위가 넓지 못했다. 또 여기에는 국가의 관심도 역시 개재되어 있었다. 단군전승을 전하고 있는 지역 중 평양·구월산·강화 등 국가적으로 관심을 가졌던 지역의 전승은 비교적 그 내용이 잘 전해진 반면, 그렇지 못했던 묘향산에서는 내용이 빈약해지고 많은 변개가 이루어지기도 했다는 점은[7] 이런 추측을 가능하게 한다. 아울러 그것이 긍정적이든 부정적 이해였던 간에

---

3) 김성환, 2002, 『高麗時代의 檀君傳承과 認識』, 경인문화사, 95～213쪽 참조.
4) 『제왕운기』 권하, 동국군왕개국연대, 漢四郡及列國紀 참조.
5) 『허백당집』(成俔, 1439～1504), 시집 권13, 「過江東古邑城是陽壤國所都」 참조.
6) 『성소복부고』(許筠, 1569～1618) 권6, 기, 祥原郡王塚記 참조.
7) 김성환, 2000, 「高麗時代 妙香山의 檀君傳承」 『明知史論』 11·12합집, 명지사학회 참조.

『응제시』·『고기』유형의 전승에 익숙해 있던 사류층의 이해 정도가 반
영된 것이기도 하다.

〈표 1〉 강동현의 단군전승[8]

분 류	전 승	내 용
단군의 이름이 붙은 지명	단군릉	단군의 무덤. 단군이 태백산에서 임경대를 건너 뛸 때 벗겨진 신을 묻었다는 전승도 있음. 전설에 의하면, 고려 말 어느 수령이 이 능을 파보았더니 황옥관黃玉棺이 느러나 발굴을 중지했다고함
	단군굴	태백산 중록에 있는 굴. 일명 청계굴淸溪窟·삼등굴三登窟이라고도 함. 사람이 이 굴을 범하면 폭풍이 일고 재해가 심하여 흉년이 진다고 함.
	단군늪	
	단군동	단군릉이 있는 마을
	단군호	능에서 서쪽으로 얼마 멀지 않은 곳에 있는 호수
	단군전	능 북편 담 밑에 있는 동리 이름. 7채의 집이 있음. 단군동이라고도 함
단군의 유적을 전하는 지명	박달성朴達城	
	박달곶촌朴達串村	
	아달샘[阿達泉]	단군이 자주 다닌 산곶이 마을이라는 데서 유래. 단군릉 북쪽에 있음. 일명 청계골 샘터. 단군이 샘물을 먹으려는 하늘에서 내려온 기린마를 잡은 곳
	태백산太伯山	
	대박산大朴山	단군이 강림한 곳. 일명 태백산太伯山
	아달동[阿達里]	단군릉이 위치해 있는 동쪽 마을
	아달산	단군이 죽어서 산신이 되었다는 아사달산의 약칭. 태백산과 마주 대하고 있는 산. 일명 아달뫼
	홍산紅山	단군릉 뒤편의 길게 흐른 구릉. 단군이 무술을 연마하던 곳. 일명 홍산무술터
	마산馬山	
	고비산高飛山	단군이 기린마를 훈련시킨 곳

8) 이 표는 吳箕永의 「壇君陵奉審記」(『동아일보』 1932.5.6; 5.11~12) ; 玄鎭健의 「檀君聖跡巡禮」(『동아일보』 1932.7.29~11.09) ; 사회과학출판사, 2001, 『조선지명편람』(평양시) ; 조희숙, 2004, 『유구한 력사를 자랑하는 단군조선』, 사회과학출판사의 분류를 토대로 조선민주주의인민공화국 사회과학원, 1994, 「단군릉발굴보고」『단군과고조선에관한연구론문집』, 사회과학출판사, 4쪽 ; 강인숙, 1999, 「단군의 출생지에 대하여」 『력사과학』 1999-3, 과학백과사전종합출판사 ; 사회과학출판사 편, 2003, 『우리민족의 원시조 단군』 등을 참조하여 작성한 것이다.

분 류	전 승	내 용
	마고성魔姑城	
	임경대臨景臺	태백산에서 서쪽으로 17정 가량 위치. 단군이 태백산에서 건너뛸 때 신이 벗겨져 임경대 바위를 딛었는데, 발자국 2개가 남아 있다고 함
	용교龍橋	
	함박산	태백산 뒤편에 위치. 단군이 백성들에게 법절을 가르치며 꼭대기에 쇠몽둥이를 내려 박아 힘을 보인 일이 있다는 전설이 있음.
	제천祭天골	능 너머 마을 이름
단군의 행적을 전하는 지명	홍산무술터	단군이 무술을 닦던 곳
	길드린 기린마	단군이 기린마를 지혜로 굴복시켰다고 함
	고비산	단군이 기린마를 타고 이 산을 날며 훈련했다는 곳
	구빈리와 왕림고개	단군의 박달종족과 마고종족의 통합과정을 내용으로 함
	구빈리	단군의 박달종족과 마고종족의 통합과정에서 마고종족의 9장수를 맞아 대접했던 곳을 내용으로 함
	왕림고개	마고종족의 족장이 마고성으로 되돌아온 고개
	쌍계봉雙鷄峰	단군이 출생할 때 두 마리 닭이 하늘에서 내려와 단군의 출생을 알리기 위해 목청껏 울다가 굳어졌다고 함

<표 1>은 여러 자료에서 산견되는 강동현의 단군묘와 관련한 전승이다. 전승의 내용으로는 단군의 출생→성장→죽음에 이르기까지의 과정이 모두 포함되어 있다. 이에 의하면, 단군은 강동에서 태어나 성장하였고, 고조선을 건국했으며, 후에 이곳에서 죽어 장례 되었거나 아달산산신이 되었다. 단군묘와 관련한 전승만 아니라 내용이 확대 형성되어 뚜렷하지는 않지만, 아달산신阿達山神(아사달산신)의 전승 역시 전하고 있다. 그러나 이 전승들은 대부분 채록 시기가 멀지 않고, 소위 단군릉 발굴 이후 비로소 소개된 것들도 포함되어 있다. 따라서 개별의 자료들이 전통사회의 전승양상을 어느 정도 반영하고 있는 지에는 일정한 한계가 있다. 다만 조선후기 이래 전반적인 전승의 모습을 추측하는데 어느 정도 참고할 수는 있을 것으로 생각된다.

3. 단군묘에 대한 취신론取信論과 불신론不信論

1) 취신론取信論

단군묘에 대한 사류층의 논의는[9] 17세기 중엽에 이르러 본격적으로 이루어진다. 또 18세기 후반에는 일부에서 이기는 하지만, 황제묘皇帝墓까지 단군묘로 이해하고자 하는 접근도 확인된다. 하지만 그들의 대부분은 이에 대해 불신하는 입장을 취하고 있었던 것으로 보인다. 취신과 불신의 입장에 대한 구체적인 양상을 검토하는 것이 중요하지만, 불신의 입장에 있더라도 이에 대한 논의에 참여하고 있다는 사실에 의미가 있다고 하겠다. 단군묘 전승에 대한 지적 범위의 확대와 관련이 있기 때문이다. 그들에게 단군묘 전승이 황탄하여 망론으로 인식되고 있었을지라도 더 이상 언급하지 않을 수 없었던 시대적인 분위기에도 유의하여야 한다.

〈표 2〉 조선후기의 단군묘 관련 자료(취신론)(1기)

저 자		전 승 내 용
17세기	유형원柳馨遠 (1656)	대총大塚[하나는 현縣의 서쪽 3리에 있다. 둘레는 410척으로 언전諺傳에 단군묘라고 한다. 하나는 현의 북쪽 30리 도마산刀亇山에 있는데 언전 고황제묘古皇帝墓라고 한다](『동국여지지』 권9, 강동현)
	허목許穆 (1595~1682)	상商나라 무정武丁 8년 단군씨檀君氏가 죽었다. 송양松壤의 서쪽에 단군총檀君塚이 있다[송양은 지금의 강동현이다] 혹 이르기를 단군은 아사달阿斯達에 들어갔는데 그 뒤에 대해서는 전하지 않는다고 한다. 태백泰伯과 아사달에는 모두 단군사檀君祠가 있다(『기언』 권32, 외편, 동사1, 단군세가)

---

9) 단군묘에 대한 취·불신론의 입장과 조선후기 각 당파·당론의 관계에 대해 검토할 필요가 있다. 하지만 단군묘 관련 자료가 단편적이고, 제한적이라는 점에서 일정한 한계가 있다. 이 문제는 향후 본격적인 검토가 필요하다.

저 자		전 승 내 용
		평양平壤은 단군檀君의 나라이다. … 강동에는 단군총檀君塚이 있다 …(『기언』 권35, 외편, 동사4, 지승)
		… 상商나라 무정武丁 8년 단군이 죽었다. 지금의 강동현에는 단군총檀君塚이 있다는 전설이 있다. 혹 이르기를 단군은 아사달에 들어갔는데 그 뒤에 대해서는 전하지 않는다고 한다(『기언』 권48, 속집, 사방2, 관서지)
18세기	홍만종洪萬宗 (1643~1725)	… 묘는 강동현 서쪽 3리에 있는데 둘레는 407척이다(『순오지』 상, 단군)
	이만부李萬敷 (1664~1732)	… 『동사東事』에 이르기를 "단군의 첫도읍은 평양이고 후에 당장唐莊으로 사거徙居했다. 상나라 무정 8년 단군이 죽었다. 송양松讓의 서쪽에 단군총檀君塚이 있다. 혹 이르기를 단군은 아사달에 들어갔는데 그 뒤에 대해서는 전하지 않는다고 한다"라고 하였다 … (『식산집』 별집 권4, 지행록10, 지행부록, 구월)
	유광익柳光翼 (1713~1780)	상고上古의 구이九夷 처음에 환인씨桓因氏가 있었는데 신시神市를 낳으니 비로소 생민지시生民之施를 가르쳐 백성들이 이에 귀화했다. 신시는 단군을 낳았는데, 단수檀樹 아래에서 살아 그 명칭을 단군으로 불렀다. … 상나라 무정 8년에 이르러 단군이 죽었는데, 송양의 서쪽에 단군총이 있다(『풍암집화』 권1, 단군사기변의)
	신경준申景濬 (1712~1781)	전조선국前朝鮮國[… 강동현江東縣의 진산鎭山은 대박산大朴山이다. 그 아래에 대총大塚 하나가 있는데 단군묘壇君墓라고 세상에 전한다. 대박大朴은 곧 박달朴達로 단군묘가 있기 때문에 그렇게 부르게 된 것이다 …](『여암전서』 권4, 강계고, 삼조선)
	이덕무李德懋 (1741~1793)	단전공궁檀殿孔宮[강동현에는 단군묘檀君墓가 있는데 한쌍의 신발을 묻은 곳이라고도 한다. …](『전주사가시』중 권1, 칠율, 알숭인전)
	이환모李煥模 (1700년대)	이름은 왕검王儉으로 혹 이르기를 신시神市의 아들이라고도 한다. ○ 상나라 무정 8년 갑자년에 죽었다. 총塚은 송양松讓[지금의 강동현]의 서쪽에 있고, 사당은 평양[혹 이르기를 아사달산에 들어갔는데 구월산에서 신이 되었다고 한다]에 있다(『두실오언』 권3, 동어, 단군기[부 부여附扶餘])
19세기	윤기尹愭 (1741~1826)	(9) 당장唐藏에 천사遷徙하였다고 하니 어떤 문적文籍의 기록인가/송양松讓의 서쪽에 무덤이 있다고도 하네/태백泰伯과 아사달阿斯達에 사당을 세웠으니/후세의 제사함은 바르고 마땅하다네[『여지승람輿地勝覽』에 이르기를 "무왕武王이 기자箕子를 조선에 봉하자 단군은 곧 당장경唐藏京으로 옮겼다"고 한다. 당장경은 문화현에 있다. 『동사東事』와 『기언記言』에 이르기를 "무정 8년 단군이 죽었는데, 송양의 서쪽에 무덤이 있다"고 한다. 송양은 지금의 강동현이다. 혹 이르기를 아사달에 들어갔는데 그 뒤에 대해서는 전하지 않는다고 한다. 태백과 아사달에 모두 단군사檀君祠가 있다](『무명자집』 책6, 시, 「영동사詠東史[亦就史略中編入東事者作之 而所載太略 故間取見於他書者 以寓褒貶之義]」)
	홍경모洪敬模 (1774~1851)	능묘陵墓[강동현에 있는데 둘레는 410척이다](『대동장고』 권1, 역대고, 단군)

저 자	전 승 내 용
이유원李裕元 (1871)	묘는 평안도 강동현 서쪽 3리에 있는데 둘레는 410척이다. 『여지승람』을 살펴보니 이르기를 "오른쪽 현縣의 서술과 같다. 비록 증거가 없지만, 자고로 전설에는 반드시 연유가 있는 것이다. 본조 정종正宗 10년 수호군 2명을 두고, 금표禁標 30보를 설치했다(『임하필기』 권12, 문헌지장편2, 단군묘)
안종화安鍾和 (1878)	단군의 이름은 왕검王儉이다. 동방에 처음에는 군장君長이 없었는데, 신인神人이 태백산太白山 신단수神檀樹 아래로 내려오니 나라사람들이 이를 세웠다. 스스로 그 이름을 단군이라고 하였다 … 송양의 서쪽에 단군묘가 있다[지금의 강동현이다]. 태백太白과 아사달에 모두 사당이 있다[『기언』] … (『동사절요』 권1, 군왕기 제1, 단군)
강동읍지江東邑誌 (1871)	고적古跡 ○단군묘檀君墓는 현의 서쪽 3리 대박산大朴山 아래에 있는데 둘레는 410척이다. 정종 병오년 도신道臣에게 명하여 순로巡路하고 친히 봉심奉審하도록 하니 본관本官[강동현령]은 춘추로 봉심했다 ○황제묘皇帝墓는 현의 북쪽 35리에 있는데 둘레는 607척 4촌이며, 높이는 126척이다. 묘의 남쪽에 있는 오애굴烏崖窟 안에는 '종남산 아래는 한왕漢王의 천지天地이다[終南山下漢王天地]'라는 8자의 글이 있는데, 고인古人의 시에서 이르기를 "이곳의 지금 이름이 한대漢垈이니 연희延熙 10년 동천東川을 장례하였네[片土至今名漢垈 延熙十載葬東川]"라고 하였다. [연대는 고찰할 수 없다](『관서읍지』 제15책, 강동읍지)
강동현읍지江東 縣邑誌(1895)	고적 ○단군묘檀君墓[현의 서쪽 3리 대박산 아래에 있는데 둘레는 410척이다. 언전에 단군묘라고 한다. 본현本縣[강동현]으로부터 봉수封修되고 수호된다. 정종 병오년에 현감 서형수徐瀅修가 본현의 순사巡使인 조경趙曔에게 주계奏啓하여 순로친심巡路親審되었고 본관本官[강동현감]이 춘추로 봉심한다] ○황제묘皇帝墓[현의 북쪽 35리인 전포리錢浦里에 있고 둘레는 607척 4촌, 높이는 126척이다. 길에는 정자각丁字閣의 유지遺址가 완연하다. 지금의 묘 남쪽에 있는 오애굴烏崖窟 안에는 '종남산 아래는 한왕漢王의 천지天地이다[終南山下漢王天地]'라는 8자의 글이 있는데, 고인古人의 시에서 이르기를 "이곳의 지금 이름이 한대漢垈이니 연희延熙 10년 동천東川을 장례하였네[片土至今名漢垈 延熙十載葬東川]"라고 하였다. 삼가 한사漢史와 동사東史를 살펴보니 동천은 고구려왕이고, 연희는 촉한蜀漢 후주後主의 연호이며 동천왕의 장례가 연희 10년 정묘년에 있었고 이로서 추측컨대 동천왕의 무덤일 것이다. 의심할 바 없다](『관서읍지』 제10책, 「개국504년3월일 평안도강동현읍지」)

〈표 3〉 조선후기의 단군묘 관련 자료(취신론)(2기)

저 자		전 승 내 용
18세기	이만운李萬運 (1778)	능묘陵墓[하나는 강동현의 서쪽에 있는데 둘레가 410척이다. 하나는 현의 북쪽 도산刀山에 있다](『기년아람』 권5, 서, 단군조선)
	이긍익李肯翊 (1797)	단군묘檀君墓 강동현의 서쪽 3리에 있는데 둘레는 410척이다[하나는 현의 북쪽 도료산刀了山에 있다](『연려실기술』 별집 권19, 역대전고)
19세기	이원익李源益 (1849)	상나라 무정 39년 돌아가 아사달산에 들어갔다. … 혹 이르기를 묘는 강동현의 서쪽에 있는데 둘레는 410척이라고 한다. 혹 이르기를 송양 은 지금의 성천 서쪽인데 단군총檀君塚이 있다고 한다(『기년동사약』 권1, 단군조선기, 을미)
	찬자미상撰者未詳 (1862년 이후)	단군묘檀君墓는 강동현 서쪽 3리에 있고 둘레에는 410척이다[하나는 현의 북쪽 도료산刀了山에 있는데 비고備考에 기록되어 있다](『동전고』 권12, 역대, 단군조선)

<표 2>와 <표 3>은 조선후기 단군묘 전승에 대한 취신론과 관련
한 기록을 정리한 것이다. 이 기록들은 이해 방식에 따라 두 가지로 나
눌 수 있다. 단군묘를 역사적 사실로 수용하면서도 묘의 존재를 단수로
파악하는 입장(<표 2>)과 복수로 파악하는 입장(<표 3>)이 그것이다.
특히 복수로 파악하는 입장은 단군전승에 대한 전반적인 인식의 확대를
의미하는 것이어서 향후 전개될 한말의 단군민족주의檀君民族主義에도 일
정한 영향을 주었을 것으로 추측된다. 또 이 입장에서의 이해도 한결같
지 않다. 아사달산신으로의 최후도 염두에 두고 서술하고 있기 때문이
다. 단군묘 전승에 대한 신중한 접근을 의미한다.10)

조선후기 단군묘에 관한 구체적인 언급은 유형원과 허목의 『동국여
지지東國興地誌』와 『동사東事』에서 이루어진다. 이 시기에 이르러 단군이
재 주목된 것과 밀접한 관련을 가진다. 임진·병자의 양난을 겪은 경험과

---

10) <표 2>와 <표 3>에서 단군묘의 존재를 취신하는 이해가 많이 보인다고 할지라
도 단군묘 전승이 사류층에게 역사적 사실로 그대로 수용되었다고 이해하기는 어
렵다. 이 자체가 단군묘와 관련한 기록만을 추출한 것이기 때문이다. 이와 달리
단군과 관련한 대부분의 자료에서는 이에 대한 언급이 전혀 없다. 이것은 대부분
의 사류층들이 단군묘를 불신하고 있던 태도에 원인이 있다.

사대의 대상으로 명나라를 대신하여 이적夷狄으로 인식되던 청나라가 등
장한 시대 상황은 당시 정치권력의 핵심에서 소외되었던 소론과 남인 계
열 혹은 도가적인 성향을 지닌 지식인들에 의해 단군을 다시 주목하게
했다.11) 단군묘와 관련된 이해 역시 마찬가지였다.

일정한 교류를 하고 있던 두 사람 중 먼저 유형원의 이해를 살펴본다.
『동국여지지』에 나타난 그의 단군묘 이해는12) 『고기』나 『본기』 유형의
신이하고 비합리적인 내용을 비판하고, 『응제시』 유형의 전승을 중심으
로 고조선을 이해하고 있는 것과 깊은 관련을 가진다. 전조선의 건국과
정을 『응제시』 유형으로 수용하면서13) 동방의 수출지군首出之君인 단군
이 전조선을 세울 수 있었던 이유를 '신성지덕神聖之德'·'신성지출神聖之
出'에 따른 것이라는 이해는 이를 반영한다.14) 따라서 『동국여지지』 평
양부 「건치연혁」조에서 알 수 있듯이 그는 평양을 전조선의 고도古都로
인식했다.15) 그에게 단군은 신성한 출생과 신성한 덕을 지닌 인간이자
이것 때문에 나라사람들에게 추대된 고조선의 시조였다. 그래서 죽음도
가능했고, 그 결과 묘도 남을 수 있게 되었다.

하지만 이 역시 『동국여지승람』을 증수하고 그간의 변통變通한 내용
을 이정釐正하는 수준에서 찬술된 것이어서16) 단군묘와 관련한 기록 역

---

11) 서영대, 1997, 「단군관계 문헌자료 연구」 『단군-그 이해와 자료-』, 서울대출판부,
   77~78쪽 ; 2006, 「조선후기 선가문헌에 보이는 상고사 인식-단군문제를 중심으
   로」 『한민족연구』 2, 한민족학회 ; 2008, 「韓國 仙道의 歷史的 흐름」 『선도문화』
   5, 국학연구원 ; 김성환, 2008, 「선가 자료 『청학집』의 자료적 검토」 『한국 선도
   관련 자료의 수집·교감·심화해제』 발표자료집, 국학연구원 참조.
12) 『동국여지지』 권9, 강동현 참조.
13) 『동국여지지』, 총서 참조.
14) 『동사례』, 「동사괴변설」 및 『반계잡고』 "夫檀君東國首出之君 必其人有神聖之德
   故人皆就以爲君矣 古之神聖之出 固異於衆人者 亦安有若此無理之甚乎".
15) 『동국여지지』 권9, 평양부 및 박인호, 2003, 「유형원의 역사지리인식」 『조선시기
   역사가와 역사지리인식』, 이회 참조.
16) 『동국여지지』, 修正東國輿地志凡例 "此書因輿地勝覽增修 而其間條列合變通者

시 『동국여지승람』의 기록을 그대로 전재하여 이와 관련한 그의 제반 이해를 읽어내기 어렵다. 단지 황제묘와 관련한 서술에서 앞에 '고古'자만 추가하고 있을 뿐이다.[17] 이는 『동국여지』가 지리지 성격의 자료라는 점과도 관련을 가진다. 아울러 그는 환웅을 신인神人으로 파악하기도 하고,[18] 『고기』 유형의 전승을 소개하고 있기도 하다.[19] 이로 미루어 유형원의 단군묘 전승에 대한 이해 역시 전적으로 이에 기대어 역사적 존재의 확고성을 담보하기 위한 것이라고 보기는 어렵다고 생각된다.

단군묘에 대한 서술은 허목에게서 보다 구체적으로 이루어진다. 그의 이해는 유형원의 이해와 확연히 구분된다. 이와 관련한 자료는 『동사』의 「단군세가檀君世家」와 「지승地乘」, 그리고 『기언記言』의 속집에 실린 「관서지關西誌」 등에서 확인된다. 하지만 그 내용은 다르지 않고, 상 무정 8년 단군씨의 죽음과 송양의 서쪽에 단군총檀君塚이 있다는 사실, 송양은 지금의 강동현이라는 것이다.[20] 그의 단군과 관련한 서술은 유형원의 그것과 대동소이하지만, 유형원과 같이 언전에 기댄 것이 아니라 역사적 사실로 받아들여졌다. 또 단군이 죽은 때를 상 무정 8년으로 설정한 것 등 새로운 내용을 담고 있기도 하다. 하지만 아사달산신과 관련한 내용을 '혹왈或曰'로 부수함으로서 이를 완전히 폐기하지 못하고 있기도 하다.

그는 단군이 역사적 존재임을 확신하고, 이를 토대로 「단군세가」를 서술했다. 그것은 『고기』 유형에서 환인과 환웅의 역할을 재해석하려는

亦有所釐正云".
17) 『동국여지』 권9, 평안도, 강동현, 塚墓 "大塚[一 在縣西三里 周四百十尺 諺傳 檀君墓 一 在縣北三十里刀亇山 諺傳古皇帝墓]".
18) 『동국여지』 권6, 황해도, 문화현, 祠廟, 三聖祠 참조.
19) 『동국여지』 권9, 평안도, 寧邊大都護府, 古蹟, 太伯山 참조.
20) 『기언』 권32, 외편, 동사1, 檀君世家 "… 至商武丁八年 檀君氏沒 松壤西有檀君塚 (松壤今江東縣) …" 및 권35, 외편, 동사4, 地乘 "… 江東有檀君塚 … [見檀君世 家] …" ; 권48, 속집, 사방2, 關西誌 "… 商武丁八年 檀君歿 今江東縣 傳說檀君 塚 …".

움직임과 관련이 있어 보인다. 환웅의 역할에 대한 적극적 해석의 움직임은 조선전기부터 보인다. 이는 신인과 관련하여 어느 정도 추측이 가능하다. 단군전승에서 신인이라는 용례는 『응제시』 유형에서 처음 보인다. 따라서 이 유형에서 지칭하는 신인은 단군일 수밖에 없다. 그런데 어느 시기부터 신인의 지칭이 단군이 아닌 환인 또는 환웅으로 변하는 모습이 발견된다. 이는 『응제시』가 아닌 『고기』 유형에서 엿볼 수 있다. 조선시대에 『고기』 유형은 『응제시』 유형의 전승을 보완하는 측면에서 전개되었는데, 이점에서 『고기』 유형의 전승도 보다 합리적으로 해석하기 위한 노력이 시도되었다고 할 수 있다.

『응제시』 유형에서 지칭하는 신인=단군의 전승을 제외하고, 신인의 주체가 누구인가의 문제에 대해서는 대략 세 가지로 나뉘어져 있다. 환인만을 지칭하는 경우와 환웅만을 지칭하는 경우, 그리고 이들 모두를 지칭하는 경우가 그것이다. 그리고 이들은 『고기』와 『응제시』 유형 모두를 이해하고 있었다는데 공통점이 있다. 먼저 신인의 주체로 환인을 지칭한 사례는 조선전기의 유희령柳希齡과 후기의 유형원·이종휘李種徽 등의 이해에서 확인할 수 있다.21) 또 선가류仙家類의 자료인 『청학집靑鶴集』에서 환웅을 진인眞人으로 이해하고 있는 조여적趙汝籍의 경우도 마찬가지라고 보인다.22) 환웅을 신인으로 이해한 사례는 이익李瀷(1681~1764)·오광운吳光運(1689~1764)·이광사李匡師(1705~1777)·이복휴李福休(생몰년 미상)·김규태金圭泰(생몰년 미상)·이환모李煥模(생몰년 미상) 등에게서 확인되고,23) 환인과 환웅 모두를 신인으로 파악하고 있는 사례

---

21) 『표제음주동국사략』 권1, 전조선 ; 『동국여지지』 권6, 문화현, 사묘 ; 『수산집』 권11, 동사, 단군본기 참조.

22) 『청학집』 "金蟬子曰 卞沚 記壽四聞錄者 記吾東道流之叢 有曰桓因眞人受業于明由 名由受業于廣成子 廣成子古之仙人也 …". 김성환, 2009, 앞의 논문 참조.

23) 『성호전집』 권26, 답안백순, 丙子 "… 而舊ъ云 神人降太白山神檀樹下 生子曰檀君 …" ; 『약산만고』 권5, 시, 해동악부, 太伯檀 ; 『원교집』 권1, 시, 동국악부, 太伯檀 ; 『해동악부』 권1, 桓雄詞 ; 『고당집』 별집 권3, 대동악부, 太伯檀 ; 『두실

는 신경준申景濬(1712~1781)에게서 확인할 수 있다.[24]

신인에 대한 이 같은 다양한 이해는『고기』유형의 전승을 보다 역사
적으로 이해하기 위한 접근에 의해 이루어진 것이다. 또 홍경모洪敬模
(1774~1851)는 신인에 대한 다양한 이해에 대해『동국통감』과『고기』
의 기록을 비교하여 태백산 단목 아래로 내려온 신인=단군이라는 전자
의 기록을 비판하며, 신인=환웅이라는 후자의 견해에 무게를 싣고 있지
만, 종국적으로는 어떤 설이 옳은 지에는 단정을 주저하고 있다.[25]

신인의 주체가 누구인가의 문제와 관련하여 허목의 신시시대神市時代
의 설정은 두 번째의 이해인 신인=환웅의 이해에 가깝다. 그는『동사』
에서 지적한 바와 같이 조선을 중국과는 또 다른 독립된 천하 질서를
가진 나라로 파악하고 있었다. 이중 순방淳厖한 정치를 편 단군의 경우
중국의 요순과 비견할 수 있는 이상시대였다.[26] 이런 점에서 그에게 단
군은 역사적·실존적 존재로 자리할 수 있었고, 이는 환인의 아들이자 단
군의 아버지인 신시神市의 역할을 적극 부여하게 하여 처음으로 생민지
치生民之治를 가르쳤다고 이해하게 했다. 교화주로서 신시씨神市氏를 설
정하여 단군의 건국에 기틀을 마련했다는 인식은 신시와 단군의 시대를
중국의 제곡帝嚳·당우唐虞의 시대와 비교한 것에서 출발한 것이다.[27] 그
러나 결과적으로 우리 역사의 시원이 단군보다 올라가는 신시부터 시작
한다는 이해를 가져오게 했다. 그는 단군의 조선 건국의 기저에는 생민
지치를 편 교화주로서의 신시씨神市氏가 있었기 때문에 가능한 것이었
고, 단군은 그 토대위의 건국주였기 때문에 우의 도산 조회와 당장경으

오언』권3, 동어, 神市紀 참조.
24)『여암전서』권4, 강계고, 三朝鮮, 前朝鮮國 참조.
25)『총사』외편, 東史辨疑 ;『관암전서』권19, 기, 三聖祠記 참조.
26) 韓永愚, 1989,「17세기 중엽 南人 許穆의 古學과 歷史認識」『朝鮮後期史學史硏究』,
　　일지사 ; 鄭玉子, 1994,「허목『한국의 역사가와 역사학(상)』, 창작과비평사 참조.
27)『기언』권32, 외편, 동사1, 東事序 참조.

로 이도 등의 치세 후 죽음을 맞아 송양의 서쪽에 안장될 수 있었다고
이해하고 있다. 이런 점에서 이제까지 단군의 최후에 대한 보편적 인식
이었던 아사달산신으로의 좌정이라는 전승을 보조적으로 이해할 수 있
었던 것이 아닌가 한다.28)

18세기 후반에 이르러서는 단군묘의 위치가 구체적으로 서술되기도
한다. 신경준은 강동현의 진산鎭山이었던 대박산大朴山 아래에 세전되는
단군묘壇君墓가 있다고 서술하였다. 또 대박은 박달朴達인데, 단군묘가
있기 때문에 그렇게 불리게 되었다는 것이다.29) 그는 단군을 '단군壇君'
으로 이해하면서도 '단군檀君'의 표기에 유의하여 '단檀'의 어의인 '박달'
과 대박산의 이명인 '박달'을 연결시키고 있다.30) 그의 설명에 따르면,
대박산의 이름 자체도 단군묘 때문에 유래된 것이라는 뜻이 내포되어 있
다. 이는 강동현에서의 단군묘 전승의 유원성을 설명하는 것이기도 하
다. 또 대박산이 강동현의 진산임을 전제함으로서 강동현에서의 단군묘
전승이 중요한 위치를 점하고 있음을 간접적으로 드러내고 있다.31) 그
의 이런 이해는 일견 단군을 '단군壇君'으로 이해하면서도 대박산의 유
래를 '단군檀君'과 연결하여 설명함으로서 출발부터 모순을 지니는 것으
로 보인다. 하지만 그렇지 않다. 그에게 '단군檀君'과 '단군壇君'은 넘나
들 수 있는 개념이었다.32)

---

28) 특히『동사』지승편에서 儒州의 삼성사와 당장경을 소개하면서도 단군이 아사달
산신이 되었다는 이해는 아예 언급조차 하고 있지 않다는 사실 역시 이런 점에서
참고할 수 있겠다(『기언』권35, 외편, 동사4, 地乘 "… 儒州阿斯達 祀桓因氏神市
檀君 有唐莊京 麗史檀君氏之國都").

29)『여암전서』권4, 강계고, 삼조선, 前朝鮮國 참조.

30) 이에 대해서는 '檀'의 釋名이 朴達이라는 趙秀三(1762～1849)의 이해도 참고할
수 있다.『추재집』권2, 시, 檀嶺[檀之釋名爲朴達 而定永間道 有朴達嶺 永以不典
雅故改之] 참조.

31) 이런 단군묘 위치에 대한 신경준의 이해는 19세기 후반 편찬된 강동현의 읍지류
에 그대로 반영되고 있다.『관서읍지』제15책, 江東邑誌, 古跡, 檀君墓 ;『관서읍
지』제10책, 開國五百四年三月日平安道江東縣邑誌, 古跡, 檀君墓 참조.

18세기 후반부터는 단군묘의 존재를 사실로 수용하면서도 이제까지
알려진 단군묘가 유일한 것이 아니라 2기의 단군묘가 존재한다고 이해
하고 있던 사람들이 있었다(<표 3> 참조). 다름 아닌 황제묘가 바로 그
것이다. 물론 이 기록이 대부분 분주 형식으로 소개된 것이어서 적극적
인 이해라고 볼 수는 없다. 하지만 이 역시 조선후기 단군묘 전승의 양
상을 일정하게 반영하고 있는 것이라고 생각된다. 따라서 황제묘 역시
어느 시기부터 단군묘와 관련하여 이해되고 있었음을 보여준다. 이들에
게 조선 초기부터 황제묘로 전해지고 있던 대총은 더 이상 역사적 존재
를 알 수 없는 무덤으로 인식되지 않았다. 하지만 그들은 단군묘에 대한
무게를 대박산 아래의 것에 두고 있었다. 대박산 아래의 단군묘에 대해
서는 위치와 규모를 언급하고 있는 반면, 또 다른 단군묘로 이해하였던
황제묘에 대해서는 읍치 북쪽의 도료산刀了山 또는 도산刀山에 있음만을
언급하고 있음에서 그러하다.33) 또 18세기 중반 이원익李源益은 단군의
아사달산신으로의 환은還隱이라는 『고기』의 내용을 수용하면서도 강동
현의 단군묘 이외에 송양, 즉 성천의 서쪽에 단군총檀君塚이 전하고 있음
을 밝히고 있다.34) 그러나 이와 황제묘와의 관계, 혹은 또 다른 단군묘
와 관련한 전승인지의 여부는 분명하지 않다.

이들이 그 전거를 제시하고 있지 않아 어떤 이유에서 황제묘를 단군
묘로 이해하게 되었는지 자세히 알 수는 없다. 다만 단군의 고조선(전조
선) 건국을 역사적 사실로 수용하게 되면서 이를 고조선 시조라는 고유
명칭으로 파악하기 보다는 왕명으로 이해하려는 분위기와 관련이 있어

32) 『순오지』 상, 檀君 "… 墓在江東縣西三里 周四百七尺 …".
33) 『기년아람』 권5, 序, 檀君朝鮮, "陵墓[一在江東縣西 周四百十尺 一在縣北刀山]" ;
    『연려실기술』 별집 권19, 歷代典故, 檀君墓 "在江東縣西三里 周四百十尺[一在縣
    北刀了山]" ; 『동전고』 권12, 역대, 단군조선, "檀君墓 在江東縣西三里 周四百十尺
    [一在縣北刀了山 備考]"
34) 『기년동사약』 권1, 檀君朝鮮紀, "乙未 商武丁三十九祀 入阿斯達山 … 或云 墓在
    江東縣西 周四百十尺 或云 松壤今成川西 有檀君塚".

보인다. 전승의 확대과정을 보여주는 측면이다. 따라서 묘의 존재 역시
유일의 단수에서 복수로 전해졌을 것이라는 해석이 가능하게 되었고, 이
같은 이해가 반영된 것이 아닌가 한다.

2) 불신론不信論

단군묘의 전승을 기록하면서도 이를 비판적인 시각에서 접근하는 계
층도 있었다. 단군묘에 대한 불신의 입장은 조선시대 사류층 대부분의
이해일 것으로 판단된다. 그들은 단군을 역사적 존재로 인식하고 있으면
서도『고기』나『본기』유형의 전승 이해에는 부정적이었다.35) 물론 단
군묘 전승이『동국여지승람』에 그 기록이 출현하기 이전의 자료인 것은
분명하다. 하지만 이는『삼국유사』고조선조에 인용되어 있는 단군의
고조선 건국사실을『위서魏書』를 인용하여 전재하고 '혹운或云'의 형식
으로『고기』의 내용 중 역사적 사실만을 마지못해 기술하고 있는 이첨李
詹의 고조선 인식과36)『삼국사절요三國史節要』·『동국통감』등에서 단군
의 최후를 아사달산신으로 정리하고 있는데서37) 어느 정도 짐작할 수
있다. 그리고 이런 태도는 조선후기의 단군묘 전승에도 마찬가지로 작용
하였다.

〈표 4〉 조선후기의 단군묘 관련 자료(불신론)

저 자	전 승 내 용
18세기 안정복安鼎福 (1778)	『여지승람』강동현의 고적古跡조에는 현의 서쪽 3리에 대총大塚이 있는데 둘레는 410척이며 속전俗傳에 단군총檀君塚이라 한다고 한다. 이것은 언설諺說에서 나왔기 때문에 따르지 않는다(『동사강목』부록상, 고이, 단군총)

35) 대표적으로 南九萬(1629~1692)의 이해를 참고할 수 있다.『약천집』권29, 동사
   변증 참조.
36)『쌍매당협장문집』권22, 잡저 참조.
37)『삼국사절요』권1, 외기, 단군조선 및『동국통감』, 외기, 檀君朝鮮 참조.

저 자	전 승 내 용
	[태백산고太伯山考] … [또『승람勝覽』을 살펴보니 강동현에는 예부터 대박산 아래에 대총이 있는데 속전에 단군묘라고 한다. 지금 토인土人들은 대박을 태백太伯이라고 하니 또한 믿을 수 없다](『동사강목』부附 권하, 지리고)
유의양柳義養 (1788)	단군묘는 평안도 강동현의 서쪽 3리에 있는데, 둘레는 410척이다. 이는『여지승람』에 실려 있기 때문에 기록한 것인데, 전승이 갖추어진 것인지 의심스러운 점도 있다(『춘관통고』권45, 길례, 단군묘)
19세기 김정호金正浩 (?~1864)	[총묘塚墓] 대총大塚[현의 읍치 서쪽 3리에 대총이 있다. 둘레는 161척으로 속칭 단군묘라고 한다 ○현의 읍치 서북쪽 30리에 있는 도마산都馬山에도 대총이 있는데, 둘레는 410척으로 속칭 고황제묘古皇帝墓라고 한다. 또 위만묘衛滿墓라고 하기도 한다. 정종 10년 수호를 설치하고 초채樵採를 금하였다 ○살펴보면 2곳은 고구려가 남쪽으로 천도한 이후 어떤 왕을 장례한 것일 뿐이다](『대동지지』권22, 평안도, 강동)
	… 강동의 묘를 살펴보면[하나는 강동현 서쪽에 있는데 둘레는 410척이고, 하나는 현의 북쪽 도료산刀了山에 있다](『대동지지』권29, 방여총지, 단군조선)

　　단군묘를 불신하는 입장으로 직접 그 의사를 표명하고 있는 이들로는 안정복과 유의양柳義養, 김정호金正浩 등을 들 수 있다. 단군묘에 대한 접근 태도는『동국여지승람』에서도 어느 정도 인지할 수 있다. 그런데 '언전'이라는 접근 태도는『삼국사기』·『삼국유사』등에서 중국측 자료와 대등하게 사용되고 있는 우리측 자료인『고기』등의 기록물과는 또 다르다고 짐작된다. 조선시대 식자층에게 민간에서 입을 통해 전해지는 제반 전승들은 불신되는 것이 일반적이었다. 이것은 단군묘도 마찬가지이다. 여기서 '언전'의 의미는 믿을 수는 없지만, 그래도 기록하지 않을 수 없어 마지못해 기록을 남긴다는 속내를 담고 있다고 생각된다.

　　특히 안정복의 경우는 '속전俗傳'이라는 형식을 빌려 단군묘를 소개하면서 "언설諺說에서 나온 것으로 따를 수 없다"거나38) "강동 지역 사람들이 대박大朴을 태백太伯으로 이해하고 있음도 믿을 수 없다"고 하여39) 불

---

38)『동사강목』부록상, 고이, 단군총 "興地勝覽江東縣古迹 縣西三里有大塚 周四百十尺 俗傳檀君塚 此出諺說 故不從".

신하는 입장을 분명히 하고 있다. 그가 단군묘를 불신하는 이유는 다름 아닌 '속전', '언설'에 있었다. 어떤 근거도 없이 단지 이에 기대어 단군전승의 전체적인 내용을 변개할 수 없다는 것이 그의 입장이었을 것이다. 이런 점에서 그는 단군묘가 위치한 대박산大朴山을 발음의 유사성에 근거하여 출생지로 알려져 있는 태백산太伯山으로 이해하려는 경향을 경계하기도 했다. 이는 조선후기 강동 지역에는 단군의 출생부터 죽음에 이르는 전 과정을 서북한 지역 전체가 아닌 강동현만으로 국한하여 이해하려는 움직임이 있었음을 짐작할 수 있게 한다.40) 단군묘 전승에 대한 안정복의 불신론은 여기서 출발한 것으로 보인다. 유의양의 경우도 마찬가지였다. 그는 단군묘 전승이 『동국여지승람』에 실려 있기 때문에 기록할 수밖에 없지만, 전승이 갖추어진 것인지 의심하고 있다.41) 『동국여지승람』 자체에 대한 신뢰성 때문에 기록은 하지만, 자신은 이를 믿지 못하겠다는 것이다. 대부분의 사류층이 단군묘에 대해서 지니고 있던 이해였을 것이다.

김정호의 단군묘에 대한 근거 역시 '속칭俗稱'이었다. 그는 강동현의 단군묘에 대해 읍치 서쪽에 있는 410척의 것과 읍치 북쪽에 도료산에 있는 것 등 2기를 소개하고 있기도 하다.42) 이는 18세기 후반부터 제기되어 온 2기의 단군묘에 대한 이해와 동일하다. 하지만 그는 정작 2기의 단군묘에 대해 다른 인식을 하고 있었다.

그의 이해 역시 단군묘와 황제묘에 대해 강동현에서 전해지던 여러 가지 전승을 반영한 것이라고 생각된다. 물론 속칭 단군묘라고 전해오던

---

39) 『동사강목』 附 권하, 지리고 "[太伯山考] … [又按勝覽 江東縣有古大朴山下有大塚 俗傳檀君墓 今土人以大朴爲太伯 亦未可信]".

40) 김성환, 2007, 「일제강점기 <檀君陵記蹟碑>의 건립과 단군전승」, 『사학연구』 86, 한국사학회(김성환, 2009, 『일제강점기 단군릉수축운동』, 경인문화사 재수록) 참조.

41) 『춘관통고』 권45, 길례, 단군묘 "在平安道江東縣西三里 周廻四百十尺 此載輿地勝覽 姑錄之 以備傳疑云".

42) 『대동지지』 권29, 방여총지, 단군조선 "… 近以江東之墓[一在江東縣西 周四百十尺 一在縣北刀了山]".

대총에 대한 전승의 주류는 단군묘였을 것이다. 그런데 그 규모는 조선 전기부터 이제까지 반복적으로 언급되었던 410척이 아니라 161척이었다. 규모가 갑자기 2/3로 축소된 것이다. 1993년 북한의 소위 단군릉의 발굴과 개건 이전의 단군묘 규모와 비교하여 별반 차이가 없다. 이로 미루어 단군묘 규모에 대한 김정호의 언급은 그가 직접 답사한 결과를 반영한 것으로 추측된다.

또한 그는 도마산에 있는 대총의 규모를 410척으로 서술하고 있다. 아마도 황제묘라고 하는 전승은 단군묘와 비교하여 규모면에서 훨씬 컸기 때문에 비롯된 것으로 보인다. 여기에서 황제가 누구인지 알 수 없지만, 강동현에서 그 존재는 단군보다도 위대한 존재로 여겨졌을 것이다. 피장자가 누구인가는 관심이 없었을 것이다. 무덤의 규모 자체가 단군묘와 비교할 수 없는 것이었기에 그만큼 위압적인 존재였을 것이며, 황제묘라는 전승은 여기에서 유래했을 것이다.

이 묘는 위만묘衛滿墓라는 전승도 가지고 있었다. 여기에는 위만조선에 대한 역사적 이해가 어느 정도 반영되어 있다고 생각된다. 위만조선은 고려시대 이래 우리 역사의 계통에서 한 발 벗어난 존재였다. 위만이 연나라 사람으로 고조선을 붕괴시키고, 왕위를 찬탈했다는 사실 때문이었다. 따라서 우리 역사의 계승은 고조선-북부여-고구려로 이어지는 갈래와 고조선-마한-신라로 이어지는 계열로 이해되었고, 두 갈래를 통합한 것이 고려였다. 『삼국유사』에서 위만조선魏滿朝鮮으로 독립 편재된 이후 조선전기 편찬된 『삼국사절요』·『동국통감』 등에서 서술되면서도 이에 대한 인식은 부족할 수밖에 없었다.

황제묘가 위만묘라는 이 설은 이런 점에서 강동현을 중심으로 전해오던 또 다른 전승이었다고 추측된다. 이는 강동현에서도 몇몇 사람들에게만 전해오던 전승이었음이 분명하지만, 여기에서도 어떤 측면에서든 위만조선을 우리 역사 안에서 정리하려는 노력이 일정부분 반영된 것으로 보인다. 특히 고조선을 붕괴시킨 존재가 위만이었기 때문에 그의 묘는 단군묘보다 규모가 클 수 있었다.

하지만 김정호는 강동현의 고적을 직접 답사하고, 대총과 관련한 현지의 다양한 전승을 소개하면서도 결론적으로 이 전승들을 신뢰하지 않았다. 그에게 있어 단군묘와 황제묘, 위만묘에 대한 전승은 한 지방에서 전해오는 언전일 수밖에 없었다. 객관적인 증거가 전혀 반영되지 못한 것이었다. 따라서 그는 이를 우리 역사와 관련하여 또 다른 해석을 시도한다. 고구려의 왕릉일 것이라는 견해가 그것이다. 그러면서도 그는 고구려 역사에 유의하면서 고구려의 남천南遷 이후에 조성된 왕릉으로 추측하였다. 장수왕 이후로의 접근이다.

강동현의 대총에 대한 그의 이 같은 이해는 단군묘 전승에도 그대로 수용될 수 있다. 김정호는 단군과 선인 왕검의 관계, 선인 왕검과 평양의 관계에는 부정적이지 않았지만, 이들을 지금의 평양과 연계하여 이해하는 데는 반대했던 것이다. 이런 점에서 단군묘 전승은 취신할 수 없는 것이었고, 고구려 왕릉으로밖에 볼 수 없었다. 단군묘에 대한 그의 이 같은 견해는 이제까지 이루어진 견해 중 가장 합리적인 것이다. 현대 역사학의 방법론적인 접근에서도 수용될 수 있다. 특히 1993년 단군묘 발굴로 밝혀진 바와 같이 무덤의 구조가 고구려 계통이라는 점에서도 이 같은 서술은 탁견이라고 판단된다. 설사 단군묘가 그의 추정대로 고구려 왕릉은 아닐지라도, 이는 그의 역사에 대한 해박한 지식과 실학을 토대로 한 실증적인 학문 태도에서 비롯한 것이다.

4. 단군묘의 수축과 인식

조선왕조실록에 보이는 단군묘의 수리 기록은 조선전기의 유희령과 허목 등의 노력에 따른 취신론의 결과라고 생각된다. 실록의 수리 기록

이 역대시조 및 제왕의 능침을 수치修治하는 차원에서 이루어졌다는
점에서 더욱 그러하다. 단군묘는 1677년(숙종 23) 평양의 동명왕묘東明
王墓와 함께 수리를 건의한 이인엽李寅燁을 시작으로 시독관 유최기兪最
基의 건의에 따른 1739년(영조 15) 단군·기자를 비롯한 제왕 능묘의
수리, 단군 이래 전조 제 왕릉의 수리와 치제 등 몇 차례에 걸쳐 이루
어졌다. 이는 단군묘가 대부분의 사류층에게 부정적으로 인식되었던
분위기와는 달리 조선후기 역대 시조묘始祖墓로서 자리해가고 있음을
의미한다.

1677년(숙종 23) 왕은 이연엽을 불러 보고 관서지방의 사정에 대해
물었다. 그가 감진어사로 관서 지역을 순찰한 것과 관련이 있다. 이에
이인엽은 기자의 후손을 평안도 지역의 관리로 등용할 것과 평양의 동명
왕묘와 함께 강동의 단군묘가 관리되지 않아 훼손되었으니 매년 평안도
관찰사로 하여금 수리하도록 건의하였다.43) 이는 그대로 수용되어 단군
묘는 원칙적으로 그 이후 매년 평안도 감영의 주도로 수치되었을 것으로
보인다.

숙종의 이런 조치는 허목의 고조선 및 단군 인식에 일정한 영향을 받
은 것이다. 그는 앞서 검토한 바와 같이 고조선 시조인 단군의 묘가 송
양의 서쪽인 강동현에 있음을 확고하게 인식하고 있었기 때문이다. 단군
묘에 대한 공식적인 수치는 이때 처음 이루어진 것으로 보인다. 하지만
정례적인 수치가 매년 이루어졌을지 의문이다. 사류층에서는 이에 대한
불신론이 우세하여 반론 역시 만만치 않았을 것이기 때문이다.

그럼에도 불구하고 영조 때는 3차례에 걸친 수치 기록을 확인할 수
있다. 1739년(영조 15)의 수치는 단군과 기자를 비롯한 역대 여러 왕릉
의 묘를 정비하도록 건의한 유최기의 건의를 수용한 것이다.44) 이때의

---

43) 『숙종실록』 권31, 숙종 23년 7월 임오 ; 『승정원일기』 제372책/제19책 숙종 23년
7월 4일 임오 참조.

수리는 영조가 근신近臣을 보내 숭인전崇仁殿에 봉안되어 있는 기자를 치제하면서 이루어진 조치였다. 1746년(영조 22)에도 단군묘는 평안도관찰사의 주도로 수치되었고, 예조에서는 강향치제降香致祭하였다.45) 영조 때 단군묘의 수치 기록은 1753년(영조 39) 마지막으로 확인된다.46) 이때의 수치 내용에 대해서는 『승정원일기』에서 보다 상세하게 확인할 수 있는데, 평안도관찰사가 봉심하던 기자묘箕子墓와는 달리 평안도사가 봉심하였고, 퇴락한 곳은 농사철을 피해 가을에 수리하도록 하였으며 향축하였다.47)

숙종·영조 때의 단편적인 단군묘 수치 기록을 통해 그 전체적인 내용을 추측할 수 있다. 단군묘의 수치는 단군묘가 위치해있는 평안도 감영을 중심으로 이루어졌다. 시기는 농사철을 피해 가을에 이루어졌고, 평안감사가 봉심하였으며, 수리 직후에는 예조에 의해 강향치제되었다. 대부분의 수치는 단군묘 단독으로 이루어지지 않고 기자를 비롯한 고구려·백제·신라의 시조릉 및 고려의 왕릉과 함께 이루어졌는데, 이는 단군묘가 역대 시조묘와 같은 위치에서 인식되고 있었음을 의미한다. 다만 교화지주로 여겨졌던 기자묘(기성묘箕聖墓)가 평안도관찰사의 봉심으로 이루어졌던 것에 비교하여 단군묘는 한 단계 낮은 평안도사의 봉심으로 진행되었다.

이는 정조 때도 계속되었다. 1781년(정조 5) 단군묘를 비롯한 기자·신라·고구려·백제·고려의 시조와 여러 왕릉을 수개修改할 제도를 정비하였다는 『정조실록』의 기록에서 그렇게 짐작할 수 있다.48) 이때 역대 시조묘와 함께 단군묘의 개수 제도가 확정되었는데, 그 개략은 평안도

---

44) 『영조실록』 권49, 영조 15년 5월 무진 참조.
45) 『국조보감』 권63, 영조 22년 5월 참조.
46) 『영조실록』 권101, 영조 39년 4월 기유 참조.
47) 『승정원일기』 제1217책/제68책 영조 39년 4월 22일 기유 참조.
48) 『정조실록』 권12, 정조 5년 12월 갑술 참조.

관찰사로 하여금 친히 봉심하고 향축한 후 이듬해 해동解凍을 기다려
개수할 날을 택일한 후 수치하며 형지形止한다는 것이다.[49] 또 1786년
(정조 10)에는 서형수徐瀅修의 건의로 단군묘를 수총守塚할 민호民戶를
두었다.[50]

　정조는 고조선의 역사가 유원함을 확고하게 인식하고 있었다.[51] 하지
만 단군묘에 대한 정조의 이해 역시 적극적이지 못하다. 그는 비록 징신
徵信의 흔적이 없더라도 마을 고로故老들이 가리키는 곳이 있다면, 병졸
을 두어 수호하거나 비석을 세워 사실을 기록하는 등 증거를 삼을 만한
사례가 하나뿐이 아닌데, 사적이 읍지에 분명하게 실려 있음에도 불구하
고 비석을 세우지 않고 수호하는 사람이 없음을 안타까워하고 있다. 그
러나 정조의 안타까움 역시 적극적으로 해소되지 못하고 수리에 대한 미
봉책으로 그치고 말았다. 연대가 멀고 믿을만한 문자가 없어 제사를 지
낼 수 없다고 하더라도 초목만큼은 금하게 하고 도백으로 하여금 직접
살펴보게 하며, 무덤에 가까이 사는 민호로서 수호하도록 하는 한편, 수
령이 봄·가을로 살펴보는 것을 규식으로 삼게 했다는 것이 그것이다.[52]
여기에서도 단군묘에 대한 사류층의 불신론을 일정하게 읽을 수 있다.

　이런 점에서 임경대臨鏡臺의 전승을 수용하여 단군묘를 의리지장衣履
之葬으로 이해한 이덕무李德懋의 견해는 참고할 만하다. 단군묘에 대한
그의 견해 역시 이미 이전부터 전해져오던 것으로 단군의 최후를 아사달
산신으로 이해하고 있는 대다수의 입장을 고려하며 절충점을 찾기 위한
방도였다고 추측된다. 그리고 이 견해는 단군묘에 대한 적극적 취신론이

---

49) 『일성록』, 정조 5년 12월 초6일 갑술 참조.
50) 『정조실록』 권22, 정조 10년 8월 기유 참조.
51) 정조는 평양의 단군사당인 崇靈殿의 致祭文과 구월산 三聖祠의 重修祭文을 친히
　　짓기도 했다. 『열성어제』 권49, 文, 崇靈殿致祭文 ; 『열성어제』 권50, 文, 三聖祠
　　重修祭文 참조.
52) 『국조보감』 권72, 정조 10년 8월 ; 『명고전집』 권3, 소계, 「喉院請檀君墓置戶守
　　護啓」 참조.

되지는 못하지만, 불신론이 지배적인 상황에서의 고육지책이었다. 전승의 합리화를 위한 신화적인 입장과 역사적인 입장을 동시에 수용하고 있는 것이다. 또 고·순종 때 단군묘를 수치하면서 이를 의리지장으로 파악하고 있음은 한말 이를 둘러싼 인식의 혼란을 해소하기 위한 결과로서 이덕무에 의해 주목된 전승을 반영한 것이 아닌가 한다.

강동현의 단군묘 전승의 형성 시기는 고려전기로 추측할 수 있다.[53] 그 이해는 일부 계층을 중심으로 한 것이었지 폭이 넓지는 못했을 것이다. 그러나 역사적 존재로서의 단군에 대한 인식이 강화되던 시기인 조선전기에 이 전승은 일부 사류층들에게 주목되었고, 그 배경에는 『응제시』 유형의 전승이 출현하는 것과 관련이 있었다. 그럼에도 불구하고 그 전승의 범위는 강동현 일대를 벗어나지 못하는 것이었다.

5. 맺음말

단군묘와 관련한 구체적인 전승 내용은 전혀 확인할 수 없다. 현재의 단군묘 전승은 대부분 지명과 관련한 것이라는데 공통점이 있다. 특히 아사달산신으로의 최후와 관련해서도 아달산·아달샘·아달동 등이 전하

---

53) 필자는 앞서 단군의 최후에 대한 인식이 죽음과 묘의 조성으로 마무리된 단군묘 전승은 역사적 존재로서의 단군에 대한 인식이 강화되던 시기에 형성된 것으로 파악한 바 있다. 김성환, 2006, 「朝鮮時代 檀君墓에 관한 認識」『한국사학사학보』 13, 한국사학사학회 참조. 그러나 단군전승을 둘러싼 제반 환경적 요소를 참작하고 고려 숙종 때 箕子墓의 존재를 염두에 둔다면, 단군묘 역시 고려전기부터 선가나 도교, 또는 도참사상에 경도되었던 일부 계층에게서 전해지고 있었을 가능성은 충분하다. 단군은 고구려 때 이미 민간에서 可汗神으로 섬겨졌을 가능성도 있다. 따라서 단군묘 전승의 형성이 단군이 역사적 존재로서 인식이 강화되던 조선전기라는 앞서의 견해는 수정한다. 예전부터 일부에서 전하고 있던 단군묘 전승은 고조선으로 상고사 범위가 확장되면서 단군이 역사적 존재로서 인식이 강화되던 시기에 비로소 주목되었을 것이다. 단군묘 전승의 형성시기와 주목되던 시기를 구분하여 생각할 필요가 있다.

는데, 아달산阿達山은 단군이 죽어서 산신이 되었다는 아사달산의 약칭
이다. 이곳의 전승에도 구월산 일대의 전승이 차용되고 있음을 짐작할
수 있다. 단군굴 역시 이곳의 고유 전승이 아니라 묘향산 등에서 유입된
것으로 짐작된다. 단군묘가 있는 마을의 이름이 단군동檀君洞으로 전한
다고 하는데, 단군묘가 그 마을을 대표하는 상징이었음을 의미하는 것으
로 보인다. 전승의 내용으로는 단군의 출생→성장→죽음에 이르기까지
의 과정이 모두 포함되어 있다. 단군묘와 관련한 전승만 아니라 내용이
확대 형성되고 있었다.

　단군묘에 대한 사류층의 논의는 17세기 중엽에 이르러 본격적으로 이
루어진다. 18세기 후반에는 일부에서 이기는 하지만, 황제묘까지 단군묘
로 이해하고자 하였다. 그들의 대부분은 이에 대해 불신하는 입장을 취
하고 있었던 것으로 보이는데, 그렇더라도 이에 대한 논의에 참여하고
있다는 사실에 의의가 있다. 그들에게 단군묘 전승이 망론으로 인식되고
있었을지라도 더 이상 언급하지 않을 수 없었던 시대적인 분위기에도 유
의하여야 한다.

　조선후기 단군묘에 관한 구체적인 언급은 일정한 교류를 하고 있었던
유형원과 허목의『동국여지지』와『동사』에서 이루어진다. 이 시기에 이
르러 단군이 재 주목된 것과 밀접한 관련을 가진다.『동국여지지』에 나
타난 유형원의 단군묘 이해는『응제시』유형의 전승을 중심으로 고조선
을 이해하고 있는 것과 깊은 관련을 가진다. 그에게 단군은 신성한 출생
과 신성한 덕을 지닌 인간이자 이 때문에 나라사람들에게 추대된 고조선
의 시조였다. 그래서 죽음도 가능했고, 그 결과 묘도 남을 수 있게 되었
다. 허목의 이해는 유형원과 확연히 구분된다. 그는 단군이 역사적 존재
임을 확신하고, 이를 토대로「단군세가」를 저술했다. 그는 조선을 중국
과는 또 다른 독립된 천하 질서를 가진 나라로 파악하고 있었다. 이런
점에서 그에게 단군은 역사적·실존적 존재로 자리할 수 있었고, 결과적

으로 우리 역사의 시원이 단군보다 올라가는 신시부터 시작한다는 이해
를 가져오게 했다. 그는 단군의 조선 건국의 기저에는 교화주로서 신시
씨가 있었기 때문에 가능한 것이었고, 단군은 그 토대위의 건국주였기
때문에 치세 후 죽음을 맞아 송양의 서쪽에 안장될 수 있었다고 이해하
고 있다. 이런 점에서 이제까지 단군의 최후에 대한 보편적 인식이었던
아사달산신의 전승을 보조적으로 이해할 수 있었다.

18세기 후반에 이르러서는 단군묘의 위치가 구체적으로 서술되기 시
작한다. 이제까지의 읍치의 서쪽 3리 정도 떨어진 곳에 있고, 규모는
410척이었다는 것 이외에 강동현의 진산이었던 대박산大朴山 아래로, 대
박과 박달朴達의 관련성 등이 언급되고 있다. 이는 전승의 유원성을 설명
하는 것이기도 하다. 대박산이 강동현의 진산鎭山임을 전제함으로서 강
동현에서 단군묘 전승이 지니는 위치를 간접적으로 드러내기도 한다. 또
이 시기에는 단군묘가 유일한 것이 아니라 다수가 존재한다고 이해하기
도 하였다. 다름 아닌 황제묘가 또 다른 단군묘로 이해되었다. 조선 초기
부터 황제묘로 전해지고 있던 대총은 더 이상 역사적 존재를 알 수 없는
무덤으로 인식되지 않았다. 그 전거를 제시하고 있지 않아 어떤 배경에
서 그렇게 이해하였는지 자세히 알 수는 없지만, 단군의 고조선(전조선)
건국을 역사적 사실로 수용하게 되면서 단군을 왕명으로 이해하고 있는
것과 관련이 있어 보인다.

단군묘의 전승을 기록하면서도 비판적인 시각에서 접근하는 계층도
있었다. 이에 대한 불신의 입장은 조선시대 사류층 대부분의 이해일 것
으로 판단된다. 안정복과 김정호 등이 그들이다. 안정복의 경우는 단군
묘 전승의 근거가 '속전', '언설'이기 때문에 따를 수 없다고 했다. 어떤
근거도 없이 단지 이에 기대어 단군전승의 전체적인 내용을 변개할 수
없다는 것이 그의 입장이었다. 유의양의 경우는 '속전'으로 믿을 수는
없지만, 『동국여지승람』에 소개되어 있기 때문에 언급하지 않을 수 없

어 마지못해 기록을 남긴다는 속내를 보이고 있다.

김정호는 단군묘 전승을 근대 역사학적인 방법론으로 접근하고 있다. 그가 이해하고 있던 단군묘에 대한 근거 역시 '속칭'이었다. 하지만 그는 이를 직접 답사하여 그 규모를 조선전기부터 이제까지 반복적으로 언급되던 410척이 아니라 161척이었음을 밝히고 있다. 황제묘에 대해서는 위만묘라는 전승도 있음을 소개하면서도 결론적으로 이 전승들을 신뢰하지 않았다. 그에게 있어 단군묘와 황제묘, 위만묘에 대한 전승은 객관적인 증거가 전혀 반영되지 못한 것이었다. 따라서 그는 이를 고구려의 남천 이후, 즉 장수왕 이후의 고구려 왕릉으로 추측하였다. 이는 그의 역사에 대한 해박한 지식과 실학을 토대로 한 실증적인 학문 태도에서 비롯한 것이다.

단군묘는 숙종·영조·정조 때 역대 능묘를 수치하는 과정에서 수리되었고, 정조 때는 그 개수 절차가 정해지는 한편, 수총호守塚戶도 설치되었다. 단군묘가 대부분의 사류층에게 부정적으로 인식되었던 분위기와는 달리 조선후기 역대 시조묘로서 자리해가고 있음을 의미한다. 수치는 단군묘가 위치해있는 평안도 감영을 중심으로 이루어졌다. 시기는 농사철을 피해 가을에 이루어졌고, 평안감사가 봉심하였으며, 수리 직후에는 예조에 의해 강향치제되었다. 대부분의 수치는 단군묘 단독으로 이루어지지 않고 기자를 비롯한 고구려·백제·신라의 시조릉 및 고려의 왕릉과 함께 이루어졌다.

사류층의 불신론 역시 지속되고 있었다. 단군묘에 비석이 건립되지 못한 사실에 대해 징신의 흔적이 없을지라도 고로들의 의견에 따라 수호를 하거나 비석을 세워 사실을 기록할 수 있다는 정조의 말에도 불구하고, 연대가 멀고 믿을만한 문자가 없어 제사를 지낼 수 없다는 의견을 따랐음은 이를 의미한다. 이 때문에 의리지장이라는 전승이 만들어지기도 하였다. 전승의 합리화를 위한 신화적인 입장과 역사적인 입장을 동시에 수용하고 있는 것이다.

강동현에서는 단군의 출생부터 성장, 죽음에 이르는 전 과정이 강동 한 곳에서 이루어졌다는 전승이 전해지고 있었다. 단군의 최후로서 단군 묘 이외의 아달산阿達山에서의 산신山神이라는 전승도 있었다. 단군묘와 아달산신阿達山神은 일견 모순되는 듯하지만, 그렇지 않다. 건국시조의 최후가 묘로 조성되는 한편, 하늘로 승천하기도 하기 때문이다. 조선후 기 강동현의 단군전승은 단군묘를 중심으로 전승의 재편이 이루어지고 있었음을 보여준다. 하지만 그 범위는 강동현 일대를 벗어나지 못하는 것이었다.

제3장 한말 단군묘 인식과 능陵으로의 숭봉崇封

1. 머리말

단군묘는 단군의 최후와 관련한 전승을 전하는 유적이다. 『삼국유사』
나 『제왕운기』 등에서 서술하고 있는 아사달산신으로의 좌정과는 다르
다. 1456년(세조 2) 양성지梁誠之 등의 주도로 편찬된 『평안도지리지平安
道地理志』와 이후의 『팔도지리지八道地理誌』를 거쳐 『동국여지승람東國興
地勝覽』에 의해 남겨진 단군의 죽음과 관련한 또 하나의 전승으로, 전체
적인 단군전승을 합리적으로 이해하기 위한 결과물이었다고 생각된다.
이후 단군묘는 유희령柳希齡·허목許穆 등에게 주목되어 단군을 역사적
존재로서 공고히 하는데 일조하였다. 조선왕조실록에서 확인되는 숙종
이후 영·정조 때의 수치 사실은 이를 반영한다.

대부분의 식자층은 이에 대해 불신하는 태도를 견지했다. 그런 가운데
일부에서는 민간에서의 전승을 취신하는 태도를 보여주기도 했다. 물론
취신론자들의 견해가 통일된 것은 아니었다. 역사적 존재로서의 확고한
인식으로 묘에 대한 전승을 수용하여 전통적인 아사달산신阿斯達山神으로
의 좌정이라는 설을 부인하거나 '혹왈或曰'의 형태로 이해하는 견해-유희
령·허목·홍만종洪萬宗 등-, 의심은 가지만 그 전거였던 언전·세전 등을
『동국여지승람』에 기대어 해소하려는 견해-유형원柳馨遠·이유원李裕元·
신경준申景濬 등-, 역사적 존재로서의 단군을 수용하면서도 묘의 실재는

의심하여 가묘 또는 허묘의 하나인 '의리지장衣履之葬'으로 이해하는 견해-이덕무李德懋- 등 다양했다. 대박산大朴山의 것과는 달리 도마산都磨山의 황제묘 또는 한왕묘漢王墓까지 또 다른 단군묘로 파악하려는 견해들도 조심스럽게 제기되었다-이만운李萬運·이긍익李肯翊 등-. 이들은 단군묘를 둘러싼 전승의 양상이 결코 단순하지 않았음은 물론 전승의 내용이 확대되면서 보다 다양해지고 있음을 의미한다.[1]

『동국여지승람』의 단군묘 기록 이후 그 인식의 폭은 넓혀져 갔다. 아사달산신으로 좌정이라는 단군의 최후에 대한 전통적 이해와는 차원을 달리하는 것이다. 역사 실존적 존재로서의 의미가 강화되는 측면을 보여주기 때문이다. 『동국여지승람』 이후 조선후기 인식의 폭을 넓혀간 단군묘 전승은 한말 단군 인식이 일제의 침략에 대응하여 국권을 수호하기 위해 단군민족주의檀君民族主義의 개념으로 확장되고 있는 것과 관련하여 전승의 범위와 역사적 인식을 더욱 넓혀갔고, 그 결과는 단군릉檀君陵으로의 숭봉이라는 노력으로까지 확대되었다.

한말 단군운동에 대해서는 최근 전반적인 개관이 이루어졌다.[2] 또 일제강점기의 단군 운동에 대해서는 일본인의 단군부정론에 대한 대응의 측면에서 단군민족주의檀君民族主義와 관련하여 또는 대종교大倧敎의 출발로 (원)단군교(原)檀君敎와 관련해서 비교적 많은 연구가 이루어졌다.[3]

---

1) 김성환, 2006, 「朝鮮時代 檀君墓에 관한 認識」『韓國史學史學報』13, 한국사학사학회 ; 2008, 「조선 후기의 단군묘 인식」『단군학연구』18, 단군학회(이 책 Ⅲ-2) 참조.
2) 서영대, 2001, 「한말의 檀君運動과 大倧敎」『韓國史硏究』114, 한국사연구회 참조.
3) 鄭榮薰(1995, 「檀君과 近代 韓國民族運動」『한국의 정치와 경제』8, 한국정신문화연구원)과 佐佐充昭(2003, 「한말·일제시대 檀君信仰運動의 전개-大倧敎·檀君敎의 활동을 중심으로-」, 서울대 종교학과박사학위논문) 참조. 단군민족주의의 개념에 대해서는 鄭榮薰, 2004, 「대종교와 단군민족주의」『단군학연구』10, 단군학회 참조. 이 글에서는 대종교와 관련한 언급을 일체 삼간다. 이에 대해서는 별도의 검토가 필요하다고 생각되기 때문이다.

하지만 한말을 중심으로 그 인식과 내용을 접근한 연구는 이루어지지 못하고 있다. 다만 일제강점기의 단군 운동을 검토하기 위한 예비적 단계의 검토에서 소략하게 이루어지고 있을 뿐이다. 특히 이때 단군묘檀君墓를 능陵으로 숭봉하려는 움직임이 있었음에도 불구하고, 이와 관련한 본격적인 연구는 진행되지 못하고 있다.

여기에서는 한말 단군묘를 어떤 이유와 배경에서 능으로 숭봉하려고 했는가의 문제를 검토하고자 한다. 먼저 단군릉을 둘러싼 인식의 문제를 살펴보고자 한다. 이 시기는 일제강점기와 직접 연결되어 있고, 일본인들이 그들의 조선 통치를 합리화하기 위해 고조선과 단군 부정론을 본격적으로 전개하기 직전이어서 중요한 의미를 가진다. 따라서 단군릉과 관련한 인식의 문제를 이 시기 우리측 국사교과서와 일본측 자료로 나누어 검토하여 근대역사학 수용이후 단군릉에 관한 역사학적 해석이 어떻게 변화했는가의 문제를 추적하기로 한다. 아울러 고종 때부터 진행되어 온 단군릉 숭봉 건의가 정부의 상향식 조치가 아니라 강동 유림을 중심으로 하는 민간의 움직임을 반영한 것으로, 거기에는 대한제국과 일본 양측이 얻고자 했던 일정한 목적이 개재되어 있었음도 추측하고자 한다.

2. 국사교과서의 단군릉檀君陵 인식

한말의 단군과 관련한 제반 인식은 전 시기보다 구체화되었고, 역사·종교·사회·문화 등 여러 방면에서 진전이 있었다. 한말 각종 교과서에 보이는 단군에 대한 서술은 이런 인식의 진전을 반영한 결과라고 할 수 있다. 대체로 인식의 유형은 『응제시應製詩』 유형을 기본으로 하면서도 치세·후계에 관한 서술이 보다 구체화되고 연대기 형식으로 정리되고 있다는 점들이 이전 시기와 다른 점이다. 물론 이 시기 교과서들의 역사인식이 조선시대 이래의 전통적인 인식론에 기반하고 있었지만,[4] 국조

國祖의 인식에서 확장되어 민족을 포괄하는 개념으로 강력하게 작용하기 시작했다는 점이 특징적이라 할 수 있다.5)

이 시기 간행된 자료에서 고조선은 「단군기檀君紀」·「단군조선檀君朝鮮」·「단군조선기檀君朝鮮紀」·「단군조선기檀君朝鮮記」 등의 독립된 편목으로 서술되었다. 물론 여기에서도 「단군기」보다는 단군과 조선을 함께 표제하고 있는 「단군조선」·「단군조선기」 등의 편목이 고조선의 시조 단군을 역사적으로 한층 강조한 서술체제이다. 1895년 학부學部에서 간행한 『조선역사朝鮮歷史』에서는 「단군기」를 편목하여 『응제시』 유형의 전승을 싣고, 무진 원년의 '교민편발개수敎民編髮盖首'과 '팽오彭吳의 산천수치山川修治' 사실, 갑술년 아들 '부루의 도산조회 참석' 등을 편년체로 기술하고 있다.6) 이 같은 서술 내용은 자료마다 약간의 차이는 있지만, 이 시기 편찬된 자료들에서 보이는 공통적인 서술 내용이었다. 현채玄采의 경우는 1899년 『동국역사東國歷史』를 편찬하면서 「단군조선기檀君朝鮮記」를 편목하여 『응제시』 유형의 전승을 기본으로 당요 25년 무진년의 건국 사실만을 서술하고 있다.7) 이들은 한말 단군조선이 우리의 역사체계로 완전히 수용되어 대중에게 교육되고 있었음을 보여준다.

단군묘와 관련한 이해 역시 마찬가지이다. 이는 전승의 성격상 역사적·실존적 존재로서의 이미지가 부각될 수 있다는 점에서 자연스럽게 주목을 받았다. 한말 각종 교과서에서 확인되는 단군의 최후는 대체로 아사달산신으로의 좌정으로 이해되었다. 『조선역사』는 물론 『동국사략東國史略』(김도원金道園, 1895)·『조선약사십과朝鮮略史十課』(학부, 1899)·『대동역사大

---

4) 鄭昌烈, 1985, 「韓末의 歷史認識」『韓國史學史의 硏究』, 을유문화사 참조.
5) 정영훈, 1995, 「檀君과 近代 韓國民族運動」『한국의 정치와 경제』 8, 한국정신문화연구원 ; 서영대, 2001, 「한말의 檀君運動과 大倧敎」『韓國史硏究』 114, 한국사연구회 참조.
6) 學部 編, 1895, 「檀君紀」『朝鮮歷史』 참조.
7) 玄采, 1899, 「檀君朝鮮記」『東國歷史』 참조.

東歷史』(최경환崔景煥, 1905) 등이 그러하다. 이런 이해는 미국 출신으로 한
말 선교사로 방한했던 조원시(Jones, George Heber)가 1903년 한글을
가리킬 목적으로 편찬한 『국문독본』에서도 확인된다. 여기서는 『동국통
감』을 인용하여 『응제시』 유형의 전승을 먼저 실은 후, 『삼국유사』를 인
용하여 『고기』 유형의 전승을 싣고 있다.8)

　서양인들의 이 같은 이해는 이미 1895년 H.G. Appenzeller에게서부터
보인다. 그는 단군의 출생지로 묘향산과 함께 백두산을 소개하고 있으
나, 전자보다는 후자에 비중을 두고 있다. 홍만종洪萬宗에 의해 언급되고
있는 전승의 내용 역시 소개하고 있다.9) 이와 달리 H.B. Hulbert는 『고

---

8) 조원시(Jones, George Heber), 1903, 「단군의니야기라」, 『국문독본』 제12공에 "동
　국통감에갈아대 동방에는처음에군장이업더니 신인이태백산박달나모아래에나려오
　거늘 나라사람이세워님군을삼으니 이는곳단군이라하며 또삼국유사에갈아대 천신
　이태백산제단나모아래에강님하니 그때에한곰이천신의게빌엇스니 사람되기를원한
　대 드대여녀인의몸으로환생하엿더니 그녀인이천신의교접한바되여아달을나으니
　이는곳단군의소생이니라 이에단군이나라일홈을조선이라하니 이때는요님군무진년
　이라 처음에평양에도읍하엿다가 상나라무정팔년을미에니르러 구월산으로드러가
　신이되엿나니라 이세대에조선을상고하건대 예수강생전이천이삼백년일이라 그때
　에우리동방이캄캄하야열니지못한거는 말하지아니하야도가히알니로다 론어에아홉
　오랑캐라한말은 우리동방을가라친거시니 우리의생각에는 상고브터중고까지 아홉
　종류가퍼저살며 님군도업고어룬도업슬때에 타국에서엇더한사람이온것슬보고 신
　이라하야님군을삼엇는가하노라 사람중에혹은닐아대 단군이일천사십년동안을장수
　하며 한라라를누렷다하고 혹은닐아대일천사백팔십년동안을자자손손히전하여나려
　온세대라하니라".
9) H.G. Appenzeller가 서술한 전문을 소개하면 다음과 같다. H.G. Appenzeller,
　1895.3 KI TZA; *The Founder of Korean Civilization*, *THE KOREAN REPOSITORY*
　"The original name of Korea, so says, the native chronicler, was Tong Pang, the
　Eastern Country. Korean history, or perhaps more correctly, legend begins with
　Dan Koun; a divine person who came from the spirit world and was found at the
　foot of a tree, according to some traditions, in the *Great White Mountain* and by
　others in *Myo Hyang San* in the province of *Pyeng An*. The people by common
　consent, took this divine being and made him their King. He reigned in Pyeng
　Yang for 1048 years. So we are informed in the "History of Korea for the Young."
　He taught the people to bind up their hair in the present top-knot fashion and

기』 유형의 전승을 소개하면서 구이九夷에 대해서도 언급하고 있다.10)
하지만 Jas.S. Gale은『동국통감』의 단군전승을 번역하여 소개하면서도
출생지는 태백산(묘향산)으로, 사후지를 강동군의 아달산阿達山으로 소개
하고 있다. 그리고 그를 위해 많은 무덤들이 조영되었는데, 기자릉箕子陵
역시 그중 하나로 보고 있으며, 강동의 단군묘는 1년에 2회씩 중앙의 관
리가 파견되어 제사를 지낸다고 서술하고 있다.11)

his land he called *Choson*, Morning Freshness and not Morning Clam. Having reigned his allotted time he entered a mountain and assumed his former spirit nature. We can take space to give only one more of the several accounts of the origin of Dan Koun, which is as follows: A spirit came from heaver and lighted upon Great White Mountain that stands sentinel on the north side of the magistracy of *Yeng Pyeng*. He met a she bear under an altar, and she became a woman. From this union a son was born and was called Dan Koun-a Prince from under the Altar. This being reigned according to some authorities 1048 years, according to others 1017. At what age he was proclaimed king, whether at his birth or some years later, we are not informed. One writer *Hong, Man Chong* making a comment on the length of Dan Koun's reign says that men at that time lived to a much greater age than now and mentions *Pang Cho* who lived for 800 years and *Kuang Seng Cha* who reached the venerable age of 1200 years-231 years more than Methuselah".

10) H.B. Hulbert, 1895.6, *THE ORIGIN OF THE KOREAN PEOPLE, THE KOREAN REPOSITORY* "… The first ray which pierces the darkness of Korean antiquity is the legend of the Tan Gun. A bear was transformed into a woman who, being pregnant by a divine being, brought forth a child who in later years was found seated under a tree, on Ta Pak San(The present Ta Pak San is in the province of Kiung Sang but the old one was in Pyung An province and is now called Hyang San), by the people of the nine wild tribes then inhabiting northern Korea. These nine tribes were Kyon-i, U-i, Pang-i, Hyun-i, Pak-i, Hoang-i, Chok-i, P'ung-i, Yang-i. There is nothing to show that these wild tribes differed in any essential respect from the other northern tribes. They were presumably a branch of the great Turanian family which spread over northern Asia, eastward to the Pacific and westward as far as Lapland if not further. …".

11) Jas.S. Gale, 1895.8, *KOREAN HISTORY-Translations from the Tong-gook T'ong-gam-, THE KOREAN REPOSITORY*, "In B.C. 2332 a spirit being a ligthed under a

하지만 아사달산신으로 최후를 이해하는 것은 역사 실존적 존재로서
의 인식에는 객관적이지 못했다. 단군이 단군조선의 역사적 시조로서
인식되기 위해서는 최후 역시 보다 역사적인 인식과 개념으로서 서술하
는 것이 필요했다. 이 같은 점에서 주목되는 것은 두 가지 이해이다. 하
나는 현채의 『동국역사』에서와 같이 단군의 최후에 대해 아예 언급을
하지 않는 것이다. 『초등대한역사初等大韓歷史』(정인호鄭寅琥, 1906)·『초
등대동역사初等大東歷史』(박정동朴晶東, 1908)·『초등본국역사初等本國歷史
』(유근柳槿, 1908)·『대동역사략大東歷史略』(유성준兪星濬, 1908)·『초등본
국역사初等本國歷史』(안종화安鍾和, 1909) 등에서 보이는 단군조선의 서
술 역시 단군의 최후에 대해서 언급이 없다. 이보다 좀 더 적극적인 이
해의 모습은 '절絶'·'몰沒' 등으로의 서술이다. 『동국역대사략東國歷代史
略』(학부, 1899)·『동사집략東史輯略』(김택영金澤榮, 1902)·『역사집략歷史
輯略』(김택영, 1905) 등에서는 단군의 최후를 '상무정팔년갑자절商武丁八
年甲子絶' 또는 '몰沒'로 기술하였다.[12] 서양인들 중 단군묘를 처음 언급
한 사람은 Mrs. D.L. Gifford이다. 그는 묘향산의 단군굴을 소개하면서
이와 함께 강동의 단군묘를 단군의 최후로 소개하고 있다. 특히 의리지

---

sandal-wood tree on Tabak mountain, Yung-pyun, P'yung-an province. The people
of the country gathered round, made him their chief, and proclaimed him
Tan-goon, king of Chosun. He built his capital at P'ing-yang in the 25th. year of
the Yo Emperor of China, again he built another capital at Pag-ak mountain, and
in the year B.C. 1324 he ascended into heaven from the Adal hills, Kang-dong
District. Notwithstanding his miraculous ascension, he has had several graves built
to him. One is in Choong-hwa and was repaired as late as 1890 by the governor
of P'yung-an Province. There twice every year the nation offers a sacrifice of raw
meat and uncooked food to Old Sandalwood, (Tangoon) and prayers for the
occasion are printed and set from Seoul by the Minister of Ceremonies".

12) 특히 김택영의 경우는 『응제시』 유형을 수용하면서 按設에서 『삼국유사』의 단군
　　기록을 비판하고 있다. 金澤榮, 1902, 「檀君朝鮮紀」 『東史輯略』 및 1905, 「檀君
　　朝鮮紀」 『歷史輯略』 참조.

장으로서의 언급은 주목된다고 할 수 있다.13) 그는 또 평양을 단군의
도읍으로 이해하고 그 시기를 BC 3000~2000년으로 설정하고 있다.14)
　이들이 단군의 최후를 보다 역사적인 측면에서 이해하기 위한 서술임
은 분명하다. 그러나 여기에도 차이가 있다. 전자의 입장에서는 아사달
산신으로의 최후가 역사적 존재로서의 단군을 설명하는데 장애가 되어
단군조선을 서술하면서 이 부분을 의도적으로 서술하지 않은 것으로 보
인다. 반면 후자의 경우는 역사적 존재로서의 모습을 보다 적극적으로
이해하는 토대에서 그 죽음을 '절'·'몰'로 서술한 것으로 생각된다. 이는
1920연대에 저술된 『조선사략朝鮮史略』(김종한金宗漢, 1924)·『대동사강大
東史綱』(김광金洸, 1928) 등에서 한 단계 높은 '승하昇遐' 또는 '붕崩'으로
서술되기도 했다. 대종교 등에 의해 단군에 대한 이해가 보다 확대되는
과정에서 이루어진 것이다. 특히 김종한은 단군의 최후를 아사달산신으
로 이해하면서 '승하'라는 용어를 사용하고 있다.15) 이것은 단군의 최후

---

13) Mrs. D.L. Gifford, 1895.8, *PLACES OF INTEREST IN KOREA, THE KOREAN
　REPOSITORY*, KOU-WOL-SAN "On this mountain is the cave where Dan Koun
　is said to have said laid aside his mortal form without dying, when he resumed his
　place among the spiritual beings. With some surprise we find his grave in the
　southern part of the Ping An province in the Kang Tong magistracy. To reconcile
　the tradition of his transformation with the fact that his grave seems to testify to
　his having been buried, we must remember the custom the Koreans followed in
　those ancient days when mysterious disappearances were so common, of burying
　some article of colthing which had been worn by the individual or perhaps
　something which he had been accustomed to use more or less constantly, as in case
　of a certain noted warrior, his riding whip was interred in lieu of the body".
14) Mrs. D.L. Gifford, 1895.8, *PLACES OF INTEREST IN KOREA, THE KOREAN
　REPOSITORY*, PYENG YANG "We find much of historical interest centering
　around Pyeng Yang, the seat of government in the days of Dan Koun, the "Son
　of Heaven," who reigned in person from 3000 to 2000 B.C. Afterward from 1100
　B.C. till 200 B.C. Ki-ja and his descendants held their court here, and built a wall
　around the city, which still exists. …".
15) 金宗漢, 1924, 『朝鮮史略』 참조.

에 대해 전자의 입장보다 적극적인 인식의 결과이다. 그러나 여기서도 그 죽음과 묘를 연결시키지 못하고 있다. 이는『동국역대사략東國歷代史略』·『동사집략東史輯略』 등에서 단군을 역사적 존재로 이해하고 있지만, 그 최후를 단군묘 전승으로 수용하는 데는 유보적이었음을 의미한다.

단군의 최후를 아사달산신으로의 좌정으로 이해하거나 언급을 전혀 하지 않은 이해, 그리고 '절'·'몰' 등으로 죽음을 수용하고 있지만, 단군묘 전승에 대한 유보적인 이해 등에서는 고조선의 시조로서 단군의 최후에 대한 인식의 변화과정을 살펴볼 수 있다. 역사 실존적 존재로서의 이해가 확대되고 있음을 의미한다. 그러나 조선후기부터 본격적으로 논의된 단군묘 전승은 전혀 반영되어 있지 못하다. 단군의 최후에 대한 이같은 다양한 이해들이 단군묘를 기술하고 있지 않음은 이에 대한 불신의 의미로 받아들이고자 한다.

이런 점에서 이 시기 단군의 최후에 대해 앞에서 살펴본 이해들과는 달리 이를 단군릉과 관련하여 이해하는 저술들이 등장했다는 사실이 주목된다. 정교鄭喬의『대동역사大東歷史』(1906) 및 현채玄采 역술譯述의『동국사략東國史略』(1906), 원영의元泳義·유근柳槿의『신정동국역사新訂東國歷史』(1906), Hulbert·오성근吳聖根의 『대한력ㅅ』(1908) 등이 그것이다. 1908년 박용대朴容大에 의한『증보문헌비고增補文獻備考』에서도 아사달산신으로의 좌정과 단군묘가 함께 언급되어 있다.16) 이들은 단군의 최후로 강동의 단군릉을 주목하였다.

현채는 1906년『동국사략』를 역술했는데, 여기서 보이는 단군조선의 이해는 7~8년 전의 저술인『동국역사』와 사뭇 다르다. 앞서 그는『동국역사』에서『응제시』유형의 전승을 수용하여 선계·후계·치세는 물론 최후에 대해 아무런 서술 없이 단군조선의 건국에 대해 간략한 언급만 했

---

16)『증보문헌비고』권41, 帝系考2 및 권70, 禮考17 "臣謹按 輿地勝覽云 俗傳檀君墓 在江東 此雖無端的證據 而自右相傳之說 必有以也".

다. 반면 『동국사략』의 「태고사太古史」(단군조선)에서는 『고기』 유형을
수용하여 선계·후계·치세에 대해 비교적 자세하게 서술하고 있다. 이는
자신이 밝히고 있는 바와 같이 일본 관학자 하야시 다이스케林泰輔의 『조
선사朝鮮史』에 대한 불만에서 비롯된 것으로 보인다.17) 하지만 단군의 최
후에 대한 인식은 아직까지 어느 쪽으로 정리되지 못하고 있다. 아사달산
신으로의 좌정을 언급하지 않았지만, 기자의 동래 이후 양위하고 부여에
천도했음을 서술하고, 단군릉이 강동군에 있다는 것으로 끝을 맺고 있음
에서 그러하다.18) 단군의 최후에 대한 직접적 서술이 없는 것이다.

원영의와 유근이 찬집하고 장지연張志淵이 교열한 『신정동국역사』에
서는 『응제시』 유형의 전승을 기본으로 국내산천 수치·교민편발개수·
군신남녀음식거처 제도 설립·참성단塹城壇과 삼랑성三郎城 축성·부루의
도산조회·당장경으로 사도徙都와 후손의 북부여 천거遷居 등 치세와 후
계에 대해 서술하고 있다. 그러나 단군의 최후에는 아무런 서술이 없다.
다만 「단군조선기檀君朝鮮紀」 마지막에 환인·환웅의 자손이고 비妣가 비
서갑녀非西岬女이며, 구월산 삼성사三聖祠의 존재, 대박산의 단군릉과 평
양의 단군묘檀君廟를 '안按'이라 하여 자신의 견해를 부수하고 있다.19)
단군릉을 본문이 아닌 안설按說에서 서술하고 있음은 그 최후에 대한 저
자의 접근태도를 보여준다. 그들이 아사달산신이라는 전통적 이해에 벗
어나 있지만, 단군릉을 중심으로 하는 최후에 대한 이해를 적극적으로
수용하는 데는 주저하고 있음을 반영하는 것이라 보인다.

한말 국사교과서에서 단군릉을 서술하고 있는 자료들 역시 단군릉에
대한 저자들의 이해에 따라 약간의 입장 차이를 엿볼 수 있다. 전승의
유형에 있어서 정교와 현채는 『고기』 유형을 수용하고 있고, 원영의·유

17) 玄采, 1906, 「東國史略自序」 『東國史略』 참조.
18) 玄采, 1906, 「太古史」(檀君朝鮮) 『東國史略』 참조.
19) 元泳義·柳瑾, 1906, 「檀君朝鮮紀」 『新訂東國歷史』 참조.

근과 Hulbert·오성근은『응제시』유형을 수용하며 단군릉을 서술하고
있다. 정교와 현채가 단군의 선계先系를 인정하고 있음에 비해 원영의·
유근과 Hulbert·오성근은 이를 인정하지 않음을 의미한다. 단군릉을 서
술하고 있는 자료들 역시 전체적인 전승의 내용을 이해하는 데는 일정한
편차가 있었음을 보여준다. 이상의 내용을 정리한 것이 <표 5>이다.

〈표 5〉 한말 국사교과서의 단군전승의 이해

자료명	저자 및 시대	전승유형	선계	치세	후계	최후	편목	비고
조선역사 朝鮮歷史	학부學部, 1895	응제시	×	○	○	아사달산신	단군기 檀君紀	
동국사략 東國史略	김도원金道園, 1895	응제시	×	×	×	아사달산신	단군조선	
동국역대사략 東國歷代史略	학부學部, 1899	응제시	×	○	○		단군조선기 檀君朝鮮紀	상무정팔년갑자절 商武丁八年甲子絶
조선약사십과 朝鮮略史十課	학부學部, 1899	응제시	×	○	○	아사달산신	단군조선	
동국역사 東國歷史	현채玄采, 1899	응제시	×	×	×		단군조선기 檀君朝鮮記	
동사집략 東史輯略	김택영金澤榮, 1902	응제시	×	○	○	몰沒	단군조선기 檀君朝鮮紀	삼국유사의 단군기록 비판按
역사집략 歷史輯略	김택영金澤榮, 1905	응제시	×	○	○	몰沒	단군조선기 檀君朝鮮紀	삼국유사의 단군기록 비판按
대동역사 大東歷史	최경환崔景煥, 1905	응제시	×	○	○	아사달산신		
대동역사 大東歷史	정교鄭喬, 1906	고기	○	○	○	단군릉	조선단군기 朝鮮檀君記	
동국사략 東國史略	현채玄采, 1906	고기	○	○	○	단군릉	태고사- 단군조선	
신정동국역사 新訂東國歷史	원영의元泳義· 유근柳瑾 1906	응제시	×	○	○		단군조선기 檀君朝鮮紀	환인·환웅과의 관계 및 단군릉 을 서술按
초등대한역사 初等大韓歷史	정인호鄭寅琥, 1906	응제시	×	○	○		상고- 단군조선	
초등대동역사 初等大東歷史	박정동朴晶東, 1908	응제시	×	○	○		단군	
초등본국역사 初等本國歷史	유근柳瑾, 1908	응제시	×	○	○		상고-단군	

자 료 명	저자 및 시대	전승 유형	선 계	치 세	후 계	최 후	편 목	비 고
증보문헌비고 增補文獻備考	박용대朴容大, 1908	응제시	×	○	○	아사달산신 -권41, 제계 고帝系考 2 단군묘-권 70, 예고禮 考17		여지승람[輿地勝覽 云 俗傳檀君墓 在江 東 此雖無端的證據 而自右相傳之說 必 有以也(臣謹按)]
대한력스	Hulbert· 오성근吳聖根, 1908	응제시	×	○	○	단군릉	단군조선기	
대동역사략 大東歷史略	유성준兪星濬, 1908	응제시	×	○	○		단군조선기 檀君朝鮮紀	
초등본국역사 初等本國歷史	안종화安鍾和, 1909	응제시	×	○	○		상고-단군	

<표 5>에서 볼 수 있듯이 정교의 『대동역사』를 비롯하여 단군릉을 서술하고 있는 자료들은 이를 단군의 최후와 직접적으로 관련하는 데는 소극적인 태도를 보인다. 단지 강동현의 단군릉 존재를 서술하고 있을 뿐이다. 이는 단군조선에 대한 전반적인 자료적 불비에 기인한 것이기도 하지만, 아직 전통적인 역사관에서 벗어나지 못하고 단군묘의 존재를 취신했던 조선후기 사류층의 이해를 계승하고 있음을 의미한다. 따라서 그 존재만 언급하고 역사적 해석과 연결하지 못하는 한계를 가지고 있다고 할 수 있다.

이는 박은식朴殷植에게서도 마찬가지이다. 그는 1906년 「아동고사我東古事」에서 삼성사三聖祠를 중심으로 단군의 역사적 사실을 기술하고, "송양서松壤西에 금강동今江東단군묘檀君墓가유有ㅎ고"라고 하여[20] 단군묘의 존재를 언급하고 있다. 그러나 1910년 6월 21일부터 7월 1일까지 황성신문에 연재된 「서도여행기西道旅行記」나,[21] 1911년 저술한 『대동고대사론大東古代史論』에는[22] 이에 대한 아무런 서술이 없다. 이로 미루어 그가

---

20) 1906.12, 「我東古事」 『西友』 제1호(『白巖朴殷植全集』 제Ⅴ권, 81쪽).
21) 1910.6.21~7.1, 「西道旅行記」 『皇城新聞』(『白巖朴殷植全集』 제Ⅴ권, 468~475쪽).

이해하고 있던 단군묘의 이해는 적극적이지 못한 한말 국사교과서에서 다루고 있던 수준을 넘지 못하고 있는 것으로 생각된다.

이런 점에서 주목되는 것이 신채호申采浩의 단군릉에 관한 이해이다. 그는 1908년 대한매일신보에 연재된 「독사신론讀史新論」에서 민족을 단위로 하는 민족국가의 역사를 재구성하자는 취지의 사론을 발표했다.[23] 이 사론은 역사인식과 방법론에서 새로운 체계를 제시한 평론으로 근대 사학의 성립을 알리는 지표로 평가되고 있다. 「독사신론」은 단군조선과 함께 일본 신공황후의 신라 침공설 및 임나일본부설 등 일본의 식민사학이 함께 서술되고 있는 경향을 비판하는 가운데 이루어졌다.[24] 물론 이에 대해 한말의 시대적 상황에서 민족 영웅을 단군으로 표출했다는 견해가 있기도 하지만,[25] 그는 장백산에서 초기初起한 단군의 시대를 추장정치의 최성最盛의 시대로 파악하는 한편, 그 영역을 흑룡강(북)·조령(남)·대해(동해, 동)·요동(서)으로 설정하여 단군을 문화·무공武功의 군주로 이해했다. 신채호는 숙신·조선·예맥·삼한족을 거느리고 만주·요동·한반도에 걸친 단군이 정복한 성적聖蹟을 강조했는데, 이는 자연 단군릉에 대한 적극적 이해로 연결되었다.

> E. 又按 江東縣 大朴山에 檀君陵이 有하다 하니, 此는 又 何說也오. 曰, 舜이 苗族을 征하다가 蒼梧에서 崩하였으며, 亞力山大가 波斯를 討하다가 中道에 殂하였으니, 上古 初出한 聖人이 許多 各族을 征服하여, 我家子孫 萬世의 基業을 定코자 하는者ㅣ, 一日이라도 寧處하면 其功이 盡墮하리니, 意컨대 江東의 檀君陵은 遠征의 車駕가 此에 至하여 崩殂하신 故로, 此에 遂葬함인가 하노라(「讀史新論」 [檀君時代]).

---

22) 朴殷植, 1911, 『大東古代史論』(『白巖朴殷植全集』 제IV권, 361~393쪽).

23) 『대한매일신보』 1908.8.27~12.13 참조.

24) 趙東杰, 1998, 『現代韓國史學史』, 나남출판 참조.

25) 李萬烈, 1990, 『丹齋 申采浩의 歷史學 硏究』, 文學과知性社, 247~248쪽.

여기서도 정복군주로서의 단군에 대한 그의 이해가 녹녹하게 배어 있다. 그는 단군릉을 원정도중 사망한 중국의 순舜과 그리스의 알렉산더에 비유하여 원정 중이던 단군의 거가車駕가 강동에 이르러 붕조崩殂한 까닭에 이곳에 장례하게 되었다는 접근을 시도하고 있다. 그의 이 같은 해석에 근거를 찾을 수 없지만, 단군릉에 대한 근대 역사학적 접근의 첫 시도라는 측면에서 주목할 수 있다. 그러나 1910년의 『조선상고문화사朝鮮上古文化史』나 1931년 조선일보에 연재된 『조선상고시朝鮮上古史』에서 단군릉과 관련한 이해는 확인할 수 없다. 그의 단군관檀君觀이 정복군주에서 문화·종교적인 측면으로 변화한 것과 관련을 가진다. 『조선상고문화사』에서는 선교仙敎와 관련하여 낭가사상의 본원으로, 『조선상고사』에서는 종교 신앙과 관련하여 단군을 인식하고 있다.26) 그럼에도 불구하고 「독사신론」에서 단군릉에 대한 이 같은 해석은 단군을 중심으로 하는 단재의 고대사 체계가 민족주의사학에 지대한 영향을 준 것과 마찬가지로 이후 단군릉에 대한 근대 역사학적 해석이 적극적으로 이루어지는 계기를 마련했다는 점에서 의미를 가진다.

한편 한말 강동의 단군묘와 관련한 명칭은 박은식에게서 볼 수 있는 것처럼 조선시대의 인식을 그대로 따라 간혹 단군묘라고 불린 경우도 확인되기는 하지만, 대체로 단군릉檀君陵으로 불렸다. 이 시기 단군묘와 단군릉의 명칭이 뒤섞여 사용되면서 점차 능陵으로의 명칭이 보편화되고 있음을 의미한다. 특히 단군묘가 능으로 숭봉되기 이전부터 단군릉으로 불렸음이 주목된다. 그리고 그 원인은 대한제국의 성립과 더불어 국가제례가 강화되면서 1889년(고종 26)과 1891년 기자묘箕子墓와 동명왕묘東明王墓가 한 단계 격상된 능으로 숭봉되자 역사적 시원이자 민족적 개념으로 확대 인식되고 있던 단군의 묘 역시 능으로 숭봉해야한다는 사회분위기를 반영한 결과에서 찾을 수 있을 것으로 짐작된다.

---

26) 李萬烈, 앞의 책, 260~265쪽.

3. 일본인의 단군부정론과 단군릉

일제강점기 일본관학자의 단군부정론은 대체로 이마니시 류수西龍의 「단군고檀君考」로 종합·정리되었다.[27] 그는 단군신화를 고구려의 원조 신인神人 해모수解慕漱를 본체로 하는 왕검선인王儉仙人(평양선인平壤仙人) 에게 고려 인종 이후 고종 무렵 승려·무격·참위자 등이 해열解熱의 묘약 인 단군의 칭호를 부여하여 전설을 구성한 것으로 파악하였다. 그의 단 군부정론은 독창적인 것이 아니라 이제까지 그들의 단군에 관한 견해를 종합한 것이다. 그러나 우리 역사에서 고조선과 단군의 존재를 부정하기 위한 목적에서 단군신화를 평양 지역의 일개 전설로 폄하·왜곡하려는데 겨냥되어 있다는 점에서 결론에서는 이전에 진행되었던 제반 논의와 대 동소이하다. 여기서는 그들의 단군부정론이 본격적으로 거론되기 이전 단군에 대한 접근태도를 살펴보고, 이에 기대어 단군릉에 대한 이해를 엿보고자 한다. 이는 이 시기의 단군론檀君論이 강점 이후 그들이 전개한 단군부정론의 방향을 예시하고 있다고 판단되기 때문이다. 물론 그들의 부정론에서 단군릉의 이해를 기대한다는 자체가 모순일 수 있지만, 나름 의 의미는 가질 것이다.

강점 이전 그들의 단군부정론은 독창적인 것이 아니라 일찍이 간헐적 으로 제기된 바 있는 단군檀君＝스사노 노미코토素盞嗚尊 설설과[28] 불설

27) 今西龍, 1921,「檀君考」『朝鮮古史の研究』; 신종원 엮음, 2005,『일본인들의 단 군 연구』, 한국학중앙연구원 참조.

28) 素盞嗚尊[스사노 노미코토]은 武搭天神·天道神·武大神·新羅國明神·白國明神·白 國大明神·兵主神·牛頭王 등의 이명을 가지고 있는데, 일본신화에서 一柱의 神이 라고 한다. 일본에서 신라계 도래인 씨족인 大友氏의 거주지로도 알려진 滋賀縣 大津市에 있는 園城寺에는 新羅善神堂이 있는데, 그 祭神은 素盞嗚尊과 그 아들 이라는 五十猛神이라고 한다. 素盞嗚尊은『일본서기』에서 素戔男尊·素戔嗚尊으 로,『古事記』에서 建速須佐之男命[다케하야스사노오노미코토]·須佐乃袁尊,『出 雲國風土記』에는 神須佐能袁命[카무스사노오노미코토]·須佐能乎命으로 기록되

의 우두전단설이 합쳐져 이루어진 것이다. 따라서 자연 신공황후의 신라
정벌론이나 임나일본부설 등 그들의 조선사 왜곡과 함께 전개되었고, 이
는 이후 그들의 조선 강점을 위한 명분으로 이용되었다.

단군=스사노 노미코토 설의 가능성은 이미 지적된 바와 같이 17세기
중엽 제기되기 시작했다.[29] 1666년 송백당松栢堂 임백수林白水가 훈점訓
點한 『동국통감』의 서문에서 신라를 경력했다는 스사노 노미코토를 혁
거세·주몽·온조 등과 비교할 수 없는 상위의 존재로 삼한의 일조一祖로
추앙하고 있음이 그것이다.[30] 조선의 단군과 일본의 스사노 노미코토를
간접 비교한 것이다. 이 같은 막연한 가능성은 19세기 초 반 고케미伴蒿
蹊에 의해 보다 구체화되었다. 그는 조선 최초의 임금을 단군이라고 하
는 것은 대마도에서 스사노 노미코토를 두고 한 말이라고 전제하고, 이
를 신공황후 때 낙랑 우두산의 단목 아래에 강좌降坐한 신령을 지칭하는
것이라 하였다.[31] 단군과 스사노 노미코토의 관계를 적극 해석하고 단
목檀木을 전단栴檀이라고 하여 우두전단을 중심으로 단군과 스사노 노미
코토의 관계를 설정했다. 물론 이에 대한 확실한 전거는 없다.

이 같은 말도 되지 않는 일설들은 명치 직후 일본신日本神들의 계보
와 관련하여 보다 구체적으로 정리되었다. 1870년 번계繁繼의 『구기집
록舊記集錄』이 그것이다. 교또 지원祗園 팔판신사八坂神社의 관련기록인
『구기집록』에서는 우선 스사노 노미코토가 거처했다는 신라의 증시무

어 있으며 牛頭天王과 동일시되기도 한다고 한다. 또 新羅神인 素盞嗚尊을 祭神
으로 받드는 신사가 일본에는 2300여개가 있으며, 그 총본사가 교또의 八坂神社
라고 한다. 하정용, 2009, 「일본 속의 신라신사에 대하여」『한민족 디아스포라의
역사(1)』, 한민족학회 2009년도 춘계세미나발표집 참조.

29) 이에 대해서는 今西龍과 최근 권승안에 의해 정리되었다. 今西龍, 1921, 「檀君考」
『朝鮮古史の硏究』 ; 권승안, 2004, 「일제의 단군말살책동과 그를 반대한 우리 인
민들의 투쟁」『조선고대사연구』 2, 사회과학출판사 참조.

30) 『東國通鑑』 「新刊東國通鑑序」(弘文學士院 林叟) 참조.

31) 『舊記集錄』, 上卷 참조.

리會尸茂利가 우리말의 우두牛頭와 같음에 착안하고, 낙랑의 우두산 존재와 신라왕이 우두주牛頭州의 태백산太白山에서 망제望祭한 기록을 『삼국사기』·『동국통감』 등에서 발췌했다. 그리고 단군과 스사노 노미코토, 우두주의 태백산과 단군의 강림지 태백산(묘향산), 우두와 불설의 우두전단 등을 연결시켜 단군과 스사노 노미코토, 이들과 우두전단의 관계를 엮어냈다.[32] 또 『동국통감』과 『삼국유사』 소재 『고기』의 단군 기록을 전재하고, 한국의 상고에 대대로 전하는 오류가 있는데 단군이란 스사노 노미코토가 낙랑의 우두산 단목 아래로 천강天降한 행적이라고 적시하였다.[33] 이는 『구기집록』이 사서는 아니라할지라도 강점 이후 그들의 단군부정론에 기초를 마련했다는 점에서 주목할 수 있다.

몇몇 논자들에 의해 제기된 단군부정론은 국학적 전통을 근대역사학의 외피로 바꾸기만 하여 간행된 『국사안國史眼』(1888)에 그대로 반영되었다. 여기서 시게노 야스쓰구重野安繹·구메 구니타케久米邦武·호시노 히사시星野恒는 진무텐노神武天皇 이후의 역대 천황 계보를 중시하는 가운데 스사노 노미코토와 단군인 검왕劒王을 상환相換된 존재로 파악하였다.[34] 물론 여기서 단군=스사노 노미코토 설을 증명하기 위해 『구기집록』과 같은 장황한 설명을 하고 있지 않지만, 『구기집록』의 서술을 그대로 수용하고 있음은 두말을 필요로 하지 않는다. 그런데 이 책은 1878년

---

32) 위와 같음.
33) 『舊記集錄』, 上卷 "東國通鑑卷首云 … 韓國上古より世々ふ謬よは遺遺ば語り續來い正いさ傳說也きんろい蓋檀君ハ素盞明尊の御事ふいて此尊初韓國樂浪の牛頭山の檀木の下ふ天降給ひいに因て彼國ふてむ檀君といひ世世是神尊を敬ひ奉り唐山ふても昔より其聞之高ろりい御神なれを又韓國ふ降到給ひい事日本書紀神代卷ふ符契密合ぜろ事云も更なり抑會尸茂梨ハ韓語ふ牛を厽々と呼[又約あて厽及とも云]頭をモリと云厽々モリむ韓國樂浪ふはる地名ふて其地を厽々モリと呼モ미[山を韓語ふモ미と呼ふ]其山より出うろ地の名なり".
34) 『國史眼』 권1, 第一紀「神人無別ノ世」"… 諸冊二尊三子チ生ム … 季子素盞明尊二海原チ知シム 海原ハ韓國ナリ 素盞明尊二臨ミ 大神ト劒王チ以テ相換へ …".

파리박람회 사무국의 요청으로 편찬된『일본사략日本史略』(1877)을 개정한 것으로 서양인을 독자층으로 하고 있었다. 따라서『일본사략』에는 이미 단군=스사노 노미코토 설이 정리되어 있었고, 이는 국학적인 역사관을 근대역사학이라는 외피로 포장한 것에 지나지 않는 것이었다.

단군=스사노 노미코토 설의 단군부정론을 견지한 국학적 전통을 토대한 일본 역사학에서 단군릉에 대한 이해를 기대하는 것은 무리이다. 단군 자체를 부정하는 그들에게 그 최후와 관련한 이해를 구한다는 것부터가 논의 자체를 가능하지 못하게 한다. 이런 가운데 1875년 스가하라菅原龍吉가 편집한『계몽조선사략啓蒙朝鮮史略』과 1892년 하야시 다이스케林泰輔의『조선사朝鮮史』에서 그 최후와 관련한 서술을 확인할 수 있다.

F-1. 檀君姓ハ桓氏名ハ王儉朝鮮初ノ君長ナクシテ只九種ノ夷族アリ時ニ神人桓因ノ子桓雄トイフ者アリ其ノ徒三千ヲ率テ太伯山[平安道寧辺府ニアリ今ノ妙香山]神檀樹ノ下ニ降レリ人之ヲ神市ト謂フ世ニ在リテ政ヲ理シ化ヲ施ス子ヲ生ミ号ノ檀君ト曰フ唐ノ戊辰[帝堯ノ二十五載ナリ]ニ位ニ卽キ始テ朝鮮ト号ス平壤[今ノ平壤府]ニ都セリ後白嶽[文化縣ニ在リ移ル非西岬ノ河伯ノ女ヲ娶テ子ヲ生ム名テ扶婁ト曰ヘリ丁巳ノ歳[夏ノ禹王元年]禹南方ニ巡狩シテ諸侯ヲ塗山ニ會ス扶婁焉ニ朝セリ塹城壇ヲ海島中ニ築キ以テ天ヲ祭ル又三子ニ命ノ城ヲ築カシム[今倶ニ江華府ニ在リ]薨　ス杰壤[江東縣ニ在リ]ニ葬ル後嗣箕子ヲ避テ都ヲ藏唐京[文化縣ニ在リ]移ス世ヲ傳フル凡テ一千五百年(『啓蒙朝鮮史略』「三韓記」第一 檀君).

F-2. 東國史略ニ檀君姓ハ桓氏 名ハ王儉 初神人桓因ノ子桓雄アリ 徒三千ヲ率テ 太伯山[平安道妙香山]神檀樹ノ下ニ降ル 之ヲ神市在世理ト云フ 子ヲ生ス 號シテ檀君ト曰フ 非西岬河伯ノ女ヲ娶リ 子ヲ生ム 扶婁ト曰フ 禹ノ南ニ巡狩シ諸侯ヲ塗山ニ會スルトキ 扶婁ヲ遣シテ朝セシム 其薨ズルヤ松壤[平安道成川府]ニ葬 世ヲ傳フルユト 凡一千五百年ト云ヘリ 故ニ或人曰ク 桓ハ神ナリ 桓因ハ神伊弉諾ノ略 桓雄ハ神須佐之男ノ略 神市在世理ノ市在ノ須佐ニテ 卽須佐之男ナルベシ檀君ハ太祈ニ

テ 素盞鳴尊ノ子五十猛神ナリ 蓋素盞鳴尊 其子五十猛神ヲ帥テ 新羅國
ニ到リ曾尸茂梨ニ居リシコト 我國史ニ見エ 又五十猛神 一名ヲ韓神ト
云ヒタレバ 事實大略符合ヒリト 此說亦牽强ニ近シ 始ク附シテ參考ニ
供ス(『朝鮮史』, 第二篇「太古史」第一章「開國ノ起原」).

『계몽조선사략』은 범례에서 동몽童蒙을 위해 편년체로 서술했음을 밝
히고 있다.[35] 여기서는 단군조선을 포함한 삼조선三朝鮮과 삼한을 권1~
2에 기술하고 있는데, 이는 권1에 시조 단군–삼한을 편재한다는 목록과
는[36] 달리 실제로는 삼조선을 「삼한기三韓記」 속에 편재하고 「단군」의
항목을 설정하여 『고기』 유형의 전승을 약술하고 있다. 물론 우리측 기
록을 텍스트로 한 이기에 불과하지만, 비서갑非西岬 하백녀河伯女와의 아
들 부루 출생, 도산 조회, 참성단 천제天祭, 삼랑성 축성 등 단군의 치세·
후계에 대해 기술하고 최후를 송양에서의 홍장薨葬으로 정리하고 있다.
기자의 동래로 인한 백악에서 장당경으로의 이도는 후사後嗣에 의한 것
으로 파악하고 있다.

이 자료는 편집기간이 2개월밖에 걸리지 않았다는 점에서 특정 자료
를 모본으로 편집했을 가능성이 높고, 이로 인해 편집자가 이해하고 있
던 조선에 대한 역사관을 쉽게 확인할 수 없다. 단군조선의 기술에 대해
서도 사평史評이 없어 자세한 이해를 알 수 없다. 그러나 송양에서의 장
례라는 최후에 대한 사실이 연대기에 포함되어 서술됨으로서 이해의 체
계적인 면을 엿볼 수 있게 한다. 하지만 단군조선에 대한 편재가 독립적
인 것이 아니고 「삼한기」에 포함된 것이어서 그들의 고조선에 관한 시
각을 어느 정도 간파할 수 있다.

이는 하야시 다이스케의 『조선사』에서도 마찬가지이다. 그는 고조선
의 역사를 제2편 태고사의 「개국의 기원開國ノ起原」에 편재하고, 『응제

35) 『啓蒙朝鮮史略』 凡例 참조.
36) 『啓蒙朝鮮史略』 目錄 참조.

시』유형을 토대로 단군의 최후를 아사달산신으로 서술하였다. 그러나 이를 황당하여 믿을 수 없으며, 대략 BC 500～600년경인 상商나라 말기에 평안도 지방에 인민이 주거했다는 것만 믿을 수 있다고 설명하고 있다.[37] 그의 이 같은 고조선 부정론은 국학자의 그것을 토대로 보다 확장되고 있다. 환인을 일본의 이사나기伊弉諾, 환웅을 스사노오 노미코토須佐之男, 단군을 스사노 노미코토素盞嗚尊의 아들 이타케루五十猛神에 조응하는 존재로 파악한 것이 그것이다. 세주에서 『동국사략東國史略』을 인용하여 『고기』 유형의 전승을 소개하면서 송양에서의 단군 장례 사실을 기록하고 있지만, 이사나기=환인, 스사노오 노미코토=환웅, 스사노 노미코토의 아들 이타케루五十猛神=단군이라는 그의 논리는 단군신화를 일본의 건국신화에 용해시켜 견강부회한 것으로 폄하한 것에 불과하다.

19세기 말 편찬된 『계몽조선사략』과 『조선사』에서는 단군의 죽음[薨]과 송양에서의 장례로 최후를 정리하고 있다. 그러나 이들의 이런 이해는 고조선의 역사적 사실을 인정하는 관점에서 이루어진 것이 아니었다. 『계몽조선사략』이 일본의 국학적 역사인식을 토대로 일선동조론과 임나일본부설로 조선 침략의 정당성을 내세우고 있다는 점에서 그러하다. 나아가 『조선사』가 이사나기=환인, 스사노오 노미코토=환웅, 스사노 노미코토의 아들 이타케루=단군 설을 혹인或人의 설이라고 끼워 넣음으로서 일본신화에 단군신화를 용해시키려는 시도는 국학을 토대로 하는 그들의 전통적 인식 범주를 더욱 확장한 것이라 하겠다. 따라서 이들 자료에서 서술된 단군의 훙거薨去와 송양에서의 장례로 정리된 최후의 기록은 그들이 텍스트로 삼은 『동국사략』 등 우리 자료의 기록을 그대로 서술한 것에서 비롯된 것이지 나름의 인식 틀에서 서술한 것이 아니라고 할 것이다.

---

37) 林泰輔, 1895, 『朝鮮史』, 58～59쪽.

단군과 스사노 노미코토와의 관련성을 토대로 고조선의 역사적 사실을 부정하려던 그들의 논리는 근대역사학의 외피를 쓴 이후 다른 측면으로 전개된다. 그것은 단군=스사노 노미코토 설에 대한 관심을 줄이는 대신, 단군신화를 평양지방을 중심으로 하는 연기설화 내지 전설로 파악하려는 관점이 나타났다. 나카 미치요那珂通世·시라도리 쿠라기치白鳥庫吉 등에 의한 논고가 그것이다.[38] 그러나 고조선의 역사를 부정하는 데는 다를 바 없다. 나카 미치요는 조선의 고전古傳이 아닌 불교의 동전東傳 이후 중들이 날조한 망담妄談으로,[39] 시라도리 쿠라기치는 고구려에서 불교가 흥륭한 장수왕 무렵 이후 불설佛說의 우두전단牛頭栴檀에 근거한 가공의 선담仙談으로 단군신화를 파악했다.[40] 그들에게 단군=스사노 노미코토 설을 불신하는 논지를 찾을 수는 없지만, 그들은 일단 한국의 단군과 일본의 스사노 노미코토를 분리시켜 이해하기 시작했다.

이런 그들의 의도를 자세히 알 수 없지만, "스사나오가 그(우두전단과 관련한) 전설의 일종에 뿌리를 두어 이를 조선에 봉사한 것일까. 누가 신라『수이전殊異傳』·『삼국유사』에 기록된 연오랑세오녀를 봉사한 것이라면 어떤 말로 이에 답해야 할까"라는 이마니시 류의 고민에서[41] 어느 정도 추측이 가능하다. 그들에게 국학적 전통의 단군=스사노 노미코토 설은 내선일치內鮮一致·동조동근론同祖同根論 등으로 확대되어 향후 전개될 일본의 조선 강점에 유리하게 작용할 수 있는 소재였다. 하지만 일본 황실과 연계되어 있는 신통神通이 역으로 작용할 가능성도 있었다. 그들

---

38) 이들을 포함한 일본학자의 단군부정론과 관련한 개별 논고는 신종원에 의해 종합되었고(신종원 엮음, 앞의 책 참조), 이에 대한 비판도 꾸준히 이루어졌다.

39) 那珂通世, 1894, 「朝鮮古史考」『史學雜誌』5-4 ; 신종원 엮음, 앞의 책 참조.

40) 白鳥庫吉, 1894, 「檀君考」『學習院輔仁會雜誌』28 ; 신종원 엮음, 위의 책 참조.

41) 今西龍, 1921, 「檀君考」『朝鮮古史の硏究』참조.

이 단군=스사노 노미코토 설에 일정한 거리를 두고, 조심스럽게 이를 차단하기 위한 노력을 전개한 배경이 여기에 있었다. 이것은 당시 일제의 제국주의 정책이 만선일체滿鮮一體로 확대됨에 따라 그들의 동조동근론에 근거한 식민통치 논리가 역시 만선사관滿鮮史觀으로 변화하는 움직임과 관련이 있다.

물론 단군과 우두전단과의 관련성 같이 그들이 단군신화를 폄하할 수 있는 유리한 내용은 계속 이용할 필요가 있었다. 이에 단군신화를 불교 수용 이후 또는 고구려 장수왕 이후 평양지역의 연기설화로 폄하하는 쪽으로 방향을 수정할 필요가 있었다. 이런 논리라면, 단군=스사노 노미코토 설이 역으로 조선에 유리하게 활용될 소지도 차단할 수 있고, 조선 역사의 출발 또한 삼국 이후로 설정하여 신공황후의 신라 정벌만으로도 일선동조론日鮮同祖論과 임나일본부 설을 토대로 조선 침략의 정당성을 확보할 수 있었기 때문이다. 이런 점에서 그들에게 단군릉 자체의 논의는 불필요했을 것이다.

그렇다고 그들이 단군=스사노 노미코토 설을 완전히 포기한 것은 아니다. 단군=스사노 노미코토 설은 여전히 국학적 전통을 고수하는 이들에게 유효하게 작용했고, 강점 이후 그들의 조선 통치를 위한 내선일체·동조동원론 등의 근거로 이용되었다. 특히 단군신화와 스사노 노미코토의 신라 도래를 분리하여 인식하기 시작하면서 전자는 평양의 연기설화에 지나지 않는 전승으로 파악하여 고조선 및 조선 역사의 시원에 대한 부정적 존재로, 후자는 신공황후의 신라정벌과 임나일본부 설의 당위성을 증거하는 존재로서 이용하였다. 이는 "『삼국유사』에 단군의 혈통까지 기록한 것은 놀랄만하며 이쯤되면 활계滑稽가 될 정도"라는 시테하라 히로시幣原坦의 이해에서[42] 알 수 있다.[43]

---

42) 幣原坦, 1924, 『朝鮮史話』 참조.

43) 崔惠珠, 1998, 「시테하라(幣原坦)의 顧問活動과 한국사연구」『國史館論叢』 79,

4. 단군릉으로의 숭봉崇封 전말

한말은 서세동점과 일제에 의한 국권 침탈이라는 위기 상황에 직면한 때였다. 일본관학자들은 단군=스사노 노미코토 설을 주장하거나, 단군을 평양의 지역전설로 파악하여 그 신화를 조선 역사에서 아예 부정하는 한편, 스사노 노미코토의 신라 도래를 역사적 사실로 수용하여 임나일본부 설 등을 바탕으로 조선의 역사를 일본 역사의 부용적인 존재로 단정하였다. 이것이 그들의 정한론征韓論에 당위성을 부여했음은 물론이다. 이런 시대적 상황에서 조선에서 고조선의 역사적 시조로서 단군의 존재는 한말 자연스럽게 부각되었고, 단군묘檀君墓 역시 주목의 대상이 되었다. 이는 조선시대 국조國祖로서 인식되던 것과는 전혀 다른 모습이다. 일본의 단군부정론에 대응하는 측면이 있기는 하지만, 근대 민족주의의 영향으로 한민족韓民族의 시조로서 한층 강화된 모습으로 나타났기 때문이다. 고종 때 수치 건의가 올려지면서 '능陵'으로의 숭봉 논의가 진행된 것 역시 이와 관련하여 생각할 수 있다.

G-1. 議官 白虎燮의 상소를 약술하기를 "平壤은 곧 檀君·箕子·東明王 세 聖人인 도읍을 세운 곳입니다. 단군은 제일 먼저 鴻荒할 때 개국하였는데, 나라를 건국함은 요임금과 같은 때로 寶曆은 千歲之永을 누렸습니다. 지금 그 衣履之藏이 강동현의 읍치 5리에 있는 太白山 아래에 있는데, 이것은 이미 해당 읍지와 관서의 문헌록에 실려 있습니다. 그리고 예전의 相臣 許穆이 저술한 檀君世家에 이르기를 '松壤의 서쪽에 檀君塚이 있다'고 했는데 송양은 곧 지금의 江東縣이라고 합니다. 그 徵信할만함이 진실로 명명백백합니다. 해당 고을의 山林에서 封植의 뜻을 엮어 府郡에 청한 문서와 두루마리가 쌓이게 되었습니다. 생각건대 우리 聖朝의 崇報之典은 지극하지 않음이 없어 지난 기축년에 箕子陵을 봉하였고, 신묘년에는 東明王陵을 봉하여 象設함이 예의를 갖추어 神人이

국사편찬위원회 참조.

모두 기뻐하였습니다. 무릇 三聖이 서로 계승한 순서로 보아 檀君墓를 숭봉하는 것이 마땅히 먼저 이루어졌어야 하지만, 오히려 그러지 못했으니 어찌 崇報之擧에 부족한 것이 아니겠습니까. 엎드려 원하건대 皇上께서는 蕘言을 굽어 살피시고 널리 廟議를 채택하여 本道(평안도; 필자주)의 道臣에게 특령을 내려 강동의 檀君墓 또한 기자와 동명왕 두 릉의 예에 따라 모두 숭봉하시어 尊聖之義를 밝히고 群黎之望을 위무하소서"라고 하였다. 批答에 이르기를 "崇報의 논의는 오히려 늦은 감이 있으나 일의 처리에 신중을 기하여 政府로 하여금 아뢰게 하라"고 하였다(『고종실록』 권40, 광무 4년 1월 29일)[44]

G-2. 中樞院議官 金灠厚의 상소를 약술하기를 "오직 우리 大韓만이 본래 禮義之邦으로 더욱 扶桑에 상서로운 해가 비추면 먼저 封域 안에 鮮明之氣가 있는 것입니다. 의관문물은 세계의 제일이고 忠孝와 良材는 옛부터 배출되었으니 천하만방에 부러움을 칭하지 않은 것이 없습니다. 관서의 풍속은 옛부터 예의를 숭상하기 좋아하고 의리를 중하게 여기고 재물을 가벼이 여겼기 때문에 箕子와 東明의 遺化를 追念하였습니다. 여러 차례 廟堂에 청하여 두 묘를 이미 숭봉하였으니 그 威儀는 燦然하고 德化는 새롭습니다. 하지만 어찌하여 檀君墓만 오히려 숭봉되지 않았으니 士庶들이 모두 모여 輿情을 함께 바란 것이 여러 해입니다. 士林의 訴請과 朝士의 奏議도 한 두 번이 아니었는데, 근래에 이르러 조정에 많은 일이 지금에 이르러도 淹然하니 이는 분명 盛世의 欠典입니다. 엎드려 빌건대 皇上陛下께서는 民願을 살피시고 특별히 비답을 내려 西土의 蒼生들이 皇命을 感戴하게 하여 요임금과 순임금을 칭송하듯 해야 합니다. 하지만 몇천 년의 未遑之典이 文明之世에 快新하면 檀王의 英靈 또한 聖德에 감사하여 영원토록 無疆之休를 누릴 것입니다"라고 하였다. 批答에 이르기를 "崇報之義는 마땅히 있어야 하나 일의 관계를 신중하게 하여 政府로 하여금 아뢰게 하라"고 하였다(『고종실록』 권41, 광무 5년 8월 31일)[45]

H. 詔書에 이르기를 "東方首出之聖의 廟貌는 崇靈殿이 있는데 平安南道觀察使를 보내 致祭한다. 衣履之藏이 江東地에 있다고 들었는데 지금의 檀君陵을 가리킨다. 그러나 잡초가 우거져도 수리치 않으니 崇奉之禮가 매우 부족하다. 지금부터 封植守護之節을 마련하여 거행하라"고 하였다(『순종실록』 권3, 융희 3년 2월 29일).

---

44) 『일성록』 광무 3년 12월 29일 참조.
45) 『일성록』 광무 5년 6월 16일 참조.

광무·융희 연간 단군묘의 능으로 숭봉 건의는 이 시기 국가제례의 운
영 변화와 관계를 가진다. 대한제국은 제국 열강과의 대내외 관계에 따
라 국가제례에도 많은 변화를 반복한다. 성립 초기에는 국가제례가 강화
되었는데, 이는 칭제稱帝에 따른 국제사회에서 대한제국의 위상을 확보
하려는 움직임과 관련을 가진다. 반면 고종이 폐위되고 일본의 정치적
입장이 강화되었던 순종 때에는 폐지·합사·축소를 거쳤다.46) 이런 과정
에서 기자묘와 동명왕묘가 1889년·1891년 각각 능으로 숭봉되었다. 그
러나 단군묘는 그 대상에서 제외되었다. 이는 기자묘와 동명왕묘가 조선
시대 국가 사전祀典에 등재되어 있는 반면, 단군묘는 그렇지 못했던 데도
원인이 있었던 것으로 보인다.

1900년 중추원의관 백호섭白虎燮은 단군묘의 숭봉을 건의한다. 그의
건의(G-1)는 두 가지 점에서 주목된다. 하나는 단군묘를 의리지장衣履之
藏으로 파악하고 있는 것이다. 다른 하나는 능陵으로의 숭봉 건의이다.
그 내용은 삼성三聖인 단군·기자·동명 중 1889년(고종 26)과 1891년 각
각 능으로 숭봉된 기자릉와 동명왕릉에 비해 상계지서相繼之序의 으뜸인
단군묘는 그렇지 못함을 지적하고, 이들의 예에 따라 숭봉함으로서 존성
지의尊聖之義를 밝히고 군려지망群黎之望을 위무하자는 것이다. 이 건의는
대한제국기 황제 칭호와 관련하여 국조인 단군의 위차位次를 한 단계 높
이려는 목적에서 비롯한 것으로도 추측된다. 그러나 숭보의 논論이 오히
려 때늦은 바가 있으나, 신중을 기하라는 고종의 의견에 따라 그의 건의
는 일단 유보되었다. 숭령전崇靈殿에서 이루어진 단군과 동명왕 치제에
제문을 짓기도 한 바에서 알 수 있듯이47) 대한제국의 역사적 출발로서

---

46) 박종서, 1998, 「한말 국가제사의 변화에 대한 사회학적 연구」, 서울대 석사학위논
문 ; 최석영, 2002, 「한말 일제강점기 國家祭禮 공간의 변화」 『한국사연구』 118,
한국사연구회 참조.
47) 『珠淵選集』 제7편, 제문, 「崇靈殿致祭文」, [檀君位] "草昧天造 太白降神 檀木鍾
靈 首出先春 文明亭午 並堯甲申 厥初鴻濛 于于其人 猗歟聖作 有君有臣 宮室衣

고조선과 단군에 적극 관심을 가진 고종이었지만, 백호섭의 단군묘 숭봉
에 대한 건의는 유보될 수밖에 없었다.

고종의 유보 조치가 구체적으로 어떤 것이었는지 밝혀져 있지 않지
만, 이는 단군묘가 위치한 강동의 유림이 이해하고 있던 인식과 관련이
있어 보인다. 강동현감을 역임하여 단군묘에 대해 비교적 상세하게 알고
있던 백호섭은48) 단군의 수출首出과 당요唐堯와 같은 때의 입국立國, 천
여년의 보력寶歷 등을 전제하고, 의리지장으로서 단군묘의 존재를 거론
하고 있다. 그리고 그 전거로『강동읍지江東邑誌』와 관서문헌록關西文獻錄
및 허목許穆의「단군세가檀君世家」를 들고 있다. 그의 이런 이해는 강동
유림의 그것과 다르지 않다고 보인다. 이는 1909년 순종의 평안도 순행
巡幸에서 단군묘 숭봉과 관련한 문적文蹟을 찾을 것을 지시하여 전前 의
관 이명환李明煥의 집에서 단군전령檀君殿令이었던 그의 부친 이응주李膺
柱가 본군本郡·본도本道에 올린 자료를 발굴하기도 했음에서49) 짐작할
수 있다. 단군전령은 숙종, 영·정조 때 수치되면서 묘의 관리·운영을 위
해 설치했던 관직명으로 추측된다.50)

服 粒哉蒸民 文物燦備 肇敍彝倫 受天永命 治化厖淳 歷屢千載 遺澤不湮 式薦芯
香 吏虔聯伸”; [東明王位] “赫赫東明 偉矣光前 倬彼功烈 昭載簡編 猗我家法 崇
報古先 廟貌斯煌 恭陳豆邊 厥維開國 奥在是年 兩朝晟禮 特薦芳蠲 圖克繼述 西
懷睠焉 神靈未昧 日星于天 我思悠悠 歲隔數千 中心侑之 一炷香煙”.
48) 1935, 『강동지』, 「歷代守令」 참조.
49) 『황성신문』 1909.2.11, 잡보, 「檀君事蹟」 참조. 李膺柱의 본관은 전주로 그가 역
임했다고 하는 檀君殿令은 단군묘 관리가 소임이었을 것으로 생각된다. 그는 강
동에 거주하다가 평양 외성으로 이주하였고, 그 아들인 明煥은 중추원의관을 지
냈다. 또 손자인 李奎瀁은 1930년대에 강동군 만달면 승호리에 거주하고 있었는
데, 1904년(광무 8) 관립의학전문학교를 졸업하고 의학교 교관에 임명되었다. 金
輔鍵 편, 1933, 『箕城儒林名家世誼譜』, 평양 강서읍내 三共印刷所 참조.
50) 특히 단군묘는 지역민들에게 '檀君殿'·'단군던' 등으로 불리기도 했는데(江東郡
誌編修委員會, 1984, 『강동군지』 참조), '단군전'·'단군동' 등의 지명이 남아있는
것으로 미루어 이것이 마을 이름을 표제하기도 했음을 알 수 있다.

이응주의 본관은 교하로 12대조인 자동自東이 처음 강동에 들어옴으로서 17세기 초부터 이곳에 세거했던 향반이었다. 증조 춘휘春輝는 문과에 급제하여 박사·전적·직강·찰방 등을 지냈고, 조 진해鎭海와 부 양경陽慶은 문학으로 강동에서 이름을 떨치기도 했다고 한다. 특히 그는 덕망으로 평안도 유림의 천거를 받아 숭령전참봉을 지냈으며, 이후 통훈대부 통례원인의에 올랐는데, 이때 강동 유림과 함께 단군묘의 숭봉을 위해 노력했다. 또 아들 명환明煥은 정3품의 통정대부로 중추원의관을 지내기도 했다.[51]

백호섭이 『강동읍지』 및 「단군세가」와 함께 전거로 들고 있는 관서 문헌록이 구체적으로 어떤 성격의 자료인지는 알 수 없다. 하지만 여기에는 이응주가 지방의 유림과 함께 단군묘를 숭봉하기 위해 건의한 소지所志가 포함되었을 것이 분명해 보인다. 그렇다면 이때 백호섭의 건의는 강동 유림의 주도로 건의된 내용이 강동현과 평안도를 거쳐 중추원에 상정되었고, 이를 의관이었던 그가 축약 정리하여 상소한 것으로 보인다.

고종의 유보 조치는 단군묘를 둘러싼 제반 견해가 분분한데 원인이 있었던 것으로 짐작된다. 대부분의 사류층에서는 이의 실재를 불신하고 있었기 때문이다. 단군묘는 특히 숭봉을 추진한 강동 유림은 물론 이를 대변하던 백호섭에게도 의리지장으로 인식되고 있었다. 물론 이런 이해가 이 시기에 이르러 대두된 원인은 역시 묘의 실재에 대한 견해의 분분과 관련한 고육책이었다고 추측된다. 이 견해는 강동현의 단군묘 전승 중 임경대臨鏡臺와 관련한 것이다. 단군이 태백산에서 임경대를 건너 뛸 때, 신이 벗겨져 맨발로 임경대의 바위를 딛었는데 이로 인해 발자국 2개가 남게 되었고, 그 신을 묻은 곳을 단군묘라고 했다고 한다.[52] 신발

---

51) 1935, 『강동지』 「현대인물」 참조.
52) 『동아일보』 1932.5.11, 「壇君陵奉審記(中)」(吳箕永). 한편 이에 대한 유사한 전승이 일제강점기 佐佐木五郎에 의해 채록되기도 했는데, 그 내용은 다음과 같다. 어느 날 단군이 백마를 타고 諸國을 순시하는 도중 草鞋가 밖으로 떨어졌다. 村人들은 그 초혜가 떨어진 곳에 무덤을 만들고 단군의 廟를 만들었다. 이것이 지금의 강동군 강동면 漆浦里의 규모가 큰 단군릉이다(佐佐木五郎, 1941, 「平壤附近の

[草鞋]과 관련한 단군묘 전승이 언제 어떤 사람들에 의해 만들어졌는지 알 수 없다. 하지만 이 전승에서는 묘의 실재성과 관련하여 여러 견해가 제시되는 상황에서 이에 대한 보다 객관적인 인식의 틀을 마련하고자 했던 목적성을 엿볼 수 있다. 그리고 이것이 이덕무李德懋에 의해 수용되었고,[53] 고종 때에는 이것이 숭봉의 전거로 제시되고 있는 것이다.

국가제례가 확대되는 시기에도 민간전승에 기댄 이런 내용만을 가지고 단군묘를 기자릉·동명왕릉과 함께 능陵으로 숭봉할 수는 없었다. 기자릉와 동명왕릉은 일찍이 고려시대부터 주목을 받아 국가사전 체계 안에서 기능하였고, 조선시대에도 그 전통이 이어지고 있었다. 그러나 단군묘는 그렇지 못했다. 이는 태백산에 내려와 국인國人의 추대로 나라를 건국한 신인神人으로서의 모습이 강조된『응제시』유형을 기본적으로 수용하면서도 환인·환웅·단군의 3대 계보로 구성된『고기』유형을 보조적으로 이해하고 있거나, 그 최후에 있어 두 가지 유형을 복합적으로 이해했던 사류층의 인식과 관련이 있다. 아사달산신으로의 좌정이라는 최후에 익숙한 그들에게 죽음과 직결된 묘의 존재는 수용할 수 없는 것이었다. 물론 강동 유림의 이에 대한 이해가 단군의 죽음과 연계된 것이 아닌 허묘 또는 가묘로서의 그것이었지만, 여기에도 문제는 있다. 임경대 및 초혜와 관련한 전승의 범위가 강동 지역에 국한된 넓지 못한 것이었고, 이 조차 조선후기에 비로소 주목되기 시작한 것이었기 때문에 더욱 그러했다. 단군묘에 대한 숭봉의 건의를 고종이 유보하고 있는 것은 이런 배경에서 연유한 것이었다.

백호섭의 건의가 있던 이듬해에 의관 김형후金瀅厚는 다시 이의 숭봉을 건의한다(G-2). 이 역시 강동 유림의 요청에 의해 이루어진 것이라는

傳說と昔話」중「檀君の話」『旅と傳說』14-9(통권 165), 東京 三元社).
53)『전주사가시』중 권1, 칠율,「謁崇仁殿」"檀殿孔宮[江東縣有檀君墓 葬一隻履云 平壤府西門內 學堂洞檀君殿在北 孔子廟在南] …".

사실을 추측하는 것은 어렵지 않다. 그러나 여기에서는 표면적으로 의리
지장으로서의 이해가 보이지 않는다. 의관문물이 세계의 제일이자 예의
지방禮義之邦인 대한大韓 중에서도 호고숭례好古崇禮하는 관서 지방의 풍
속이 기자와 동명의 유화遺化에서 비롯되었음을 전제하고, 이들이 숭봉
된 예에 따라 단군묘 역시 숭봉됨이 마땅함을 지적하고 있을 뿐이다. 또
강동의 사서士庶 모두가 이를 원망하여 유림의 소원訴願과 조정의 주의奏
議가 한 두 번이 아니었음을 밝히고 있다. 이는 강동현 또는 관서지방의
유림과 조정에서의 단군묘 숭봉 건의가 성세盛世의 흠전欠典 또는 천년
미황千年未遑의 전례典禮라는 명분으로 수년간 지속적으로 이루어졌음을
지적한 것이다. 단군묘를 숭봉하면 국권의 상실이라는 위기를 극복하고,
단왕지령檀王之靈이 성덕聖德을 감화시켜 영원한 무강지휴無疆之休를 가져
다 줄 것이라는 건의에도 불구하고 이 역시 무시되었다. 역시 신중을 기
해야할 일이라는 고종의 의견에 따른 것이다. 그러나 이면에는 역시 의
리지장이라는 단군묘에 대한 이해가 담겨있음을 추측하기 어렵지 않다.

단군묘는 1909년 마침내 능으로 숭봉되었다(H). 물론 강동을 위시한
관서지방 유림들의 지속적인 노력의 결과였다. 이때 순종은 평안도 일대
를 순행했는데, 1월 31일 평양에 도착하여 단군묘가 황폐했다는 소식을
접하고 보호조치를 강구하게 된다.[54] 따라서 앞서 언급한 바와 같이 단
군전령이었던 이응주가 본군·본도에 올린 자료를 전 의관 이명환의 집
에서 찾아내어 숭봉의 근거를 확보한 후, 환궁 직후 능으로 숭봉하라는
조서를 내린다. 아울러 이지러지고 수리하지 못해 숭봉崇奉의 예禮를 갖
추지 못한 단군릉의 봉식수호封植守護 절차를 마련하여 거행할 것을 지
시한다. 이로서 고종 이후 지속적인 숭봉의 논의 결과 단군묘는 기자릉·
동명왕릉과 같이 능으로 격상되어 대한제국기에 역사적 존재로서 보다
확고하게 재정립된다. 이는 강동 유림의 노력의 결과이기도 했다.

54) 『순종실록』 권3, 융희 3년 1월 31일 참조.

이는 또 1907년 7월 한일신협약韓日新協約의 체결 이후 대한제국의 정
치권이 점차 일본의 통감으로 이양되는 과정에서 국가제례 역시 축소·
폐지되던 시기에 이루어졌다는 점에서 주목할 수 있다.55) 또 순종의 평
안도 순행에 의한 결과인 이때의 단군릉으로의 숭봉이 통감 이토 히로부
미伊藤博文의 동행으로 이루어진 것이어서 한말 국가제례의 강화·축소
과정과 일정한 영향력을 가지며 진행되었음을 짐작할 수 있다. 이때 단
군릉으로의 숭봉이 한일간의 우호를 대내외에 과시하기 위한 일본의 정
치적 계산에 의해 이루어진 것이라는 견해도 있지만,56) 아마도 일본에
서 제기되어 온 단군=스사노 노미코토 설에 근거하여 조선의 식민통치
를 정당화하기 위한 목적이 내재되어 있었을 것이다. 단군=스사노 노미
코토 설의 일본 국학적 전통을 토대로 할 때, 1882년까지 확정되지 못했
던 역대 천황릉天皇陵을 만세일계萬世一系의 황통皇統을 봉대奉戴하는 제
국으로서 서양 열강과의 외교적 관계를 목적으로 확정한 경험을 가지고
있는 이토 히로부미에게 단군릉의 확정은 식민통치의 기반을 구축하기
위한 기초 작업이었을 것이다. 반면에 대한제국의 입장에서는 사실상 이
미 국권을 상실한 상태에서 이를 유지하기 위한 마지막 몸부림이었을 것
이다.

능으로의 숭봉 직후 단군릉은 이해 5월 수치의 움직임이 이루어진다.
내부內部에서 소요 경비와 역군役軍의 동원을 위한 계획을 마련하여 지
시를 내렸고,57) 정자각 및 각종 석물의 수리비 3500원이 책정되어 수리
의 전권이 지방관에게 위임되어 진행되었다.58) 그러나 이때의 수치가

---

55) 박종서, 1998, 「한말 국가제사의 변화에 대한 사회학적 연구」, 서울대 석사학위논
    문 ; 최석영, 2002, 「한말 일제강점기 國家祭禮 공간의 변화」『한국사연구』118,
    한국사연구회 참조.
56) 서영대, 2001, 「한말의 檀君運動과 大倧敎」『韓國史硏究』114, 한국사연구회,
    238~239쪽.
57) 『皇城新聞』1909.2.11, 雜報「檀墓事蹟」;『大韓每日申報』1909.5.5, 雜報「檀君
    墓封築提議」참조.

제3장 한말 단군묘 인식과 능陵으로의 숭봉崇封 183

계획대로 이루어졌는지 의문이고, 이것이 국가제례의 측면에서 이루어졌는지도 의문이다. 먼저 수치와 관련해서는 이때의 조치 이후 불과 20년이 지나지 않은 시점에서 강동군 명륜회明倫會의 주도로 장문墻門의 건축이 이루어지고,59) 계속해서 수축과 관련한 논의가 강동 지역을 중심으로 진행되어60) 능 수축 및 수호각·비석·기념비·각종 석물 등의 건립을 위한 계획이 추진되고 있기 때문이다.61) 국가제례와 관련해서는 숭봉과 더불어 봉식수호封植守護의 절차에 대한 지시가 내려지고 있지만, 사전 체제 안에서 이루어지고 있는지 불분명하고, 곧 이어 경술국치로 인해 일본의 식민지로 전락했기 때문에 거의 불가능했던 것으로 짐작된다. 이는 순종 때의 조치가 있은 지 10년이 채 안된 1918년 단군교檀君敎의 정훈모鄭薰模가 단군능침을 심방하여 잡초가 우거지고 폐옥廢屋과 같이 변한 단군전檀君殿에 관리인조차 묘를 떠난 상태임을 한탄하고 있는데서도 짐작할 수 있다.62)

---

58) 『大韓每日申報』1909.5.25, 雜報「檀陵開役」참조. 이 과정에서 재원 조성에 대한 문제가 대두되기도 했다. 『皇城新聞』1909.5.12, 雜報「箕察質稟」; 1909.5.19, 雜報「歷代陵改莎費」; 『大韓每日申報』1909.5.16, 雜報「道傍築室」참조. 이에 대해서는 서영대, 2001,「한말의 檀君運動과 大倧敎」『韓國史研究』114, 한국사연구회 참조. 『신한민보』에는 건축비가 2000원으로 실려 있다. 『신한민보』1909.6.16, 「국조의 당우건립」참조.

59) 『東亞日報』1926.10.22, 순회탐방114「交通의 至便 天惠의 沃土 産物殷豊한 江東」참조.

60) 『東亞日報』1932.4.26,「江東 壇君墓와 荒凉한 담」참조.

61) 『東亞日報』1934.4.20,「檀君陵修築事業進陟 總工費 七千圓豫定 于先 修護閣부터 着工」참조.

62) 鄭鎭洪, 1937,『檀君敎復興經略』, 157～158쪽 "檀祖陵寢이江東郡邑西距二里地에在하니卽衣履葬이시라地名은檀君洞이라함으로卽馳進奉審하온즉墳墓上雜草가甚爲荒蕪한지라是必禁護無人인가하고探問則傍有頹屋石室一座하니乃曰 檀君殿이라고도하며或稱社稷直家라하난지라招其家主人하니女子가來되乃夫曰卽 檀君陵所守護直而姓名은朴禎天이라適出他라하난지라間 局內伐草난何時爲之乎아答八月間爲之라하난지라又曰墳墓上雜草가甚荒蕪하얏스니侍守護人還來하야八月에伐草를正式으로할지라도爲先雜草를除去하난게可한즉 墳墓上荒草만除斬케

고·순종 때 이 같은 숭봉의 논의와는 달리 민간에서 단군묘는 이미 능으로 불리고 있었다. 앞서 살펴본 바와 같이 1906년 정교의 『대동역사』와 현채의 『동국사략』, 1908년 Hulbert·오성근의 『대한력〈』에서 그 예를 확인할 수 있다. 이들은 단군의 역사적 사실을 「조선단군기朝鮮檀君記」·「태고사[단군조선]」·「단군죠선기朝鮮檀君記」에 편목하여 서술하고, 그 최후를 단군릉으로 정리하고 있다. 이는 시기적으로 백호섭·김형후의 건의보다는 늦지만, 1909년 능으로의 숭봉보다는 앞선다. 이로 미루어 단군묘가 언제부터 강동현의 유림을 중심으로 능으로 불렸는지 정확한 시기는 알 수 없다. 대략 대한제국기에 들어서면서 그런 움직임이 있었고, 그 결과가 한말 일부 사서에 수용되고 있다고 짐작된다.

1889~1891년 기자묘와 동명왕묘가 능으로 숭봉되면서 단군묘가 제외되자 이 조치에 대응한 강동 유림은 이를 능으로 숭봉하기 위한 노력을 전개하였다. 이에 그들은 단군묘와 관련한 자료를 수집하고 숭봉을 위한 객관적인 논리를 구축하고자 했다. 또 이와 별도로 강동현을 중심으로 민간에서는 이를 단군릉으로 호칭하기 위한 노력을 전개했다. 그리고 그 결과가 한말 정교·현채·오성근 등의 역사 서술에 반영되었다. 따라서 1909년 고·순종 때의 단군릉 숭봉을 위한 논의와 결과는 국조로서의 인식보다 한민족의 역사·문화적 시원으로 확대된 인식의 범위를 토대로 강동을 중심으로 한 민간에서의 지속적인 움직임과 명분으로나마 황제국皇帝國 체제에서의 역대 시조묘를 숭봉하려는 대한제국의 조치가 합쳐져 이루어진 결과라고 하겠다.

하지만 이 시기 역시 단군의 최후에 대해서는 아사달산신으로의 좌정이라는 이해가 주류를 이루고 있었다. 이는 배상현裵象鉉(1814~?)의 이해에서도 짐작할 수 있다.[63] 또 아울러 단군묘를 능으로 숭봉하려는 노

하라하고當日午料幾十錢을出付하얏스니卽戊午五月初三日也라".
63) 『東國十志』(1889) 권1, 律歷志 "○檀君[地乘云 檀君之前 有因桓氏神市氏二君 而

력도 함께 전개되었다. 『공립신보共立新報』의 경우 강동군의 단군 능침을 주목하고 있다.64)

5. 맺음말

한말의 단군과 관련한 제반 인식은 전시기보다 구체화되었고, 역사·종교·사회·문화 등 여러 방면에서 진전이 있었다. 한말 각종 국사교과서에 보이는 단군에 대한 서술이 대부분 출생·건국·통치·후사·최후 등의 연대기로 이루어지고 있음은 단군이 역사적 존재로서 고조선의 시조로 확고하게 인식되고 있음을 의미한다. 또 이 시기 등장하는 민족의 개념을 확대 수용하여 대중에게 교육되고 있었다. 단군의 존재가 민족주의의 개념과 합쳐져 제반 분야에서 한민족의 시원으로 인식되면서 단군묘 전승 역시 점차 확대되었다. 그 최후를 '절絶'·'몰沒' 등으로 서술한 『동국역대사략』·『동사집략』 등이 아사달산신과 단군묘 전승의 중간적 서술이라 할 수 있고, 1909년 단군릉이 숭봉되기 이전 『대동역사』·『동국사략』·『신정동국역사』·『대한력ᄉ』 등은 단군릉을 역사적 사실로 서술하고 있다. 물론 이들의 서술이 『신정동국역사』에서 볼 수 있듯이 본문이 아닌 '안설按說'에서 이루어지고 있고, 근대 역사학적인 해석 없이 단순히 그 존재를 언급하는 전통적인 역사관에 머물러 있다는 한계를 가지는 등 아직 적극적이지 못하지만, 이는 일본 국학에서의 단군부정론에 대한 대응의 측면에서 전개되기도 했다.

한편 신채호의 단군릉 이해는 근대역사학적 해석이 도입되고 있다는 점에서 주목할 수 있다. 그는 단지 강동의 단군묘라는 존재만을 인식하고 있던 박은식과는 달리 「독사신론」에서 정복군주로서의 단군의 측면

今不可考] 元年唐堯二十五年戊辰 夫婁朝塗山 在夏禹十八年也 東史云 商武丁八年 檀君入阿斯達山[今九月山] 化爲神 壽凡一千九百八歲 …".
64) 『공립신보』 1908.8.12, 「東國歷史」 참조.

을 부각시켰는데, 단군릉의 인식 역시 마찬가지이다. 그는 단군을 원정 도중 사망한 중국의 순舜 및 그리스의 알렉산더와 비교하여 원정 중이던 단군이 강동에서 붕조崩殂한 까닭에 단군릉이 조성되었다는 접근을 시도하고 있다. 이는 단군릉에 대한 근대 역사학적 해석이 적극적으로 이루어지는 계기를 마련했다는 점에서 의미를 가진다.

우리의 이 같은 단군과 단군릉에 대한 인식의 확대와는 달리 일본 국학자들은 단군을 부정했다. 그들의 논리는 17세기 중엽부터 간헐적으로 소개되고 있던 단군=스사노 노미코토 설에 근간을 두고 있다. 이 설은 신공황후의 신라정벌론과 임나일본부 설 등 조선사 왜곡에 중요한 명분으로 작용했고, 명치 직후인 1870년 번계繁繼의『구기집록舊記集錄』에서 완성되고 있는데, 이후 국학적 전통을 이은『국사안國史眼』·『조선사朝鮮史』등에 그대로 수용됨으로서 강점 이후 그들의 단군부정론에 토대가 되기도 했다. 즉 이들의 단군=스사노 노미코토 설은 국학적 역사관을 근대 역사학이라는 외피로 포장한 것에 지나지 않는 것이었다.

단군 자체를 부정하는 그들에게 그 최후와 관련한 이해를 구한다는 것부터가 논의에 한계가 있지만, 스가하라菅原龍吉의『계몽조선사략』과 하야시 다이스케林泰輔의『조선사』에서 단군의 최후와 관련한 서술이 확인된다.『계몽조선사략』의 송양에서의 홍장薨葬,『조선사』의 송양에서의 장례가 그것이다. 하지만 이들의 단군릉에 대한 서술은 그들이 텍스트로 삼은『동국사략』등 우리 자료의 기록을 그대로 서술한 것에 지나지 않은 것으로 나름의 인식 틀에서 서술한 것이라고 할 수 없다. 특히「삼한기」에 부수하여 단군조선을 서술하고, 이사나기伊弉諾=환인桓因, 스사노오 노미코토須佐之男=환웅桓雄, 스사노 노미코토의 아들 이타케루五十猛神=단군에 조응시킨『계몽조선사략』과『조선사』에서의 고조선 인식은 그들의 국학적 역사인식을 토대로 일선동조론과 임나일본부 설로 조선 침략의 정당성을 내세우고, 단군신화를 일본의 건국신화에 용해시켜 견강부회한 것으로 폄하한 것에 불과하다.

단군=스사노 노미코토 설을 토대로 고조선의 역사적 사실을 부정하려는 그들의 논리는 근대 역사학의 외피를 쓴 이후 다른 측면으로 전개된다. 그것은 이를 폐기하고 단군신화를 불교 수용 이후 평양지방을 중심으로 하는 연기설화 내지 전설로 파악하려는 관점이다. 이는 일본 황실과 연계되어 있는 신통神通인 단군=스사노 노미코토 설이 내선일치·동조동근론 등과 연계되면서 역으로 작용할 가능성이 있었기 때문이다. 그들은 단군=스사노 노미코토 설에 일정한 거리를 두었다. 그러나 우두전단과의 관련성 같이 단군신화를 폄하할 수 있는 내용은 계속 이용되었다. 이에 단군신화를 불교 수용 이후 또는 고구려 장수왕 이후 평양지역의 연기설화로 폄하하는 쪽으로 방향을 수정할 필요가 있었다. 이런 논리라면, 단군=스사노 노미코토 설이 역으로 조선에 유리하게 활용될 소지도 차단할 수 있고, 조선 역사의 출발 또한 삼국 이후로 설정하여 신공황후의 신라 정벌만으로도 일선동조론과 임나일본부 설을 토대로 조선침략의 정당성을 확보할 수 있었기 때문이다. 그들에게 단군릉 자체의 논의는 불필요했을 것이다.

이런 와중에서 단군묘는 1900년부터 능으로의 숭봉 논의가 이루어져 1909년 단군릉으로 숭봉된다. 이는 대한제국 성립과 더불어 국가제례의 강화와 관련하여 1889년 및 1891년 기자묘와 동명왕묘가 능으로 숭봉된 데 대한 강동 유림을 비롯한 민간의 대응에 원인이 있었다. 19세기말 단군묘의 숭봉을 위한 이들의 노력은 강동 유림의 주도아래 단군전령檀君殿令을 지낸 이응주李膺柱를 대표로 본군本郡·본도本道에 올린 소지를 통해 짐작할 수 있다. 그들은 단군묘를 의리지장으로 인식하고 있었을 것으로 판단된다. 조선전기 이래 단군묘에 관한 인식의 혼란이 이때까지 지속되었음을 보여주는 사실이기도 하다. 이는 단군묘의 실재성 여부에 대한 논란을 중재할 수 있는 대안이기는 했지만, 숭봉과 관련한 문제에서는 역시 한계를 보여 2차례의 유보 조치 끝에 숭봉될 수 있었다.

단군묘는 1909년 마침내 능으로 숭봉된다. 능의 봉식수호封植守護 절차를 마련하여 거행하도록 함으로서 역사적 존재로서 보다 확고하게 재정립된다. 하지만 순종의 단군묘 순행이 통감 이토 히로부미伊藤博文와의 동행으로 이루어진 것에서 알 수 있듯이 이는 국가제례와는 일정한 거리를 가진 일본의 치밀한 정치적 계산에 의해 이루어진 것이기도 하다. 일본에서 제기되어 온 단군=스사노 노미코토 설에 근거하여 조선의 식민통치를 정당화하기 위한 목적이 내재되어 있었을 것이다. 그러나 대한제국의 입장에서는 이미 사실상의 국권을 상실한 상태에서 이를 유지하기 위한 마지막 몸부림이었을 것이다.

대한제국의 단군릉으로의 숭봉과는 달리 민간에서 단군묘는 이미 능으로 불리고 있었다. 강동을 중심으로 민간에서의 분위기를 반영했을 『대동역사』・『동국사략』・『대한력亽』 등에서 그 예를 확인할 수 있다. 즉 1909년 고・순종 때의 단군릉 숭봉을 위한 논의와 결과는 국조로서의 인식보다 한민족의 역사・문화적 시원으로 확대된 인식의 범위를 토대로 민간에서의 지속적인 움직임, 명분으로나마 황제국 체제에서 역대 시조묘를 숭봉하려는 대한제국의 조치, 조선의 식민통치를 위한 일본의 정치적 계산이 합쳐져 이루어진 결과라고 하겠다.

제4부

결 론
-역사적 시조 단군과 그 전승으로서의
단군묘檀君墓 이해-

1. 단군묘檀君墓의 출현

고대국가의 건국시조는 인간이자 신이었다. 단군이 신인神人이었다는 출생 전승은 이에 부합한다. 신이자 인간이었다는 의미이기도 하겠지만, 신神과 인간을 이어주는 중간자로서의 성격을 뜻한다는 것이 보다 정확한 표현이라고 할 수 있다. 단군을 포함한 그들은 하늘과 이어지는 신성함이 있었기 때문에 출생과 건국, 통치가 가능했다. 그래서 그들의 죽음 역시 평범해서는 안 되었다. 신은 죽지 않기 때문에 이에 대한 적절한 최후가 있어야 했지만, 또 인간이었기 때문에 죽음이라는 자체를 받아들이지 않을 수 없었다. 태생부터 양면적 존재라는 사실은 최후에서도 두 가지 조건을 겸비해야만 했다. 하늘로 돌아간다는 승천 등으로의 이해와 시조릉始祖陵의 조성 및 그를 모시는 시조묘始祖廟가 세워졌음은 이런 점에서 범인들이 수용할 수 있는 신인으로서 건국시조에 대한 최고의 예우였을 것이다.

우리에게 익숙한 단군의 최후가 아사달산신阿斯達山神으로 귀결되고 있음도 이런 점에서 이해가 가능하다. 전통적으로 산신은 하늘신天神과 인간세상을 연결해주는 존재로서, 신인에 가장 부합하는 존재 중 하나였기 때문이다. 묘향산, 구월산 등에서 단군이 산신으로 기능하고 있었음도 이와 무관하지 않다. 또 산신이 아닐지라도 평양에서도 단군은 일찍부터 지역의 신격神格으로 자리하고 있었는데, 이 역시 신인으로서 그의 위상과 관련이 있었다. 선인 왕검仙人 王儉으로의 존재는 평범하지 않다.

하지만 아사달산신으로서 단군이 신인이었던 그의 최후를 설명하는 데 필요조건은 되지만, 충분조건은 되지 못한다. 단군의 Key Word는 고조선 건국이라는 건국시조로서의 역사적 위상에 있기 때문이다. 아사달산신에서는 역사적인 존재로서의 위상이 상당히 탈락되어 있다. 고조선 건국시조로서 당연히 시조릉始祖陵이 있어야 했고, 아울러 그를 봉안한 시조묘始祖廟도 있어야 했다. 고구려, 백제, 신라, 가야 등의 예를 볼 때 그렇다. 시조릉과 시조묘는 내적으로는 조상숭배의식이었고, 외적으로는 왕실의 신성함을 천명하는 기능을 하였다. 정례적인 의식을 통해 왕실의 권위를 다져나갈 수 있었다. 삼국에서 매년 시조묘와 시조릉에 치제하고 있음은 이를 의미한다.

고조선 시조로서의 단군에 대한 최후인 아사달산신에서는 삼국시대 시조묘始祖廟에 대한 인식을 전혀 찾아볼 수 없다. 이것은 역사성의 부재와 관련한 것으로, 고조선과 단군은 그 멸망 이후 수 천 년을 지내오면서 우리의 기억 속에서 희미해져 갔다. 그러면서 그의 최후는 아사달산신으로 더욱 고정되었고, 이것 이외의 다른 전승은 전혀 인식하지도 못했고, 수용하지도 않으려 했다.

단군의 최후인 아사달산신과 단군묘 전승만을 염두에 둔다면, 아사달산신은 고조선 건국시조로서의 신격에 해당되어 그를 모신 사당인 시조묘始祖廟, 단군묘檀君墓는 시조의 시신을 묻었거나 그렇다고 믿어지는 곳으로 시조릉과 비교될 수 있다. 즉 삼국의 시조묘와 시조릉의 관계로 파악할 수 있는 존재이다. 하지만 고조선의 아사달산신과 단군묘는 삼국의 시조묘-시조릉의 관계와는 다르다. 이들은 상충관계이지 보완관계는 아니다. 각기 독립된 개별 전승이다. 산신으로 돌아간 아사달산과 무덤이 있는 평양은 같은 장소로 여겨지지 않는다. 산신이 되었다는 아사달산은 두 번째 도읍지로 전승되는 구월산으로, 무덤이 있는 곳은 첫 번째 도읍지로 기록된 평양으로 비정되고 있기 때문이다. 초도지인 평양에서 죽은 후 천도지인 구월산에서 산신이 되었다고 이해할 수도 있다. 또는 첫 도읍지인 평양에 무덤을 조성하고, 후에 아사달로 천도하여 시조묘를 그곳으로 옮김에 따라 아사달산신으로 좌정하게 되었다고 이해할 수도 있다. 그러나 이 역시 합리적이지 못하다. 단군묘 전승이 아사달산신 전승보다 훨씬 늦은 시기에 형성된 것으로 보이기 때문이다.

단군의 최후에 대한 두 가지 전승은 같은 시기에 형성되지 않았다. 고조선이 망한 후 오랜 기간이 지나면서 아사달산신으로의 최후라는 전승이 먼저 만들어졌을 것이다. 고려시대에 묘향산이나 평양에서 단군의 최후와 관련한 전승이 직접 확인되지 않는 것도 무관하지 않다. 고조선과 관련한 역사성이 거의 사라졌지만, 아사달산신으로서 단군은 이미 고려전기부터 사전祀典에 포함되어 국가에서 관장하는 제사 대상이 되었고, 구월산대왕으로 봉작되기도 했다. 기우, 전염병 퇴치 등 지역사회의 안녕을 위해 하늘신과 인간세상을 매개하기 위해서였다.

그럼에도 불구하고 역사적 존재로서 단군의 모습은 고조선 멸망 이후 일부 계층에 의해 전해져 왔고, 고려전기 이전 그들은 그 인식의 폭을 보다 확장한다. 고조선 시조 단군의 통치, 후계 등과 관련한 전승들은 이런 측면에서 이해가 가능하다. 그리고 그 전승들은 『고기古記』·『본기本紀』·『단군기壇君記』·『단군본기檀君本紀』·『단군고기檀君古記』 등의 자료에 채록되어 후일 『삼국유사』·『제왕운기』·『세종실록』 지리지 등에 기록될 수 있었다.

『단군기』와 『단군본기』에서는 단군과 부루夫婁를 혈연적으로 연결시키고 있다. 모계로는 서하西河 또는 비서갑非西岬 하백河伯의 딸이 등장한다. 그녀는 천제 또는 천제의 아들이자 북부여의 시조인 해모수解慕漱와의 사이에서 고구려 시조인 동명東明을 출생하기도 했다. 부루는 해모수의 아들로 전해지기도 했다. 고조선·북부여·동부여·고구려의 건국전승들이 얽혀 착종되어 있다. 단군과 해모수는 동일한 존재로 이해되기도 했고, 다른 존재로 파악되기도 했다. 결국 단군(해모수), 또는 해모수→부루·동명으로 이어지는 혈연관계를 형성함으로서 우리 역사의 체계를 혈족 중심의 한 체계로 정리하려는 의도를 읽을 수 있다. 이런 관계는 고려시대 선가仙家 혹은 도참사상을 신봉하는 집단 중에 고조선과 단군

에 대한 인식이 있었던 일부 계층에 의해 만들어졌을 것으로 보인다. 그
들은『단군기』와『단군본기』등을 저술하면서 이런 전승들을 채집하거
나, 혹은 앞선 시기에 저술된 다른 자료의 내용을 인용했을지도 모른다.
그리고 이 같은 혈연적 연계는 역사적 존재로서의 단군과 고조선에 대한
인식의 범위를 시공간적으로 확대시켰다.

　단군묘 전승 역시 단군에 대한 이런 인식의 측면과 긴밀하게 연동되
어 있었다.『삼국사기』에 의하면, 단군은 평양에서 선인 왕검으로 불리
며 그곳에서 삼한 이전에 천여 년 이상을 장수하였다. 그런 그는 고구려
에서 가한신可汗神으로 섬겨졌을 것이다. 이것은 고구려의 멸망 이후에
도 고려시대까지 지속되었을 것이다. 하지만 일부 계층에서나마 고조선
과 단군에 대한 역사적 인식이 진전되면서 자연스럽게 그 무덤에 대해
관심이 일어났다. 여기에는 고려 숙종 때 기자묘箕子墓에 대한 탐방의 분
위기도 일조했을 것이다. 표현 자체에서는 역사성이 탈락되었다고 할지
라도 삼한 이전에 천 여 년 이상을 평양에 연고를 둔 존재라면, 묘의 존
재 역시 관심 대상이 되었을 것이다. ‘선인仙人’의 존재 역시 ‘신인神人’
과 크게 다른 관념이 아니라고 생각되기 때문이다.

　고조선 건국시조로서 단군의 무덤을 탐방한다면, 일순위로 꼽을 수
있는 곳은 평양이었다. 그곳은 고조선의 첫도읍지였기 때문에 시조의 무
덤은 아사달산보다 평양 주변에 있는 것이 합리적이었다. 삼국의 시조릉
이 모두 그 첫도읍지에 있다는 인식이 작용한 것이다. 그리고 그 주도집
단은 아무래도 선가 혹은 도참 계열 중 하나였을 가능성이 있다. 그들은
『단군기』와『단군본기』등에서 단군의 후계를 체계화하며 역사성의 재
창출을 위해 노력했을 것이기 때문이다. 그들은 단군 혹은 그 선계先系로
서 환인, 환웅부터 자신들까지의 계통의식을 가지고 있었을 것이다. 이
는 보다 정리되면서 단군의 최후를 더욱 역사적인 측면으로 접근하도록
했고, 그것이 단군묘 전승으로 귀결된 것으로 보인다. 그리고 그 시기는

『단군기』와『단군본기』등이 저술되던 전후, 또는 기자묘 전승의 형성과 비슷한 때로 추측할 수 있다.

단군묘가 문헌으로 처음 등장한 것은 1455년 편찬된『평안도지리지平安道地理志』였을 것으로 추측된다. 현재 단군묘와 관련한 최고의 기록인『동국여지승람東國輿地勝覽』이『팔도지리지八道地理誌』를 토대로 이루어진 것임을 감안할 때, 단군묘 기록 역시『팔도지리지』의 그것을 그대로 수용했을 것은 분명하다.『팔도지리지』는 각 도에서 편찬되어 올려진 지리지를 대상으로 수찬되었는데,『평안도지리지』는 이를 위해 평안도에서 올린 자료였다. 물론 이 역시 각 군현에서 올린 읍지류를 토대로 작성되었을 것이다.

특히『팔도지리지』의 편찬을 주도한 양성지梁誠之가 조선 역사의 시원으로 단군을 분명하게 인식하고 있었고, 중국과는 달리 고조선에서 출발하는 독자적인 자국의 역사와 문화에 자긍심을 지니고 있었다는 사실은『팔도지리지』에 단군묘가 강동의 고적으로 소개되고 있었을 가능성을 높여준다. 그는 1456년 3월 전대 군상君相의 제사와 전대 능묘의 수호 등을 포함하여 시정의 전반에 대한 건의인「편의 24사」를 올렸는데, 여기에는 전대 능묘의 수호와 관련하여 전조선왕前朝鮮王의 능침이 거론되고 있다. 그가『평안도지리지』등을 통해 단군묘에 대한 정보를 인지하고 있었음을 의미한다.

세조 역시 고조선과 단군에 대한 역사성을 분명하게 인지하고 있었다. 그는 즉위 이듬해에 단군사檀君祠의 수치를 명하고, 신주를 '조선시조단군지위朝鮮始祖檀君之位'로 고치고 제의에 관한 성복盛服도 마련한다. 그 위패가 '조선시조朝鮮始祖'를 표제하고 있음은 단군이 역사적으로 후조선의 기자를 아우르는 인식의 결과였다. 여기에는 새로운 통치체제의 구축이라는 세조의 집권 의지가 반영되어 있기도 하다. 그는 몇 차례의 시도 끝에 평양 순행을 단행하고, 단군전檀君殿에서 친제親祭를 거행한다.

조선시대 역대시조묘에 대한 국왕의 유일한 친제였다. 이것은 역사 시원인 단군에게 자신의 집권을 고함으로서 정통성과 합법성을 표명한 것이자 고조선·고구려의 영토에 대한 수복의지를 표명이었다. 또 자신의 욕위欲位를 단군과 동명왕 위패의 가운데 설치함으로서 자신의 왕위계승을 국조인 단군과 고구려 동명왕을 계승했다는 것으로 승인받고, 이를 의식을 통해 대내외에 선포하려는 목적성이 게재되어 있다고 하겠다.

그는 평양 순행에서 3일 정도 순안현을 비롯한 인근 군현을 행차하고 있다. 이때 강동현이 그 대상에 포함되었는지는 확실하지 않다. 만일 그렇지 못했더라도 단군묘에 대한 보다 풍부한 전승을 지역민으로부터 전해 들었을 가능성은 높다. 그에 앞서 그는 양성지를 통해 단군묘에 대한 정보를 알고 있었을 것이다. 그렇다고 이것이 그의 단군묘 인식에 직결되는 것은 아니었다. 즉 이를 그대로 역사적 측면으로 수용하기는 어려웠을 것이다. 하지만 세조의 단군전 친제는 단군묘에 대한 인식의 범위를 넓혀 단군묘가 『팔도지리지』와 『동국여지승람』의 강동현 고적에 실릴 수 있는 계기를 마련했음은 분명하다고 할 수 있다.

강동현에 있던 2기의 대총인 단군묘와 황제묘皇帝墓는 그곳의 역사와 문화를 대표하는 상징이었다. 그러나 처음부터 그 역사성이 확실했다고 보이지는 않는다. 강동민들은 이들을 지역의 역사와 문화성과 관련하여 해석을 도모했고, 그 결과가 황제묘와 단군묘로 귀결되었을 것이다. 황제묘가 단군묘·위만묘衛滿墓·한왕묘漢王墓·고구려왕릉·동천왕릉東川王陵 등 역대 국가들과의 연결이 모색되거나, 구체적인 역사 인물과 결부되어 해석되고 있음은 이런 측면에서 유효하다. 그리고 이런 과정은 단군묘에도 그대로 적용될 수 있다. 그것 역시 단군과 관련한 유력한 전승으로 정리되기 전까지는 다양한 전승을 전하고 있었을 것이다. 하지만 단군과 관련한 역사인식이 확고해지면서 다양한 전승들은 탈락하고 단군과 관련한 고적으로 정리되었을 것이다. 특히 조선후기 동천왕릉을 강동의 황

제묘 또는 평양의 시록柴麓으로 비정하는 견해가 나타나는데, 이것은 고
구려에서 평양과 유서 깊은 인물 중 동천왕이 포함되어 있었음을 의미한
다.『삼국사기』의 선인 왕검과 관련한 기록은 이런 점에서 평양과 단군
과의 관계를 염두에 둔 것이다. 여기서의 평양이 현재의 평양과 일치해
야 한다는 전제를 염두에 둔다면,『삼국유사』에서 평양성을 '지금의 서
경西京'이라고 밝히고 있는『고기』의 기록은 주목된다. 이를『고기』본
래의 세주로 인정할 수 있다면, 단군묘 전승의 상한 역시『고기』가 편찬
된 것으로 추측되는 고려전기로 상정할 수 있기 때문이다.

2. 단군묘 인식과 단군릉檀君陵으로의 숭봉崇封

조선전기의 단군묘檀君墓 전승은 그 형성 시기와 별개로 역사적 존재
로서의 단군에 대한 인식이 확고해진 시기에 주목이 가능했다. 이런 점
에서『응제시』유형의 전승이 주류의 이해로 정착되는 과정과 밀접한
관련을 가지고 있었다. 고조선의 시조 단군이 조선의 건국으로 국조國祖
로 자리하여 역사적 위상을 되찾으면서 출생에 대해 황탄한 전승을 전하
던『고기』·『본기』유형의 전승은 식자층에게 비판되기 시작했다. 산신
으로의 좌정에서는 더 이상 건국시조의 모습을 발견하기 어려웠다. 아사
달산신으로서의 최후가 역사적 기능을 상실해갔음을 의미한다. 그렇지
만 아사달산신으로의 최후 역시 쉽게 폐기될 성격이 아니었다. 단군의
최후로서 전형적인 인식이었고, 단군묘 전승 역시 민간에서 전하는 언전
諺傳에 근거하고 있는 것이었기 때문이다. 이 시기 사류층들이 단군묘 전
승에 대해 거의 모두 함구하고 있는 것도 이와 무관하지 않은 것으로
보인다. 이들 중 대부분은 단군묘 전승을 알지 못했기 보다는 황탄한 망
론으로 언급조차 할 필요를 느끼지 못했을 것이다.

『세종실록』지리지의 강동현 고적조에서 단군묘가 확인되지 않는 것

은 편찬 자료의 채집 과정에서 오류가 있었을 가능성이 있다. 그 배경은 단군묘에 대한 이해의 범위와 관련이 있는 듯하다. 『세종실록』 지리지 의 편찬 과정에서 단군묘 전승이 채록되었다면, 이는 강동현에서 단군묘 전승의 유구성을 의미하는 것이기도 하다. 하지만 그것이 고적으로 소개 되었다면, 전승의 기능적 측면이 『세종실록』 지리지가 편찬되었던 시기 에도 거의 약화되어 있었음을 뜻하기도 한다.

『동국여지승람』 편찬자들은 고조선의 영역으로 평안도와 황해도, 한 양을 포함한 한수 이북을 이해하고 있었다. 단군의 출생 전승에 대해서 는 『응제시』 유형(평양부)을, 출생지는 영변의 태백산(묘향산)으로 파악 하였고, 단군의 통치와 관련한 유적으로는 강화의 참성단塹城壇과 삼랑 성三郎城, 평양의 왕검성王儉城, 문화현의 구월산과 장장평莊莊坪(唐藏京) 등을 이해하고 있었다. 또 후계後系에 대해서는 아들 북부여왕 부루—금 와—대소로 이어지는 전승에 주목하였고, 단군사당으로는 문화현의 삼성 사三聖祠, 평양의 단군사를 알고 있었다. 단군의 최후에 대해서는 문화현 산천조에서 구월산이 단군의 재도지인 백악白岳, 아사달산이었음을 밝히 고 단군이 후에 이곳에서 산신이 되었음을 소개하는 한편, 강동현 고적 조에서는 단군묘를 언급하고 있다. 최후에 대한 두 전승의 근거는 모두 '세전世傳'과 '언전諺傳'이었지만, 그 의미는 사뭇 다르다. 전자는 단군이 문화현의 산천신으로 일정한 기능을 하고 있었음을 보여준다면, 후자는 현재적 기능이 거의 상실되었음을 의미하기 때문이다.

단군묘 전승은 이후 유희령柳希齡의 『표제음주동국사략標題音註東國史 略』에서 다시 한 번 주목된다. 그는 고조선의 건국을 '단군자립檀君自立' 으로 표제하여 자국의 역사가 중국과는 다른 '별건곤別乾坤'이었음을 강 조하고 있다. 그의 고조선에 대한 서술에는 연대기적인 이해가 깔려있는 데, 이것은 『표제음주동국사략』의 전조선조에서 인식하고 있던 가장 특 징적인 내용이라 할 수 있다. 이런 점에서 전조선조에서 고조선 역사에 대한 그의 이해는 이제까지 어떤 사서보다도 완결성을 갖춘 것이었다. 여기에는 『삼국유사』나 『제왕운기』 수준의 신화적인 내용이 철저하게 배제되어 있다. 단군을 역사적 존재로서 파악하고자 하는 의도는 단군의 죽음과 송양松壤(강동현)에서의 장례에 대한 사실의 기록에서 절정을 이룬다. 고조선과 시조 단군의 역사적 사실성을 강화하기 위한 목적성이 엿보이는 것은 당연하다고 할 수 있다.

조선후기 단군묘 전승에 대해서는 취신론取信論과 불신론不信論이 있었다. 취신론자들의 입장에서는 단수가 아닌 복수의 단군묘를 상정하기도 했다. 단군이 고조선의 왕호王號일 것이라는 견해가 확대되면서 이 같은 인식은 가능했다. 강동현에는 단군묘를 중심으로 많은 전승들이 있었을 것이다. 현전하는 것은 대부분 지명과 관련한 것이라는데 공통점이 있는데, 특히 아사달산신이라는 최후와 관련해서도 아달산阿達山·아달샘·아달동 등이 전한다는 사실을 주목할 수 있다. 아달산은 단군이 죽어서 산신이 되었다는 아사달산의 약칭으로 이곳의 전승에 구월산 일대의 전승이 차용되고 있음을 짐작할 수 있다. 단군묘가 있는 마을의 이름인 '단군동檀君洞'도 전하는데, 이것은 단군묘가 그 마을을 대표하는 상징이었음을 의미하는 것이다. 그 내용에는 단군의 출생→성장→죽음에 이르기까지의 과정이 포함되어 있어 전승이 확대 형성되고 있었음을 알 수 있다.

단군묘에 대한 사류층의 논의는 17세기 중엽에 이르러 본격적으로 이루어진다. 조선후기 단군묘에 관한 구체적인 언급은 일정한 교류를 하고 있었던 남인 계열의 학자인 유형원柳馨遠과 허목許穆에게서 이루어진다. 이 시기에 이르러 단군이 재 주목된 것과 밀접한 관련을 가진다. 유형원의 이해는 『응제시』 유형의 전승을 중심으로 고조선을 이해하고 있는 것과 관련을 가진다. 그에게 단군은 신성한 출생과 신성한 덕을 지닌 인간이자 이것 때문에 나라사람들에게 추대된 고조선의 시조였다. 그래서 죽음도 가능했고, 그 결과 묘도 남을 수 있게 되었다. 반면에 허목의 이해는 유형원과 확연히 구분된다. 그는 단군이 역사적 존재임을 확신하고, 이를 토대로 「단군세가檀君世家」를 저술했다. 그는 조선을 중국과는 또 다른 독립된 천하 질서를 가진 나라로 파악하고 있었다. 그에게 단군은 역사적·실존적 존재였고, 우리 역사의 시원이 단군보다 올라가는 신시神市부터 시작한다는 이해를 기져오게 했다. 그랬기 때문에 단군은 치세 후 죽음을 맞아 송양의 서쪽에 안장될 수 있었다.

18세기 후반에 이르러서는 단군묘에 대해 보다 구체적인 서술이 이루어진다. 이제까지 그 위치와 규모 정도에 머물던 것과는 달리 위치에서는 강동현의 진산鎭山이었던 대박산大朴山 아래로, 그리고 대박과 박달朴達의 관련성 등이 상정된다. 전승의 유원성을 설명하는 것이자 대박산이 강동현의 진산임을 전제함으로서 강동현에서의 단군묘 전승이 가지는 위상을 간접적으로 드러내기도 한다. 또 이 시기에는 복수의 단군묘가 존재한다는 이해가 있기도 하였다. 황제묘皇帝墓가 또 다른 단군묘로 이해되었다. 단군의 고조선(전조선) 건국을 역사적 사실로 수용하게 되면서 단군을 고조선 시조라는 고유 명칭으로 파악하기 보다는 왕명王名으로 이해하고 있는 것과 관련이 있어 보인다.

단군묘 전승에 대한 불신의 입장은 조선시대 사류층 대부분의 이해일 것으로 판단된다. 그들 중에는 비판적인 시각에서 접근하는 계층도 있었다. 이점은 의의가 있다. 그들에게 단군묘 전승이 망론으로 인식되고 있었을지라도 더 이상 언급하지 않을 수 없었기 때문이다. 안정복安鼎福의 경우는 단군묘 전승의 근거가 '속전俗傳', '언설言說'이기 때문에 따를 수 없다고 했다. 어떤 근거도 없이 단지 이에 기대어 단군전승의 전체적인 내용을 변개할 수 없다는 것이 그의 입장이었다. 유의양柳義養의 경우 역시 '속전'으로 믿을 수는 없지만, 『동국여지승람』에 소개되어 있기 때문에 언급하지 않을 수 없어 마지못해 기록을 남긴다는 속내를 보이고 있다. 안정복보다는 유연한 입장이다.

이들의 견해가 전통적인 인식론에 토대하고 있다면, 김정호金正浩는 근대역사학적인 방법론으로 접근하고 있다. 그가 이해하고 있던 단군묘에 대한 근거 역시 '속칭'이었지만, 그는 직접 답사하여 그 규모가 161척이었음을 밝히고 있다. 황제묘에 대해서는 위만묘衛滿墓라는 전승도 있음을 소개하면서도 결론적으로 이 전승들을 신뢰하지 않았다. 그에게 있어 단군묘와 황제묘, 위만묘에 대한 전승은 객관적인 증거가 전혀 반영되지 못한 것이었다. 그는 이들을 고구려의 남천 이후, 즉 장수왕 이후의 고구려 왕릉으로 추측하였다. 이는 그의 역사에 대한 해박한 지식과 실학을 토대로 한 실증적인 학문 태도에서 비롯한 것이다.

단군묘는 숙종·영조·정조 때 역대 능묘陵墓를 수치하는 과정에서 수리되고, 정조 때는 그 개수 절차가 정해지는 한편, 수총호守塚戶도 설치된다. 단군묘가 조선후기 역대 시조묘始祖墓로서 자리해가고 있음을 의미한다. 수치는 단군묘가 위치해있던 평안도 감영을 중심으로 이루어졌는데, 가을에 평안감사가 봉심奉審하였으며, 그 직후에는 예조에 의해 강향치제降香致祭되었다. 대부분의 수치는 기자를 비롯한 고구려·백제·신라의 시조릉 및 고려의 왕릉과 함께 이루어졌다. 물론 사류층의 불신론도 지속되고 있었다. 이 때문에 의리지장衣履之葬이라는 전승이 만들어지기도 하였다. 전승의 합리화를 위한 신화적인 입장과 역사적인 입장을 동시에 수용하고 있는 것이다.

한말 단군묘는 능陵으로 숭봉되었다. 1900년부터 능으로의 숭봉 논의가 이루어진 끝에 얻어진 결과이다. 대한제국 성립으로 국가제례가 강화되면서 기자묘箕子墓와 동명왕묘東明王墓가 능으로 숭봉되었음에도 불구하고, 단군묘가 제외된 것에 따른 강동현 유림의 대응에서 비롯된 것이었다. 여기에는 이 시기 주목되기 시작한 단군민족주의檀君民族主義의 영향이 밀접하게 연계되어 있다. 사실 단군묘는 순종이 능으로의 숭봉이라는 조서를 내리기 이전부터 능으로 불리고 있었고, 단군의 최후에 대해서도 죽음으로 정리되고 있었다.

한말 국사교과서에서 이 같은 움직임을 간파할 수 있다. 『동국역대사략東國歷代史略』·『동사집략東史輯略』 등에서는 그 최후를 '절절絶'·'몰몰沒' 등으로 서술하였는데 이는 아사달산신과 단군묘 전승의 중간적 이해라고 할 수 있고, 『대동 역사大東歷史』·『동국사략東國史略』·『신정동국역사新訂東國歷史』·『대한력亽』 등에서는 단군릉을 역사적 사실로 서술하고 있다. 물론 이들의 서술이 본문이 아닌 '안설按說'에서 이루어지는 경우도 있다. 이것은 근대역사학적인 해석 없이 단순히 그 존재만을 언급하는 전통적인 역사관에 머물러 있다는 한계를 지적할 수도 있겠지만, 일본 국학자들의 단군부정론에 대한 대응의 측면에서 전개되기도 했다. 특히 신채호申釆浩의 단군릉 이해는 근대역사학적 해석이 도입되고 있다는 점에서 주목할 수 있다. 그는 단지 단군묘의 존재만을 인식하고 있던 박은식朴殷植과는 달리 정복군주로서의 측면을 부각시켜 단군이 원정 도중 강동에서 붕조崩殂한 까닭에 단군릉이 조성되었다는 접근을 시도하고 있다.

반면 일본 국학자들은 단군을 부정했다. 그들의 논리는 17세기 중엽부터 간헐적으로 소개되고 있던 단군檀君=스사노 노미코토素殘明尊 설에 근간을 두고 있다. 이 설은 조선사 왜곡에 중요한 명분으로 작용했고, 1870년 번계繁繼의 『구기집록舊記集錄』에서 완성된다. 그리고 국학적 전통을 이은 『국사안國史眼』·『조선사朝鮮史』 등에 수용됨으로서 강점 이후 그들의 단군부정론에 토대가 되기도 했다. 이런 그들에게 단군묘 전승에 대한 이해를 구하는 것은 출발부터 한계를 가지는 것이지만, 스가하라菅原龍吉의 『계몽조선사략啓蒙朝鮮史略』과 하야시 다이스케林泰輔의 『조선사』에서 단군의 최후와 관련한 서술을 확인할 수 있다.

『계몽조선사략』에서 송양에서의 홍장薨葬, 『조선사』에서 송양에서의 장례가 그것이다. 그들의 단군릉 서술은 텍스트로 삼은『동국사략』등 우리 자료의 기록을 그대로 따른 것에 지나지 않은 것이다. 「삼한기三韓記」에 부수하여 단군조선을 서술하고, 이사나기伊弉諾=환인桓因, 스사노오 노미코토須佐之男=환웅桓雄, 스사노 노미코토의 아들 이타케루五十猛神=단군에 조응시킨 고조선 인식은 국학적 역사인식을 토대로 일선동조론과 임나일본부설로 조선 침략의 정당성을 내세우고, 단군신화를 일본의 건국신화에 용해시켜 견강부회한 것으로 폄하한 것에 불과하다. 단군=스사노 노미코토 설을 토대로 고조선의 역사적 사실을 부정하려는 그들의 논리는 근대역사학의 외피를 쓴 이후 다른 측면으로 전개되었다. 불교 수용 이후 평양지방을 중심으로 하는 연기설화 내지 전설로 파악하려는 것이다. 이런 관점에서는 단군의 최후로서 단군묘 전승은 관심 대상에서 제외될 수밖에 없었다. 단군릉 자체의 논의가 불필요했던 것이다.

1909년 단군묘가 능으로 숭봉됨으로서 단군은 역사적 존재로서 보다 확고하게 재정립된다. 하지만 순종의 단군묘 순행巡幸이 통감 이토 히로부미伊藤博文와의 동행으로 이루어진 것에서 알 수 있듯이 이것은 일본의 치밀한 정치적 계산에 의해 이루어진 것이기도 하다. 일본에서 제기되어 온 단군=스사노 노미코토 설에 근거하여 조선의 식민통치를 정당화하기 위한 목적이 내재되어 있었을 것이다. 또 대한제국의 입장에서는 이미 사실상의 국권을 상실한 상태에서 이를 유지하기 위한 마지막 몸부림이었을 것이다. 즉 단군릉으로의 숭봉은 명분으로나마 황제국 체제에서 역대 시조묘를 숭봉하려는 대한제국의 조치와 조선의 식민통치를 위한 일본의 정치적 계산이 합쳐져 이루어진 결과라고 하겠다.

20세기말 단군릉의 존재는 우리에게 갑작스럽게 다가왔지만, 15세기 후반『동국여지승람』의 단군묘 기록은 그렇지 않다. 단군묘와 관련한 강동현에서의 전승은 일부 계층에게서 이미 고려시대부터 전해지고 있었다. 이 전승은 조선 건국 이후 단군이 조선의 시조, 국조國祖로 인식되

면서 사인士人들의 관심이 되었다. 하지만 이 전승에 대한 지식인들의 인
식은 불신론不信論이 지배적이었다.

그럼에도 불구하고 단군묘는 '의리지장衣履之葬'으로서의 전승을 새롭
게 만들어내면서 합리적인 인식의 틀을 제공하려고 노력하였다. 또 한말
에는 단군릉으로 숭봉되어 이 시기 부각되기 시작한 단군민족주의와 연
결되면서 재주목을 받기도 하였다. 그 전승의 이해 폭과 내용이 다른 단
군전승과 마찬가지로 조선사회의 제반 환경과 호흡하며 연동하고 있었
음을 확인할 수 있다.

부록 : 단군묘檀君墓 자료

지리지

『고려사』권58, 지12, 지리3, 「강동현」

江東縣 仁宗十四年 分京畿爲六縣 以仍乙舍鄕·班石村·朴達串村·馬灘村 合爲
本縣 …

『세종실록』권154, 지리지, 「강동현」

江東縣 … 高麗仁宗十四年丙辰 分西京畿爲六縣 時以仍乙舍鄕·班石村·朴達串
村·馬灘村 合爲江東縣 … 鎭岳山[在縣北 縣人以爲鎭山] … 四境 東距成川三里
西距平壤二十六里 南距祥原二十九里 北距慈山三十三里 … 大塚 在縣北二十里
都磨山 周回四百十尺[諺傳 皇帝墓]

『경상도지리지』

編纂規式 一 本朝先後陵寢 及檀君·箕子祠堂·箕子陵·前朝太祖廟·故昔名賢之
墓 在某邑某方幾里許 是如施行事

『신증동국여지승람』권55, 「강동현」

建置沿革 高麗仁宗十四年 分西京畿以仍乙舍鄕·班石村·朴達串村·馬灘村 合爲
江東縣 …

山川 大朴山[在縣北四里 鎭山]

古跡 大塚[一 在縣西三里 周四百十尺 諺傳檀君墓 一 在縣北三十里刀亇山 諺
傳古皇帝墓] … 朴達串村[在縣北十五里] …

『**동국여지지**』(柳馨遠, 1656) 권9, 「강동현」
　山川 大朴山[在縣北四里 鎭山]

　　塚墓 大塚[一 在縣西三里 周四百十尺 諺傳檀君墓 一 在縣北三十里刀亇山 諺
傳古皇帝墓]

『**大東地志**』(金正浩 19세기) 권22, 평안도, 「江東」
　[塚墓] 大塚[縣西三里有大塚 周一百六十一尺 俗稱檀君墓 ○縣西北三十里都
馬山有大塚 周四百十尺 俗稱古皇帝墓 又云衛滿墓 正宗十年 置守護 禁樵採 ○按
此二處 高句麗南遷後 某王之葬耳]

　　　　권29, 方輿總志, 「檀君朝鮮」
　… 近以江東之墓[一在江東縣西 周四百十尺 一在縣北刀了山]

『**관서읍지**』(1871) 제15책, 「江東邑誌」-韓國地理志叢書 邑誌2(平安道編),
1986, 아세아문화사-
　城郭[堤堰附] 萬柳堤[在縣南 ○邑人每當潦漲末奠 厥居洪公良浩築堰種柳 以
防水患 故因以爲號]

　　山川 大朴山[在縣北四里 邑之鎭山]

　　古跡 檀君墓 在縣西三里 大朴山下 周四百十尺 正宗丙午 命道臣巡路親審 本官
春秋奉審
　　皇帝墓在縣北三十五里 圍六百七尺四寸 高一百二十六尺 墓南烏崖窟中有 終南
山下漢王天地八字 古人有詩曰 片土至今名漢垈 延熙十載葬東川[年代不可攷]

『**관서읍지**』(1895) 제10책, 「開國五百四年三月 日平安道江東縣邑誌」-韓國地
理志叢書 邑誌3(平安道編), 1986, 아세아문화사-
　　山川 大朴山[在縣北四里 邑之鎭山 來自成川鐵鳳山 上有鐵馬 大如鼠 盖壓勝云]

古跡 檀君墓[在縣西三里 大朴山下 周四百十尺 諺傳檀君墓 自本縣封修守護矣
正宗丙午 縣監徐公瀅修 奏啓本縣巡使趙曒 巡路親審 本官春秋奉審]

皇帝墓[在縣北三十五里 錢浦里 圍六百七尺四寸 高一百二十六尺 隧道丁字閣
遺址完然 至今墓南烏崖窟中有 終南山下漢王天地八字 古人詩曰 片土至今名漢垈
延熙三月葬東川 謹案漢史與東史 則東川卽高句麗王 而延熙蜀漢後主年號也 東川
之葬在於延熙十載丁卯 以此推之東川之墓 無疑也]

『강동지』(1935)—韓國近代邑誌 59(平安道1), 1991, 韓國人文科學院—

· 本郡의 名山은 郡北四里에 大朴山이 有하니 邑의 鎭山이라 成川郡鐵鳳山來脈이
오 山上에 鐵馬가 有하야 크기 鼠와 如하다 하며 山勢突兀壁立하고 連峰疊嶂이
縱橫布列하야 洞壑이 深邃하고 森林鬱蒼하며 西로 歡喜山五峰山을 成하엿고(「
山川」)

· 檀君陵은 郡西三里大朴山南麓下에 在하니 周四百十尺이라 自古로本縣에서 封
修守護하더니 正宗丙午에 縣監徐瀅修奏啓함애 本道伯에 趙曒을命하샤 巡路
親審케하고本官으로 春秋奉審케하더니 更張以后로守護懈易하야使人嗟惜이
라 幾年前에本郡儒林에서 墻垣을築하야 敬護奉審하고于今郡人人士 守護會를
組成하고各處義金이亦多하야 陵前石物과守護殿建築을進行中에在하니라(「
古蹟」)

실록

『세조실록』 권3, 세조 2년 3월 정유

集賢殿直提學 梁誠之上疏曰 … 一 護前代陵墓 臣觀續六典 高麗太祖顯宗文宗元
宗四陵 各定守護二戶 使禁樵採 太祖陵加一戶 甚盛德也 然臣竊惟歷代君主 雖未能
皆有功德於斯民 亦皆一國人民所共主也 其不省所在者則已矣 其陵墓如古 而使狐狸
穴於傍樵採行於上 豈不可悶也哉 乞令有司於前後朝鮮三國前朝所都開城江華慶州平
壤公州扶餘及金海益山等處所在陵墓 字細尋訪 其有功德者置守陵三戶 別無功德者
置二戶 正妃陵墓亦置一戶 略蠲征徭 禁其樵蘇 仍令所在官春秋省視致祭 … 上嘉納

『**숙종실록**』 권31, 숙종 23년 7월 임오

上命召入李寅燁 從容問西事 寅燁陳達數事 皆瑣細 或申論前所啓請者 又請收用
箕子後裔 每歲修治江東檀君墓平壤東明王墓 並允之

『**영조실록**』 권49, 영조 15년 5월 무진

上行召對遣近臣致祭崇仁殿 命修檀君箕子以下諸王陵墓 從侍讀官兪最基言也

　　　　권101, 영조 39년 4월 기유

命修理前朝舊陵 及檀君箕子新羅高句麗百濟始祖陵

『**정조실록**』 권12, 정조 5년 12월 갑술

次對 飭檀君箕子新羅高句麗百濟高麗始祖諸王陵修改之節

　　　　권22, 정조 10년 8월 기유

修檀君墓置守塚戶 承旨徐瀅修啓言 檀君卽我東首出之聖 史稱編髮盖首之制 君
臣上下之分 飲食居處之禮 皆自檀君創始 則檀君之於東 實有沒世不忘之澤 其所尊
奉 宜極崇備 臣待罪江東 見縣西三里許 有周圍四百十尺之墓 故老相傳指爲檀君墓
登於柳馨遠輿地志 則毋論其虛實眞僞 豈容任其荒蕪恣入樵牧乎 若以爲檀君入阿斯
達山爲神 不應有墓 則旣有喬山之舄 而又有崆峒之塚矣 況檀君廟在於平壤 而本郡
秩之爲崇靈殿 則墓之尙闕彝典 誠一欠事 敎曰 雖無徵信之跡 邑中故老 旣有指點之
處 則或置卒守護 或立石紀實 可據之例 不一而足 況此處事蹟 昭載邑誌 而不惟不
立石 又無守護之人 甚是欠事 年代久遠 且無可信文字 雖不設祭 宜禁樵牧 令該道
伯 巡過時躬審 以近塚民戶定守護 本邑倅春秋躬審爲式

『**고종실록**』 권40, 광무 4년 1월 29일

議官白虎燮疏略 平壤卽檀君箕子東明王三聖人建都之地 而檀君首出 肇開鴻荒
立國幷唐堯之世 寶曆享千歲之永 今其衣履之藏 在江東邑治五里太白山下 此旣昭
載於該邑志與關西文獻錄 而故相臣許穆所述檀君世家曰 松壤西有檀君塚 松壤卽今
之江東縣云 其爲可徵可信 固已章章明矣 該邑山林 屬以封植之意 請于府郡者 積券

累牘 是執使之然哉 惟我聖朝崇報之典 靡不用極 往在己丑 封箕子陵 辛卯封東明王
陵 象設如禮 神人胥悅 夫以三聖相繼之序 則檀君墓之崇封 當居其先 而尙此未遑者
豈不有欠於崇報之擧乎 伏願皇上 俯察蕘言 博採廟議 特令本道道臣 江東之檀君墓
亦依箕東兩陵之例 一體崇封 以昭尊聖之義 以慰群黎之望焉 批曰 崇報之論 尙云晚
矣 然而事體愼重 令政府稟處

권41, 광무 5년 8월 31일

中樞院議官金瀅厚疏略 維我大韓 本是禮義之邦 扶桑瑞旭 先發鮮明之氣於封域
之內 衣冠文物 甲於世界 忠孝良材 自古輩出 天下萬邦 莫不稱美矣 至若關西風俗
好古崇禮 重義輕財 故追念箕子東明之遺化 屢請廟堂 已封兩墓 威儀燦然 德化如新
而夫何檀君之墓 尙且未封 士庶含菀 輿情共願 中間多年 士林之訴 朝士之奏 非止
一再 挽近以來 朝廷多事 至今淹然 此果盛世之欠典也 伏乞皇上陛下 幸察民願 特
垂許批 西土蒼生 感戴皇命 頌堯稱舜 而況幾千年未遑之典 快新於文明之世 檀王之
靈 亦感聖德 永享無疆之休也 批曰 崇報之義 宜有是擧 而事係愼重 令政府稟處

『순종실록』 권3, 융희 3년 2월 29일

詔曰 東方首出之聖 廟貌有侐崇靈殿 遣平安南道觀察使致祭 聞衣履之藏 在江東
地 至今指點謂檀君陵 而蕪沒不治 殊欠崇奉之禮 其自今封植守護之節 磨鍊擧行

『승정원일기』 제372책/제19책 숙종 23년 7월 4일 임오

引見入侍時 監賑御史李寅燁所啓 檀君墓在於江東 東明王墓在於平壤 今至蕪廢
行路嗟傷 宜令本道 每年修治 俾無耕牧之患矣 上曰 分付本道 可也

제1217책/제68책 영조 39년 4월 22일 기유

癸未四月二十二日午時 上御景賢堂 … 上曰 御其國 念故君 義之當然 松都及
前朝舊陵頹圮處 令留守道臣 待秋修補 檀君箕聖新羅高句麗百濟始祖陵 令該道 箕
聖墓 道臣奉審 其餘諸陵 令都事擧行後 若有頹圮處 待秋香祝 自京下送修葺 於霖
雨可悶者 切勿用錢 先爲修葺事 下諭諸道該府 出傳教

『국조보감』 권63, 영조 22년 5월

命自檀君至前朝諸王陵 令道臣待秋修治 自儀曺降香致祭

권65, 영조 39년 4월

命修檀君箕子及新羅百濟高句麗始祖之陵

권72, 정조 10년 8월

承旨徐瀅修啓言 江東縣有周圍四百十尺之塚 故老相傳爲檀君墓 登於柳馨遠輿
地志 上命道臣修治 附近民戶永定守護 邑倅春秋進審

『일성록』 정조 5년 12월 초6일 갑술

命檀君箕子新羅高句麗百濟高麗始祖 及諸王陵寢 待春奉審

教曰 向於三聖祠崇寧殿致祭傳敎 欲爲幷而未果 檀君箕子新羅高句麗百濟高
麗始祖 及諸王陵寢 幷令各該留守道臣 親審後有無頹登聞 而執頉處 請下香祝 待明
春解凍後卜日修改 修改後 擧行形止 亦爲狀聞 時値隆冬 距營門稍間處 待春奉審事
下諭于諸道監司及留守處

정조 10년 8월 9일 기유

命守護江東縣檀君墓 承旨徐瀅修啓言 檀君卽我東首出之聖 而史稱編髮盖首之
制 君臣上下之分 飮食居處之禮 皆自檀君創始 則檀君之於東人 實有沒世不忘之澤
其所尊奉 宜極崇備 而臣待罪江東 見縣西三里許 有周圍四百十尺之墓 故老相傳指
爲檀君墓 至登於柳馨遠輿地志 則毋論其虛實眞僞 豈容任其荒蕪恣入樵牧乎 若以
爲檀君入阿斯達山爲神 不應有墓 則旣有喬山之舃 而又有崆峒之塚 抑何也 況檀君
廟在於平壤 而本郡秩之爲崇靈殿 則此墓之尙闕敉典 誠一欠事 故敢此仰達矣

教曰 雖無徵信之跡 邑中故老 旣有指點之處 則或置卒守護 或立石紀實 他道可
據之例 不一而足 況此處事蹟 昭載邑誌云 然而不惟不立石 又無守護之人 甚是欠事
旣聞之後 不可無修治之擧 年代久遠 且無十分可信文字 雖不設祭 宜禁樵牧 以爾筵
奏出擧條 仍令該道伯 來頭巡過時 躬審形止 以塚底附近民戶 永定守護 本邑倅春秋
躬進審察 使之報營事 定式擧行

광무 3년 12월 29일

· 議官白虎燮疏略 平壤卽檀君箕子東明王三聖人建都之地 而檀君首出 肇開鴻荒 立國幷唐堯之世 寶曆享千歲之永 今其衣履之藏 在江東邑治五里太白山下 此旣昭載於該邑志與關西文獻錄 而故相臣許穆所述檀君世家曰 松壤西有檀君塚 松壤卽今之江東縣云 其爲可徵可信 固已章章明矣 該邑山林 屬以封植之意 請于府郡者 積券累牘 是執使之然哉 惟我聖朝崇報之典 靡不用極 往在己丑 封箕子陵 辛卯封東明王陵 象設如禮 神人胥悅 夫以三聖相繼之序 則檀君墓之崇封 當居其先 而尙此未遑者 豈不有欠於崇報之擧乎 伏願皇上 俯察蒭言 博採廟議 特令本道道臣 江東之檀君墓 亦依箕東兩陵之例 一體崇封 以昭尊聖之義 以慰群黎之望焉 批曰 崇報之論 尙云晚矣 然而事體愼重 令政府稟處

광무 5년 6월 16일

中樞院議官金澄厚疏略 維我大韓 本是禮義之邦 扶桑瑞旭 先發鮮明之氣於封域之內 衣冠文物 甲於世界 忠孝良材 自古輩出 天下萬邦 莫不稱羡矣 至若關西風俗 好古崇禮 重義輕財 故追念箕子東明之遺化 屢請廟堂 已封兩墓 威儀燦然 德化如新 而夫何檀君之墓 尙且未封 士庶含菀 輿情共願 中間多年 士林之訴 朝士之奏 非止一再 挽近以來 朝廷多事 至今淹然 此果盛世之欠典也 伏乞皇上陛下 幸察民願 特垂許批 西土蒼生 感戴皇命 頌堯稱舜 而況幾千年未遑之典 快新於文明之世 檀王之靈 亦感聖德 永享無彊之休也 批曰 崇報之義 宜有是擧 而事係愼重 令政府稟處

문집 및 총서

『訥齋集』(梁誠之 1415~1482) 권1, 奏議, 便宜二十四事(丙子三月二十八日 以集賢殿直提學上)

一 護前代陵墓 臣觀續六典 高麗太祖顯宗文宗元宗四陵 各定守護二戶 使禁樵採 太祖陵加一戶 甚盛德也 然臣竊惟歷代君主 雖未能皆有功德於斯民 亦皆一國人民所共主也 其不省所在者則已矣 其陵墓如古而使狐狸穴於傍 樵採行於上 豈不可悶也哉 乞令有司於前後朝鮮三國前朝所都開城江華慶州平壤公州扶餘及金海益山等處所在陵墓 字細尋訪 其有功德者置守陵三戶 別無功德者置二戶 正妃陵墓亦置一戶 略蠲征徭 禁其樵蘇 仍令所在官春秋誠視致祭 …

『**虛白堂集**』(成俔 1439~1504) 시집 권13,「過江東古邑城是陽壤國所都」

　陽壤遺墟草樹乎 數家籬落掩柴莉 山川自是興王地 城堞空餘建國名 此日繁華皆
寂寞 當時鑾觸幾紛爭 年年進士峯頭月 桂影無心照水明

『**惺所覆瓿藁**』(許筠, 1569~1618) 권6, 기,「祥原郡王塚記」

　祥原郡之北十五里　有村曰王山村之北有山隆然而起童無樹曰王塚　丁未歲七月
大雨水 王塚崩 村人趙璧者 少爲僧稍解文 聞其毀 率其傭 往審之 則壙深二丈 許甃
石爲花 糸殳 周四隅 而不隧 以石爲盖 揭則靑珉覆之 灰以錮其縫中安瓦棺列弱靈木
隅瓷鼎彝甚多 此有釘油實其牛骨二堆猶在焉 壙之南有石鐘埋 土洗而看之 有神明
大王墓五字 疑字劃大而拙璧會村父老畚鍤 而土掩之夢有紅衣金腰神人遍謝於璧及
同事者曰我王塚神也 蒙君等掩骼之惠當以登歲相報也 是後連三年果大熟 而老稚無
瘥恙夭扎者 噫 其神矣 璧來言於余如是 余惟國家剙圖籍三國以前之事無可攷者 神
明王之號不現於句麗史 其非朱蒙嗣明矣 塚且近成川 成川古松壤國 意者是其王歟
吾不敢知古者諸侯不隧墓 而不陵聖人以厚葬爲非今王塚則不隧而稱墓禮也 不藏金
寶以啓盜知也 又能致福於民以謝其惠仁也 智仁而智禮則其生爲令主死爲明神可知
矣 惜乎 史氏之闕漏不著其名也 因爲疏之以補石室之遺云

『**記言**』(許穆 1595~1682) 권32, 외편, 東事1,「檀君世家」

　上古九夷之初 有桓因氏 桓因生神市 始教生民之治 民歸之 神市生檀君 居檀樹
下 號曰檀君 始有國號曰朝鮮 朝鮮者東方日出之名 或曰鮮汕也 其國有汕水 故曰朝
鮮 都平壤 陶唐氏立二十五年 檀君氏生夫婁 或曰解夫婁 母非西岬女也 禹平水土
會諸侯於塗山 夫婁朝禹於塗山氏 後檀君氏徒居唐藏 至商武丁八年 檀君氏沒 松壤
西有檀君塚(松壤今江東縣) 或曰檀君入阿斯達 不言其所終 泰伯阿斯達 皆有檀君祠

　夫婁立爲北扶餘 夫婁禱於鯤淵 得金蛙 以貌類金蛙 命曰金蛙 夫婁之世 商亡 箕
子至朝鮮 後周德衰 孔子欲居九夷

　夫婁卒金蛙嗣 徒迦葉原 爲東扶餘 金蛙末 秦幷天下 秦亡人 入東界爲秦韓 漢高
后時 衛滿據朝鮮 朝鮮侯準南奔 至金馬爲馬韓 孝武時略濊貊 濊君南閭降 初置滄海
郡 用丞相弘計 罷之

　金蛙傳帶素 帶素恃其强大 與句麗爭攻伐 卒爲所擊殺 其弟曷思代立 至孫都頭降

句麗 東扶餘亡(曷思非王名 都曷思 □號曰曷思) 考其年代 在奔之世 桓因神市之世 無所攷 檀君之治 自陶唐氏二十五年 歷虞夏氏 至商武丁八年 千四十八年 解夫婁之後 至曷思亡於莽之世 亦千年 亦有餘種 通於晉

金蛙悅優淳水之女(優淳澤名 在泰伯山南) 感日影照身 生朱蒙 朱蒙少子曰溫祚 檀君氏之後 有解夫婁 解夫婁之後 有金蛙 金蛙之後 有朱蒙溫祚 爲句麗百濟之祖 皆本於檀君氏

扶餘在玄菟北千餘里 南與鮮卑接 北至弱水 地方二千里 有城邑宮室 土宜五種 其人好勇强 有會同揖讓之禮 類中國 出使者衣錦罽 以金銀 飾其腰 其法 殺人者死 沒入其家 盜一責十二 男女淫婦人妬者 皆殺之 有軍事殺牛以祭天 用其蹄占吉凶 蹄解者凶 合者吉 死而葬 有槨無棺 殉用生人 居喪 男女皆衣純白 其地出善馬貂豽美珠 其國殷富 其王印文曰 濊王之印 其國古濊貊之域 晉武帝時 通貢中國 太康六年爲慕容廆所襲破 其王依慮自殺 其子弟老保沃沮 帝以東夷校尉鮮于嬰不救 責免嬰 以何龕代之 後年 其嗣立王依羅詣龕乞援 帝遣督郵賈沈 擊破廆衆 依羅得復國 後廆侵掠扶餘人口 賣於中國 帝詔發官物 贖還 下司冀二州禁市

肅愼氏 一名把婁 在不咸山北 東濱大海 西接寇漫汗 北至弱水 居深山之地 車馬不通 夏則巢居 冬則穴處 父子世爲君長 無文字 以言語約束 無牛羊 畜豬食肉衣皮 織毛爲布 有邵常(肅愼木名) 中國有聖王代立則生 其皮可衣 作瓦鬲受四五升 以爲食 坐則箕踞 無鹽鐵 燒木作灰 灌取汁食之 男女皆編髮 作布襜尺餘 以掩前後 夫貞女淫 貴壯賤老 死則以死之日 葬之中野 交木爲槨 殺豬積其上 以爲送死 嗜凶悍 以無憂哀相尙 父母死者 男子不哭 以爲壯士 相盜者 無多少 皆殺之 有石砮皮骨之甲 檀弓三尺五寸 楛矢尺有咫 其國東北出石砮 其利入鐵 國人取之 必先禱鬼神 周武王時 貢楛矢石砮 及周公旦輔成王 遣使入賀 魏景元末 貢楛矢石砮弓甲貂皮物 魏以錦罽綿帛俘雞賜其王 晉武帝時 復入貢 元帝時 貢石砮 至成帝時 朝石晉曰 候牛馬西向眠者三年矣 是以知大國所在云

권35, 외편, 東事4, 「地乘」

平壤 檀君之國 至周箕子所封也 箕子之敎 重禮俗 敬鬼神 器用俎豆 婦人貞信不淫 黎民樂業 句麗尙騎射 俗變勁悍好氣力 習用弓矢刀矛 平壤有檀君東明祠 有箕子祠 載中祀 菟山有箕子塚 江東有檀君塚 浿江 國之西瀆 載中祀 寧邊 優淳水上迦葉

原　北扶餘解夫婁之地　成川　古沸流之國　亦曰東扶餘(見檀君世家)

西海　古朝鮮南境　今坼外奮武之地　東連貊地　西際大海　…　儒州阿斯達　祀桓因氏神市檀君　有唐莊京　麗史檀君氏之國都

권48, 속집, 사방2,「關西誌」

朝鮮　九域之地　在海隅　燕齊之外　初無君長　有神市始敎生民之治　民歸之　神市生檀君　居檀樹下　號曰檀君　始有國號曰朝鮮　朝鮮者東方日出之名　或曰鮮汕也　其國有汕水　故曰朝汕　都平壤　堯立二十五年　後徙都唐藏　儒州有唐藏京　麗史以爲檀君氏之國都　商武丁八年　檀君歿　今江東縣　傳說檀君塚

或曰檀君入阿斯達　不言所終

泰伯阿斯達　皆有檀君祠

檀君傳解夫婁　爲北扶餘　禹平水土　會諸侯於塗山　解夫婁朝禹於塗山氏　解夫婁母非西岬女也　解夫婁禱於鯤淵　生金蛙　貌類金蛙　命曰金蛙　解夫婁傳金蛙　金蛙徙迦葉原爲東扶餘　金蛙末　秦幷天下

金蛙悅優淳水之女　感日影照身　生朱蒙　朱蒙善射之名　有少子溫祚　朱蒙溫祚爲句麗百濟之祖

金蛙傳帶素　帶素與句麗爭攻伐　有北溟怪由者　請從擊殺帶素　大霧七日餘　兵猶力鬪　句麗國君無恤　潛師遁歸　至孫都頭　降句麗　東扶餘亡　當莽之世　五世二千年

『東里集』(李殷相 1617～1678) 권8, 시,「夕抵江東縣口占」

三盃傾盡倚征軺　醉過消魂十里橋　鳥外雲山分點點　馬前霜葉落蕭蕭　官居不道江東小　驛路常驚塞上遙　別恨羈愁爭歷亂　孤吟坐待月明宵

『鶴洲全集』(金弘郁 1602～1654) 권3, 서행록, 칠언절구,「過江東縣」

中原今日陷胡塵　按劒悲吟怒目嗔　自古江東多俊傑　橫行安得五千人

『壺谷集』(南龍翼 1628～1692) 권5, 오언율시,「送江東李使君(知白)」

莫道江東小　繁華昔飽聞　依依張翰月　暗暗杜陵雲　水有虹橋隱　山從楚峽分　須將

一杯酒 爲我酹檀君

『旬五志』(洪萬宗, 1643~1725) 상,「檀君」
… 墓在江東縣西三里 周四百七尺 …

『定齋集』(朴泰輔 1654~1689) 후집 권1, 칠언절구,「題江東村家壁上」
高柳陰陰覆古堤 嬌鶯恰恰向人啼 山前細雨孤村遠 欲問歸程林下迷

『海東異蹟』 하(黃胤錫)「補檀君」
檀君名王儉[或云王險] 古初神仙人也 三國遺事引三韓古記云 古九夷之初 有桓
因帝釋者 命庶子桓雄[按梵語 桓雄天王者 卽帝釋也 東方染佛 有此誕耳] 受天符
三印 率徒三千 降于太伯山頂[太伯山 今寧邊妙香山 伯一作白] 檀木下[亦曰神壇
樹下] 始敎生民之治 民歸如市 因號神市 將風伯雨師雲師 在世理化 時有一熊 常祈
于雄 願化爲人 雄遺靈艾一炷 蒜二十枚 熊食之 三七日得化女身 每於檀木下 呪願
有孕 雄乃假化爲婚 生王儉 號檀君[以其生檀木下] 亦曰壇君[以其生于神壇樹下]
以唐堯二十五年戊辰立國 是曰前朝鮮 卽位二十三年庚寅[唐堯四十七年] 都王儉城
[因其名而追名也 今平壤府] 御國一千一十七年[或曰 一千五百年] 而當商武丁八
年甲子 移都白嶽[在今文化 卽阿斯達山 譯作九月山 又轉爲弓忽 亦曰闕山 又轉爲
文山 一名三危 一名甑山 三危甑之方言之轉] 又一百九十五年 而當周武王元年己
卯 則箕子東來 因以立國 是曰後朝鮮 檀君復都唐藏京[亦唐藏 訛爲庄庄坪 在今文
化] 後還白嶽 隱化爲神 壽一千九百八歲[或曰一千四十八歲 或曰二千八百歲 未詳
或曰 此盖檀氏世傳歷年之數者 是也] 今江東有大塚 周四百一十尺者 曰檀君墓 平
壤有崇靈殿 檀君位西 而高句麗東明王位東 俱南向 九月山有三聖祠 曰檀因[卽桓
因]檀雄[卽桓雄]檀君 水旱有靈應 妙香山絶頂有檀君臺[及檀君窟] 盖山多香木冬
靑 而仙佛之舊跡存焉 江華之摩尼山 有塹城壇 亦醮星壇[疑醮與醮者 近母近轉 爲
塹城 星亦聲近] 世傳檀君祭天處 傳燈山有三郞城[卽亦作娘] 世傳檀君使三子築之
[出三國遺事高麗史輿地勝覽]
按檀君壇君未詳孰是 但係是東方人物君長之始 又有王儉仙人之說 故錄之 狀三韓
古記者 新羅所作 或云 安弘所作 其說初不足據 而三國遺事又作於高麗中葉以後 雜

引古記 以誕傳 誕大抵多出佛徒 其荒亂不經甚矣 不知三國史高麗史 近世稱正史者
與夫輿地勝覽何故 又從而援之也 大抵東方檀氏尙矣 箕氏之敎 自春秋戰國以前 猶有
可徵 故孔子亦欲乘桴復欲居夷 自秦漢以後 其敎掃地盡矣 而又不幸 至東晉簡文帝咸
安二年壬申[新羅奈勿尼斯今十七年 高句麗小獸林王二年] 秦主符堅送佛像佛經于高
句麗 而後此四十餘年 沙墨胡子 自高句麗至新羅是 訥祇麻立干時也 炤智十年戊辰
[南齊世祖永明六年] 內殿焚僧淫王妃 爰有琴匣之變 猶不知戎 又三十三年[新羅法
興工八年辛丑 卽梁武帝普通二年] 遣使朝梁 又七年[法興王十五年戊申 卽梁武帝大
通二年] 始大興佛法 自是東方之世代人物風俗言語山川名號 擧入佛染 而史家亦彼
其疑謬卽儒敎之滅姑亡論 雖道敎一派 亦不免佛敎之掩而混也 至今猶肰 噫其甚哉

『息山集』(李萬敷 1664~1732) 별집 권4, 지행록10, 地行附錄, 「九月」
九月 據數郡之境 始寧治其東 連豊治其北 栗川治其西 海西山水散漫 惟九月高
大秀出 東事檀君初都平壤 後徙居唐莊 商武丁八年 檀君殁 松讓西有檀君塚 或曰檀
君入阿斯達 不言其終 太白阿斯達 皆有檀君祠 阿斯達卽九月也 九月一名弓忽 一名
甄山 一名三危 山西有金襴窟 又有淵曰高要 水積焉 水旱祭龍有應

『虛靜集』(法宗 1670~1733) 권상, 오언율, 「九龍山[雪巖和尙降生處]」
昨過江東縣 今登帝釋山 庵疑三聖住 峙若九龍蟠 地勝人應傑 天靈鬼亦慳 雲烟
獨悽愴 遺躅不堪看

『艮翁集』(李獻慶 1719~1791) 권5, 시(칠언율시), 「皇帝塚」
藝祖山河竟四溟 如何死葬漠南庭 荊卿未洗烏頭白 洪皓空啼馬鬣靑 金界晚霞餘
物色 豆江秋雨濕精靈 書傳半臂終無賴 帝在荷花十里汀

권5, 시(칠언율시), 「又疊」
陰山愁黛接層溟 古墓蕭條寄北庭 塞外無花棲杜宇 江南有地種多靑 遺民萬里歌
何苦 降帝千年鬼不靈 啼盡怨烏無限柳 至今春色汴河汀

『**耳溪集**』(洪良浩 1724~1802) 권7, 시(관서록),「宿江東縣」

江東是余舊莅也 己卯春 築長堤種柳 以距水患 立石記之 名曰萬柳堤 不數年 萬柳成林 水害乃去 邑村殷盛 今已三十餘年 菀然可觀

旌蘿葳蕤滿路光 玉麟腰下換銅章 遼城復有重來鶴 玄觀爭看前度郎 某水釣遊皆指點 當時部曲半凋亡 惟餘萬柳靑靑色 手植今成拱抱長

권7, 시(관서록),「發巡渡江東南江向三登」

行旆逶迤渡遠灣 淸秋物色逈開顔 一年重渡江東水 千里將窮塞北山 滿野禾麻收次第 迎車父老競追攀 遙看萬樹斜陽裏 黃鶴高樓隱現間

『**椒園遺薁**』(李忠翊 1744~1816) 책1, 시,「同申友止叔申弟受之作江東行」

征途半千里 玆夕遡秋風 不道川原永 應緣心想同 佳朋仍並騎 賢弟復乘驄 路堠多相怪 胡爲白髮翁

책1, 시,「申止叔先向江東翌日余踵發路中」

故人從此去 江路愛縈回 入店題佳句 經壚喚酒杯 秋風初美繪 夜月更高臺 欲識情何似 二年三度來

책1, 시,「江東縣」

遙望江東縣 高樓如有人 吾能來遠道 君久作官身 樹樹鳴蟬着 山山落照新 淸宵滿尊酒 簾几淨無塵

『**無名子集**』(尹愭 1741~1826) 책6, 시,「詠東史(亦就史略中編入東事者作之 而所載太略 故間取見於他書者 以寓褒貶之義)」

(九) 唐藏遷徙著何文 松讓之西有塚云 建祠泰伯阿斯達 後世端宜享苾芬(輿地勝覽 武王封箕子朝鮮 檀君乃移於唐藏京 唐藏京在文化縣 東記言武丁八年 檀君歿 松讓西有塚 松讓今江東縣 或曰入阿斯達 不言其所終 泰伯阿斯達 皆有檀君祠)

『箋註四家詩』중 [李德懋, 1741~1793](柳琴 抄 : 朴齊家 註) 권1, 칠율「謁崇仁殿」

原註 檀君祠曰崇靈殿 箕子祠曰崇仁殿 在檀祠孔廟之間 麥秀歌爲朝鮮詩之祖 箕
子之後鮮于氏 必多聲前漢書 謂箕子避地

檀君殿謁孔宮瞻 神聖之隣廟更嚴 道寄姬書陳蕩蕩 詩開鮮雅詠蘄蘄 危踪昔被佯
狂髮 遺裔誰飄克肖聲 不受周封元自到 孟堅爲志本心拈

檀殿孔宮[江東縣有檀君墓 葬一隻履云 平壤府西門內 學堂洞檀君殿在北 孔子
廟在南] …

『練藜室記述』(李肯翊, 1797) 별집 권19,「歷代典故」

檀君墓 在江東縣西三里 周四百十尺[一在縣北刀了山]

『斗室寤言』(李煥模, 1700년대) 권3, 東語,「檀君紀[附扶餘]」

東方初無君長 有九種夷 草衣木食 夏巢多穴 有神市氏 始敎生民之治

　　　　　권3, 東語,「檀君紀[附扶餘]」

名王儉 或曰神市子也 ○商武丁八年甲子歿 塚在松讓[今江東縣]西 廟在平壤[或
曰 入阿斯達山 九月山爲神]

『明皐全集』(徐瀅修 1749~1824) 권3, 소계,「喉院請檀君墓置戶守護啓」

檀君卽我東首出之聖 而史稱編髮盖首之制 君臣上下之分 飮食居處之禮 皆有檀君
創始 則檀君之於東人 實有沒世不忘之澤 其所尊奉 宜極崇備 而臣待罪江東 見縣西
三里許 有周圍四百十尺之墓 故老相傳 指爲檀君墓 至登於柳馨遠輿地志 則勿論其虛
實眞僞 豈容任其荒蕪 恣近樵牧乎 若以爲事近虛謊 則黃帝之塚 東西兩在 而歷代哲
辟之幷命守護 何也 若以爲檀君入阿斯達山爲神 不應有墓 則旣有喬山之爲 又有崆峒
之塚 何也 況檀君廟 在於平壤 而本朝秩之爲崇靈殿 則此墓之尙闕救典 誠一欠事 當
此修廢擧墜之日 合有象德報功之道 故敢此仰達矣 上曰 雖無徵信之蹟 邑中故老 旣
有指點之處 則或實卒守護 或立石紀實 他道可據之例 不一而足 況此虔事蹟 昭載邑
志云 然而不惟不立石 又無守護之人 甚是欠事 旣聞之後 不可無修治之擧 年代久遠
且無十分可信文字 雖不設祭 宜禁樵牧 以爾筵奏出擧條 仍令該道伯來頭巡過時 躬審

形止 以塚底附近戶 永定守護 本邑倅 春秋躬進審察 使之報營事 定式施行 可也

『淵泉集』(洪奭周 1774～1842) 권2, 시, 「次江東使君黃義道送別韻」

大同江水轉如彎 隔水相思大朴山 我欲乘雲期沔漫 君應觀海失潺湲 秋高月在吳
洲上 天遠鴻歸楚澤間 賴有新詩寬別恨 淸風直送到楡關

『錦谷集』(宋來熙 1791～1867) 권1, 시, 「詠史詩」[二十五首 ○甲戌]

軒帝何年問道來 廣成遺蹟白雲隈 山形依舊仙人去 石逕春風長綠苔[右崆峒]

軒轅仙馭邈難追 此地空傳弓劍遺 古往今來皆有死 千秋誰信鼎龍飛[右喬山]

『蓮坡詩鈔』(金進洙 1797～1865) 권하, 시, 「送宋學士之任江東」

兩堤官柳識行轅 喜奉慈雲擁八騶 驄去叔孫曾上國 恩來父母又隣州[公曾莅殷
山 今春以書狀還朝] 槽床香滴靑荷露 檀板歌殘白紵秋 料得奇章憐杜牧 風流倘許
吐菌不

『林下筆記』(李裕元 1871) 권12, 文獻指掌編2, 「檀君墓」

墓在平安道江東縣西三里 周四百十尺 按輿地勝覽云 在右縣 雖無的證 而自古傳
說必有以也 本朝正宗十年 置守護軍二名 定禁標三十步

사 서

『標題音註東國史略』(柳希齡, 1480～1552) 권1, 「前朝鮮」

檀君 姓桓氏 名王儉 東方初無君長[上聲]有神人桓因之子桓雄 率徒三千 降于
太伯山[在平安道寧邊府 今妙香山]神檀樹下 謂之神市 在世理化 生子號曰檀君 唐
戊辰[帝堯二十五載]卽位 始稱朝鮮 都平壤[今平壤府] 移都白嶽[今文化縣] ○娶
非西岬[音甲]河伯之女 生子曰夫婁 ○丁巳[夏禹元年] 禹南巡狩 會諸侯于塗山 遣
夫婁朝焉 ○築塹城壇于海島中 以祭天 又命三子築城[今俱在江華府] ○薨 葬于松
壤[在江東縣] 後嗣避箕子來封 移都於藏唐京[在文化縣] 傳世凡一千五百年

『紀年兒覽』(李萬運, 1778) 권5, 序,「檀君朝鮮」
陵墓[一在江東縣西　周四百十尺　一在縣北刀山]

『東史綱目』(安鼎福, 1778) 부록상　上　考異　入阿斯達山爲神
爲神之說　雖甚怪誕　後世多有人死　而尊以爲神祀之者　是或其類也　故從之[南秋
江孝溫詩　檀君生我靑丘衆　敎我彝倫浿水邊　採藥阿斯今萬世　至今人記戊辰年　前輩
亦信其爲神之說]

　　　　　부록상　上　考異　檀君塚
輿地勝覽江東縣古迹　縣西三里有大塚　周四百十尺　俗傳檀君塚　此出諺說　故不從

　　　　　附　권하, 지리고
[太伯山考] … [又按勝覽　江東縣有古大朴山下有大塚　俗傳君墓　今土人以
大朴爲太伯　亦未可信]

『旅菴全書』(申景濬, 1712～1781) 권4, 疆界考,「三朝鮮」
前朝鮮國[… 江東縣之鎭山曰　大朴山　下有一大塚　世傳壇君墓　大朴卽朴達也
而以有壇君墓而名之也 …]

『楓巖輯話』(柳光翼, 1713～1780) 권1, 檀君史記下疑
上古九夷之初　有桓因氏生神市　始敎生民之施　民歸之　神市生檀君　居檀樹下　號
曰檀君 … 至商武丁八年　檀君沒　松壤西有檀君塚

『春官通考』(柳義養, 1718～?) 권45, 吉禮,「檀君墓」
檀君墓在平安道江東縣西三里　周廻四百十尺　此載輿地勝覽　姑錄之　以備傳疑云
… 英祖三十九年癸未　命修檀君箕子及新羅百濟高句麗之陵

『紀年東史約』(李源益, 1849) 권1, 檀君朝鮮紀, 乙未
商武丁三十九祀　入阿斯達山 … 或云　墓在江東縣西　周四百十尺　或云　松壤今

成川西 有檀君塚

『**大東掌攷**』(洪敬模, 1774~1851) 권1, 歷代考,「檀君」
陵墓[在江東縣 周四百十尺]

『**東史節要**』(安鍾和, 1878) 권1, 君王紀 제1, 檀君
檀君名王儉 東方初無君長 有神人降太白山神檀樹下 國人立之 自號檀君 …
松壤西有檀君墓[今江東縣] 太白阿斯達 皆有祠[記言] …

『**東典考**』(撰者未詳 1862년 이후) 권12, 歷代,「檀君朝鮮」
檀君墓 在江東縣西三里 周四百十尺[一在縣北刀了山 備考]

『**大東歷史**』(鄭喬 1906) 권1, 朝鮮檀君記
 … 檀君在位與年壽未詳 而陵在今江東縣西三里 周四百十尺

『**新訂 東國歷史**』(元泳義·柳瑾 1906) 권1, 檀君朝鮮紀
○ 檀君의 陵은 松壤西[今江東縣] 大博山에 在ᄒ고 廟[崇靈殿]ᄂᆞ 平壤에 在ᄒ니라

『**中等敎科 東國史略**』(玄采 1906) 권1, 太古史 檀君朝鮮
 … 箕子가 東來ᄒᆫ 後 其位를 遜ᄒ고 扶餘에 遷都ᄒ니 檀君陵이 卽今江東郡
에 在ᄒ오이다

『**대한력ᄉ**』(헐버트·吳聖根 1908) 뎨일, 단군죠션기檀君朝鮮紀
주註 단군의 직위ᄒᆫ 것과 년셰는 미샹ᄒ나 그 릉陵은 지금 강동江東郡 셔편 삼
십리 되ᄂᆞᆫ듸 잇니 쥬위가 ᄉᆞᄇᆡᆨ십쳑이니라

『**讀史新論**』(申采浩, 1908) [檀君時代]
又按 江東縣 大朴山에 檀君陵이 有하다 하니, 此는 又 何說也오. 曰, 舜이 苗族

을 征하다가 蒼梧에서 崩하였으며, 亞力山大가 波斯를 討하다가 中道에 殂하였으
니, 上古 初出한 聖人이 許多 各族을 征服하여, 我家子孫 萬世의 基業을 定코자
하는者ㅣ, 一日이라도 寧處하면 其功이 盡墮하리니, 意컨대 江東의 檀君陵은 遠
征의 車駕가 此에 至하여 崩殂하신 故로, 此에 遂葬함인가 하노라

『**위암문고**』(장지연) 권7, 외집, 만필, 문방잡기, 檀君墓

平安道江東郡西三里 有大塚 周四百十尺 俗稱檀君墓 幾年前 日本考古學者掘之
其中皆以磚石築之 四壁圖繪古仙人神將之像 宛然不變

『**佈明本敎大旨書**』(대종교, 1911)

… 大皇祖의聖諱二字로氏名을仿儗ㅎ샤其敬慕의誠을寓ㅎ시며本敎의宗國高
句麗를不忘ㅎ샤國號를高麗라稱ㅎ시고妙香山에靈壇을建ㅎ시며江東大朴山에仙寢
을修ㅎ시나其子孫이遺志를承치못할뿐아니라 …

『**단조사고**』(대종교 편, 1900년대 초반) 외편, 「江東有仙寢」

按 江東之陵 盖是諺俗相傳 亦無確據 歷代守護但憑俗傳而已 況檀祖自天而降
復御于天 非如凡人委骸之比 安有玉匣之葬乎 借使實有是陵不過衣履之藏 而如東
明玉鞭之類耳 不然或後世嗣君之陵 而通稱爲檀君墓乎 歷世旣久 陵寢皆闕而失傳
所傳者只此耶

『**신단실기**』(김교헌) 「江東陵辨」

盖, 檀君이以神人으로降世라가復爲神하섯스니安有陵寢之爲乎아檀君之稱은卽
檀國君之號라 故로其嗣君을皆稱檀君하니則江東之陵이無乃嗣君之陵耶아非始降檀
君之陵은則明矣라

『**평양지**』(장도빈, 1936) 제1장 지리

大朴山은 江東郡邑內의北잇스니 檀君이 崩하매 이곳에 檀君陵을作하다

제1편 檀君朝鮮時代, 제3장 古跡, 江東의檀君陵

平壤은 朝鮮의첫서울되얏던곳으로 곳檀君이 처음朝鮮을建設한때에 서울을定하얏던따이오 … 檀君陵의遺蹟이 平壤의東北九十里인 江東郡에잇다. … 江東의檀君陵은 實로 平壤의 最高貴한史蹟이다. 平壤에서 東北으로 大同江上流인 大同郡柴足面에서 江을건너가면 山岳이 重疊한中에 江東邑附近의小平野가 열고 이平野의北部에 大朴山과阿達山이 圍繞하얏스며 그中間에水晶川이흘너내려 大同江으로드러간다. 이가티山川形勢는 매우莊嚴雄偉한中에 大朴山의南麓 곳江東邑의西北으로約一里에 檀君陵이잇스니 그位置는매우아름답고 雄偉하야 國祖의陵墓所在한地로相當한곳이다. 이곳이 江東郡江東面柒浦里이다. … 檀君이 平壤에定都하얏다가 末年에 黃海道九月山에가서 崩逝하얏다고 諸史에記錄되얏거늘 檀君墓가 江東에在함은何故이뇨 그는檀君이 九月山에서 崩逝하얏스나 그故都인平壤附近 곳江東郡에葬한것일것이다 그럼으로 九月山附近에는 檀君墓가업다 곳江東郡의檀君陵은 朝鮮의唯一인 檀君陵이다. 東國輿地勝覽에는 檀君墓가 周圍四百十尺이라하얏스나 지금은그陵의四面에 墻垣을圍繞하얏고 陵墓는低小한것으로 四百十尺의大墓는아니니 그는近世에와서 發掘되얏던것인듯하다 이곳傳說에도曰 平壤觀察使로왓던사람이 檀君陵을發掘한즉 그속에棺이잇섯다고云云한다. … 檀君陵所在地에는 古來로 지금보다 더큰墻垣을 코 松林을길너왓스며 이곳사람들이 檀君陵을 檀君殿이라고불너왓다 그럼으로檀君陵의近傍에잇는 小村落의名稱이 古來로檀君殿洞이다 이곳에서南方으로보이는 臨鏡臺라는山에는 檀君의足跡이남아잇다고 遺傳하는말이잇다. 檀君陵에對하야 가장깁히印象되는것은 檀君史와平壤史가 明白히現露되는것이다 … 檀君王儉이 平壤에都하야 朝鮮을創建한바 그의史蹟證據로는 檀君墓와 王儉墓와 儉山의等이가장重要하나니 檀君王儉이잇슨故로 平壤을 王儉城이라한同時에 平壤附近에檀君墓, 王儉墓, 儉山의等이잇는것이다 곳檀君의名이 王儉인바 檀君의後王들도 王儉이라稱하며 君主가되얏던것이다 平壤附近에이가티 檀君王儉의 遺跡이 散在한것을보아 確實히 檀君이 平壤에都하얏던 것을 明知하게되얏다 檀君墓가 江東에 在한故로 或은그것을 高句麗의陵墓인가 疑訝할뜻하다 그러나그것이確實히 高句麗의陵墓가아니다 곳高句麗는 二十八王中에 十九王은 鴨綠江北곳國內城附近에잇섯고 長壽王以後로 九王이 平壤에居하얏는바 末王곳寶藏王은 中國에서 死한故로 그墓가中國에잇고 오직八王의陵이 平壤附近에잇는바 長壽王陵은 江東郡鳳津面에잇고 … 이가티高句麗의八王陵은 다一他處에明在한즉

江東의檀君陵은 決코高句麗의陵墓가아니것이 明白하니라 檀君이후에 여러王儉이 잇섯는故로 平壤附近에 王儉墓, 儉山의等이散在하나 그들은다ㅡ王儉墓, 儉山이라 稱하되 오직江東의檀君墓는 檀君墓라고 遺傳하야온것을보면 江東의檀君墓는 곳 여러王儉의始祖인 檀君의陵墓인것이確實하니라

『**檀君陵記蹟碑**』(洪大修, 1936)

(前面)

前朝鮮檀君□□(記蹟)略

謹按大而化之□□□聖聖而不可知之□謂神聖神之澤窮天地亘萬世而不漸其惟我 國祖檀君□檀君以天帝之神孫恟斯民之

草昧已會甲子□天卯降于太白山□□□(神檀樹)假化爲人宣帝勅熊虎率舜人以 爲神戊辰推戴爲君乃建國之號朝鮮命彭虞治山川莫

民居設神敎總□三百六十餘事朝□□于會甲子入阿達山復化神御天歷年一千十 有七載天哉檀君微檀君吾其未免魚□我

東稱之以禮義之邦者莫非檀君之所賜也而龍䯨繼莫攀於在昔珠卯尙不崩於至今 也則胡爲乎無建官奉陵之禮也蓋歷我朝家

在野士民非其未遑亦非其不誠寔由於聖神至德誰名之故也 若□前郡守金公名壽 哲金商俊州人以成均□□□□□□

□□□爲祖新羅敬明王爲上祖有志於取聖者前參奉金公名商俊□□□□南金海 人□啓皆□□之革罷歟谷□盇之□□□

□□盛茂之文字可知以大有爲之人悉以意是□興時世之□□□□於□日顯奉檀 君陵□皆□□□之遠近□□□□□□□□

□□檀君陵事豈□然後豈有求曰□之哉□必聖神□□子孫之故□□郡人請咨其 □于石不揆潛之敢□□人之志就成而欽□

聖神之澤愈□歿乎□資而獻頌頌曰於奕仰全□□□□天地合德日月拜光建邦設 都□麗東方夆寧峨峨浿水洋洋乃命

國號朝陽鮮明修紀立憲上下和平□判□□盤□□□□宣諭□豐氏□始敎火食燧 今□歟□□□□□昊氏□□□□□□□□□

□氏□衣服有乎黃帝氏歟國人願哉唐堯氏歟分別□□□舜氏歟國治山河夏禹氏
歟風□□□□□氏歟君哉君也則之乾□□

□章乎煥均業也成巍乎蕩平而無能名三皇可曰五帝可尤故曰大德壽名位□□湖
龍飛虎雖未攀梧野雀求珠自爲山龜龍虎馬

□伏立前後文武釰笏□衛左右前門有伉香閣□□□哉阿達不崩下騫前聖之澤愈
久愈近後人之爾彌筵祭聖拜刊□頌何萬億

年朝鮮初開紀元四千二百六十九年丙子九月朔朝從仕郎前崇仁殿參奉洪大修謹撰

(後面)

檀君陵은 옛날조상 째부터 받들어나려오더니 正祖째나라에서 봉축을고처하였
으나 또

□□요 이제는 오로지우리의일이다 지난辛酉에 金永弼이 이골선비와 의논하고
□□□를

두르고 門을세웠고 첫여듧해가곳戊辰이매 이戊辰이 일흔두번재임을 □□하야

□□□□ 새로워 능소호의 의논을 거듭하다가 또다섯해되던壬申에 金壽哲金
商俊 등의 □□으로 다시

檀君陵修築期成會가되매 □□ 가까운□□이 정성을모드여 여러해만에 修築
□□을 마치 □□□□□□□□연□를 이같이 써서 돌을 새기고 정성을바친자
의 성명과 그액수

□□□□□□□□하야두노라

(左側面)

檀君陵修築期成會役員一同

會　長　金商俊

副會長　金履初

書　記　尹宜洪 文漢植

會　計　金淵羽

當　務　白仁奎 金聲淑 鄭斌容 金天羽

　　　　金永俊 金重寶 元容濟

顧　問　金□(壽)哲 金光一 金永弼 朴元三 白樂善 金達龍

　　　　張雲景 金商和

收金員　張雲翼 黃貞俊 孫昌俊 朱鉉慤 朱一相 朴元三 金瓚衡 韓基淳

　　　　蔡仁俊 李益化 白樂仁 李權□ 金□兼 張翼宙 金益祚 白庸洙

　　　　白仁煥 張在炯 金礪燮 朴基鎭 李達慶 李景善 李夔淳 李在根

　　　　企晶鎭 □□□ 金錫奎 金壽星 黃君甫 李景烈 金翰林 金基昌

　　　　李復燮 李洪洙 尹國煥 金永權 禹聲龍 金達龍 黃昌淳 丁三淵

　　　　韓亨俊 金永吉 李益善 金明喜 金觀淑 洪大修 金□洙 申麟杰

(右側面)

　□□□ □□□ □□□ □□□ □□□ □□□ □□□ □□□

十五円 李現龍 十五円 金聲甲 十五円 李慶善 十五円 李秉燮 十円 洪大修

　□□ □□□ □□ □□□ □□ □□□ □□ □□□ 十円 張雲翼 十円 朱鉉
慤 十円 白樂仁 十円 鄭斌容 十円 朴基鎭 十円 金商武

　□□ □□□ □□ □□□ □□ □□浩 十円 徐學魯 十円 朱升鍾 十円 堀江
章 十円 金履初 十円 尹宜洪 十円 李載根 十円 尹完燮

　十円 金天羽 十円 黃斗星 十円 金鼎燮 十円 黃貞俊 十円 □□□ 十円 金達龍
十円 韓亨俊 十円 李復燮 十円 朴秉直 十円 崔楨葵

　十円 黃從善 十円 金瓚伯 十円 趙將鎬 十円 金永權 十円 金永俊 十円 李潤根
十円 李得華 十円 洪國善 十円 尹秉呂

　十円 平壤 金光一 十円 京城 金用茂 十円 平壤 金永弼 十円 □□ □□□ 十円
大同 李敎植 十円 安州 金仁梧 十円 平原 宋桂淳 十円 順川 高陽鳳 十円 平壤
金奭應 十円 朴尙煥

『檀君敎復興經略』(鄭鎭洪, 1937)

　檀祖陵寢이 江東郡邑西距二里地에在하니 卽衣履葬이시라 地名은 檀君洞이라함으
로 卽馳進奉審하온즉墳墓上雜草가甚爲荒蕪한지라 是必禁護無人인가하고 探問則傍有
頹屋石室一座하니 乃曰　檀君殿이라고도하며 或稱社稷直家라하난지라 招其家主人하

니女子가來曰乃夫가卽　檀君陵所守護直而姓名은朴楨天이라適出他라하난지라問　局
內伐草난何時爲之乎아答八月間爲之라하난지라又曰墳墓上雜草가甚荒蕪하얏스니侍
守護人還來하야八月에伐草를正式으로할지라도爲先雜草를除去하난게可한즉　墳墓
上荒草만除斬케하라하고當日午料幾十錢을出付하얏스니卽戊午五月初三日也라

『旅と傳說』14-9[통권 165](佐佐木五郎, 1941)「平壤附近の傳說と昔話」중
「檀君の話」, 東京 三元社

　지금부터 몇 천 년 전 옛날에, 조선에 단군이란 사람이 하늘에서 내려와서 그
나라를 다스렸지만, 상대가 되는 여인이 한 사람 필요해서 많은 짐승들을 모아서
한 동굴에 넣고 가장 오랫동안 아무 것도 먹지 않고 견딜 수 있는 자를 인간으로
만들려고 했다. 짐승들도 기뻐하며 동굴에 모여 기어들어 갔지만, 날짜가 경과함
에 따라 배가 고파서 차츰 동굴에서 나왔고, 가장 최후에는 사자와 곰 두 마리만
남아서 버텼다. 그러나 사자도 마침내 져서 나왔다. 그러자 갑자기 綺麗한 여자
가 되어 단군과 살았다. 잠시 뒤 어느 날 단군이 백마를 타고 諸國을 순시하는
도중 草鞋가 밖으로 떨어졌다. 村人들은 그 초혜가 떨어진 곳에 무덤을 만들고
단군의 廟를 만들었다. 이것이 지금의 강동군 강동면 漆浦里의 규모가 큰 단군릉
이다.

『啓蒙朝鮮史略』(菅原龍吉, 1875)「三韓記」第一 檀君

　檀君姓ハ桓氏名ハ王儉朝鮮初ノ君長ナクシテ只九種ノ夷族アリ時ニ神人桓
因ノ子桓雄トイフ者アリ其ノ徒三千ヲ率テ太伯山[平安道寧辺府ニアリ今ノ妙
香山]神檀樹ノ下ニ降レリ人之ヲ神市ト謂フ世ニ在リテ政ヲ理シ化ヲ施ス子ヲ
生ミ号ノ檀君ト曰フ唐ノ戊辰[帝堯ノ二十五載ナリ]ニ位ニ卽キ始テ朝鮮ト号ス
平壤[今ノ平壤府]ニ都セリ後白嶽[文化縣ニ在リ移ル非西岬ノ河伯ノ女ヲ娶テ
子ヲ生ム名テ扶屢ト曰ヘリ丁巳ノ歳[夏ノ禹王元年]禹南方ニ巡狩シテ諸侯ヲ塗
山ニ會ス扶屢焉ニ朝セリ塹城壇ヲ海島中ニ築キ以テ天ヲ祭ル又三子ニ命ノ城ヲ
築カシム[今倶ニ江華府ニ在リ]薨　ス杢壤[江東縣ニ在リ]ニ葬ル後嗣箕子ヲ避
テ都ヲ藏唐京[文化縣ニ在リ]移ス世ヲ傳フル凡テ一千五百年

『朝鮮史』(林泰輔, 1892) 第二篇「太古史」第一章「開國ノ起原」

東國史略ニ檀君姓ハ桓氏 名ハ王儉 初神人桓因ノ子桓雄アリ 徒三千ヲ率テ 太伯山[平安道妙香山]神檀樹ノ下ニ降ル 之ヲ神市在世理ト云フ 子ヲ生ス 號シテ 檀君ト曰フ 非西岬河伯ノ女ヲ娶リ 子ヲ生ム 扶屢ト曰フ 禹ノ南ニ巡狩シ諸侯ヲ 塗山ニ會スルトキ 扶屢ヲ遣シテ朝セシム 其薨ズルヤ松壤[平安道成川府]ニ葬 世ヲ傳フルユト 凡一千五百年ト云ヘリ 故ニ或人曰ク 桓ハ神ナリ 桓因ハ神伊 弉諾ノ略 桓雄ハ神須佐ノ男ノ略 神市在世理ノ市在ノ須佐ニテ 卽須佐之男ナル ベシ檀君ハ太祈ニテ 素盞鳴尊ノ子五十猛神ナリ 蓋素盞鳴尊 其子五十猛神ヲ帥 テ 新羅國ニ到リ曾尸茂梨ニ居リシコト 我國史ニ見エ 又五十猛神 一名ヲ韓神ト 云ヒタレバ 事實大略符合ヒリト 此說亦牽强ニ近シ 始ク附シテ參考ニ供ス

사전

『大東韻府群玉』(權文海 1534〜1591) 권14, 去聲 遇 墓,「檀君墓」

江東縣西有大塚 周四百十尺 諺傳檀君墓[勝覽]

『增補文獻備考』(朴容大 等 1908) 권70, 禮考17,「山陵」

檀君墓 在平安道江東縣西三里 周四百十尺

臣謹按輿地勝覽云 俗傳檀君墓 在江東 此雖無端的證據 而自右相傳之說 必有以也

[續] 本朝正宗十年 置守護軍二名 定禁標三十步

[補] 英祖二十二年 命自檀君至前朝諸王陵 令道臣待秋修治 自儀曹降香致祭

[補] 三十九年 命修檀君箕子及新羅百濟高句麗始祖之陵

영문잡지

H.G. Appenzeller, 1895.3, *KI TZA; The Founder of Korean Civilization,* THE KOREAN REPOSITORY

The original name of Korea, so says, the native chronicler, was *Tong Pang*, the Eastern Country. Korean history, or perhaps more correctly, legend begins with *Dan Koun*; a divine person who came from the spirit world and was found at the foot of a tree, according to some traditions, in the *Great White Mountain* and by others in *Myo Hyang San* in the province of *Pyeng An*. The people by common consent, took this divine being and made him their King. He reigned in Pyeng Yang for 1048 years. So we are informed in the "History of Korea for the Young." He taught the people to bind up their hair in the present top-knot fashion and his land he called *Choson*, Morning Freshness and not Morning Clam. Having reigned his allotted time he entered a mountain and assumed his former spirit nature.

We can take space to give only one more of the several accounts of the origin of Dan Koun, which is as follows: A spirit came from heaver and lighted upon Great White Mountain that stands sentinel on the north side of the magistracy of *Yeng Pyeng*. He met a she bear under an altar, and she became a woman. From this union a son was born and was called Dan Koun-a Prince from under the Altar. This being reigned according to some authorities 1048 years, according to others 1017. At what age he was proclaimed king, whether at his birth or some years later, we are not informed. One writer *Hong, Man Chong* making a comment on the length of Dan Koun's reign says that men at that time lived to a much greater age than now and mentions *Pang Cho* who lived for 800 years and *Kuang Seng Cha* who reached the venerable age of 1200 years-231 years more than Methuselah.

On the departure of *Dan Koun, Ki Tza* came from China as King of *Choson*. ···

H.B. Hulbert, 1895.6, *THE ORIGIN OF THE KOREAN PEOPLE*, THE KOREAN REPOSITORY

··· The first ray which pierces the darkness of Korean antiquity is the legend of the Tan Gun. A bear was transformed into a woman who, being pregnant by a divine being, brought forth a child who in later years was found seated under a tree, on Ta Pak San(The present Ta Pak San is in the province of Kiung Sang but the old one was in Pyung An province and is now called Hyang San), by the people of the nine wild tribes then inhabiting northern Korea. These nine tribes were Kyon-i, U-i, Pang-i, Hyun-i, Pak-i, Hoang-i, Chok-i, P'ung-i, Yang-i. There is nothing to show that these wild tribes differed in any essential respect from the other northern tribes.

They were presumably a branch of the great Turanian family which spread over northern Asia, eastward to the Pacific and westward as far as Lapland if not further.
...

Mrs. D.L. Gifford, 1895.8, *PLACES OF INTEREST IN KOREA,* THE KOREAN REPOSITORY, KOU-WOL-SAN

In the western part of the province of Whang Hai is Kou-wol-san, one of the largest mountains of the province, on the top of which is a fortress in extent equal to the walls of Seoul. The interior of the fortress is heavily timbered. On the mountain are twenty-four Buddhist temples built in the days of Korai, when Buddhism was more popular than at any other period in the history of the country. On this mountain is the cave where Dan Koun is said to have said laid aside his mortal form without dying, when he resumed his place among the spiritual beings. With some surprise we find his grave in the southern part of the Ping An province in the Kang Tong magistracy. To reconcile the tradition of his transformation with the fact that his grave seems to testify to his having been buried, we must remember the custom the Koreans followed in those ancient days when mysterious disappearances were so common, of burying some article of colthing which had been worn by the individual or perhaps something which he had been accustomed to use more or less constantly, as in case of a certain noted warrior, his riding whip was interred in lieu of the body.

PYENG YANG

We find much of historical interest centering around Pyeng Yang, the seat of government in the days of Dan Koun, the "Son of Heaven," who reigned in person from 3000 to 2000 B.C. Afterward from 1100 B.C. till 200 B.C. Ki-ja and his descendants held their court here, and built a wall around the city, which still exists.
...

KANG WHA

··· The mountains are well wooded and picturesque. On Ma-yi-san is an ancient altar forty five feet in diameter at which it is said Dan Koun worshiped. ···

Jas.S. Gale, 1895.8, *KOREAN HISTORY-Translations from the Tong-gook T'ong-gam-*, THE KOREAN REPOSITORY

In B.C. 2332 a spirit being a ligthed under a sandal-wood tree on Tabak mountain, Yung-pyun, P'yung-an province. The people of the country gathered round, made him their chief, and proclaimed him Tan-goon, king of Chosun. He built his capital at P'ing-yang in the 25th. year of the Yo Emperor of China, again he built another capital at Pag-ak mountain, and in the year B.C. 1324 he ascended into heaven from the Adal hills, Kang-dong District.

Notwithstanding his miraculous ascension, he has had several graves built to him. One is in Choong-hwa and was repaired as late as 1890 by the governor of P'yung-an Province. There twice every year the nation offers a sacrifice of raw meat and uncooked food to Old Sandalwood, (Tangoon) and prayers for the occasion are printed and set from Seoul by the Minister of Ceremonies.

참고문헌

1. 자 료

1) 고려~조선시대

사　서-『삼국사기』,『삼국유사』,『제왕운기』,『고려사』,『고려사절요』,『기년동
　　　사략』,『기년아람』,『대동장고』,『동국사략』,『동국역대총목』,『동국통
　　　감』,『동국통감제강』,『동사강목』,『동사례』,『동사보유』,『동사절요』,
　　　『동사찬요』,『동전고』,『삼국사절요』,『연려실기술』,『표제음주동국사
　　　략』,『해동역사』,『국조보감』,『승정원일기』,『역대세년가』,『열성어제』,
　　　『용비어천가』,『응제시주』,『일성록』

실　록-『태종실록』,『세종실록』,『단종실록』,『세조실록』,『성종실록』,『선조실
　　　록』,『숙종실록』,『영조실록』,『정조실록』,『고종실록』,『순종실록』

지리지-『경상도지리지』,『신증동국여지승람』,『평양지』,『동국여지지』,『여지
　　　도서』,『대동지지』,『관서읍지』(1871),『관서읍지』(1895),『강동지』
　　　(1935),『山水志』(洪世泰 編)

문　집-『경암집』(吳汝撥, 1570~1635),『고당집』(金圭泰),『관암전서』(洪敬模),『국담집』(朴
　　　壽春, 1572~1652),『기언』(許穆, 1595~1682),『눌재집』(梁誠之),『대동장고』(洪
　　　敬模, 1774~1851),『대은선생실기』(邊安烈),『東國十志』(裴象鉉, 1814~?),『동국
　　　이상국집』(이규보),『동리집』(李殷相, 1617~1678),『두실오언』(李煥模),『명고
　　　전집』(徐明膺),『무명자집』(尹愭, 1741~1826),『반계잡고』(柳馨遠),『비와집』(鄭
　　　重岱, 1691~1762),『석재집』(尹行恁, 1762~1801),『설암잡저』(秋鵬),『성소복
　　　부고』(許筠, 1569~1618),『성호전집』(李瀷),『수산집』(李種徽),『순오지』(洪萬宗,
　　　1643~1725),『식산집』(李萬敷, 1664~1732),『쌍매당협장집』(李詹),『약산만고』
　　　(南九萬),『약천집』(南九萬),『양촌집』(權近),『여암전서』(申景濬, 1712~1781),
　　　『연파시초』(金進洙, 1797~1865),『연천집』(洪奭周, 1774~1842),『원교집』(李匡
　　　師),『월저당대사집』,『이계집』(洪良浩, 1724~1802),『이재전서』,『임하필기』
　　　(李裕元),『입재유고』(姜再恒),『위암문고』(張志淵),『전주사가시』(李德懋, 1741~
　　　1793),『정재집』(朴泰輔, 1654~1689),『珠淵選集』(고종),『청장관전서』(李德懋),

『청학집』(趙汝籍), 『총사』(洪敬模), 『추재집』(趙秀三, 1762～1849), 『춘관통고』(柳
義養), 『택당집』(李植, 1584～1647), 『풍암집화』(柳光翼, 1713～1780), 『학주전집』
(金弘郁, 1602～1654), 『한강집』, 『해동악부』(李福休), 『해동이적』(黃胤錫), 『허백
당집』(成俔, 1439～1504), 『호곡집』(南龍翼, 1628～1692), 『홍재전서』(정조), 『회
헌선생실기』(安珦)

기　타─『대동운부군옥』(權文海, 1534～1591).

　　　2005, 『해동금석원』, 고구려연구재단.

　　　2005, 『고조선·단군·부여 자료집(상·중·하)』, 규장각.

　　　김용선 편저, 1997, 『朝鮮後期 地方地圖』─平安道編 上─, 민족문화.

　　　한국학문헌연구소 편, 1986, 『高麗墓誌銘集成』, 한림대 아시아문화연구소.

　　　『平安道邑誌』, 아세아문화사.

2) 한말~일제강점기

신문·잡지

『대구매일』, 『대한매일신보』, 『동아일보』, 『매일신보』, 『신한민보』, 『조선일보』,
『조선중앙일보』, 『중외일보』, 『황성신문』, 『서우』 1(1906.12), 『개벽』 10(1921.4),
『삼천리』 10-5(1938.5)

국내자료

高裕相, 1930, 『五千年 朝鮮歷史』.

金洸, 1928, 『大東史綱』.

김교헌, 1914, 『신단실기』.

金宗漢, 1924, 『朝鮮史略』.

金澤榮, 1902, 『東史輯略』.

金澤榮, 1905, 『歷史輯略』.

대종교 편, 『단조사고』.

朴容大, 1908, 『增補文獻備考』.

朴晶東, 1908, 『初等大東歷史』.

朴海默, 1924, 『半萬年 朝鮮歷史』.

安鍾和, 1909, 『初等本國歷史』.

魚允迪, 1915, 『東史年表』.

元泳義·柳瑾, 1906, 『新訂東國歷史』.

柳　槿, 1908,『初等本國歷史』.

兪星濬, 1908,『大東歷史略』.

張道斌, 1925,『朝鮮偉人傳』.

金輔鍵 편, 1933,『箕城儒林名家世誼譜』, 평양 강서읍내　三共印刷所.

장도빈, 1936,『평양지』, 평양상공사.

鄭寅琥, 1906,『初等大韓歷史』.

鄭鎭洪, 1937,『檀君敎復興經略』.

조원시(Jones, George Heber), 1903,『국문독본』.

學　部 편, 1895,『朝鮮歷史』.

學　部 편, 1899,『東國歷代史略』.

玄　釆, 1899,『東國歷史』.

『丹齋申釆浩全集』.

『白巖朴殷植全集』.

「단군릉기적비」.

일본자료

菅原龍吉, 1875,『啓蒙朝鮮史略』.

伴蒿蹊,『舊記集錄』.

林　曳, 1666,『東國通鑑』.

林泰輔, 1892,『朝鮮史』.

조선총독부, 1915,『朝鮮古蹟圖譜』(1995, 민족문화　영인본).

조선총독부, 1916,『朝鮮半島史編成の要旨及順序』.

重野安繹·久米邦武·星野恒, 1888,『國史眼』.

幣原坦, 1924,『朝鮮史話』.

弦間孝三, 1934,『平壤大誌』, 衛生彙報社.

廣瀨憲, 1924,「檀君傳說と平壤」『古朝鮮と平壤』, 平安南道敎育會.

今西龍, 1921,「檀君考」『朝鮮古史の硏究』.

那珂通世, 1894,「朝鮮古史考」『史學雜誌』5-4.

稻葉岩吉, 1922,「朝鮮の文化問題」『支那社會史研究』.

白鳥庫吉, 1894,「檀君考」『學習院輔仁會雜誌』28.

黑板勝美, 1916.11,「大同江附近の史蹟」『朝鮮彙報』.

사전

단국대 동양학연구소, 2001, 『한화대사전』, 단국대출판부.
諸橋轍次, 『大漢和辭典』.

영문잡지

THE KOREAN REPOSITORY, 1895.3.
THE KOREAN REPOSITORY, 1895.6.
THE KOREAN REPOSITORY, 1895.8.

2. 저 서

강동군지편수위원회, 1984, 『江東郡誌』.
고하선생전기편찬위원회, 1965, 『古下宋鎭禹先生傳』.
김동환 역, 2006, 『단조사고』, 한뿌리.
김두진, 1999, 『한국고대의 건국신화와 제의』, 일조각.
김성환, 2002, 『高麗時代의 檀君傳承과 認識』, 경인문화사.
김성환, 2009, 『일제강점기 단군릉수축운동』, 경인문화사.
김린서, 1962, 『韓國敎會殉敎史와 그 說敎集』, 신앙생활사.
나희라, 2003, 『신라의 국가제사』, 지식산업사.
사회과학원 력사편집실 엮음, 1994, 『단군과 고조선에 관한 연구론문집』, 사회
　　　과학출판사.
사회과학출판사, 1994, 『고조선력사개관』.
사회과학출판사, 2001, 『조선지명편람(평양시)』.
사회과학출판사 편, 2003, 『우리민족의 원시조 단군』.
송호정, 2004, 『단군, 만들어진 신화』, 산처럼.
신종원 엮음, 2005, 『일본인들의 단군 연구』, 한국학중앙연구원.
윤이흠 외, 1994, 『檀君; 그 理解와 資料』, 서울대출판부(1997, 증보 『檀君; 그 理
　　　解와 資料』, 서울대출판부)
윤이흠·서영대·김성환·이욱·장장식·최종수, 2009, 『강화도 참성단과 개천대제』,
　　　경인문화사.
이강래, 1998, 『국역 삼국사기』, 한길사.
이만열, 1990, 『丹齋 申采浩의 歷史學 硏究』, 문학과지성사.

이병도, 1991, 『국역 삼국사기』, 을유문화사.
이상호 편, 1991, 『북역 삼국사기』(상), 신서원.
이형구 엮음, 1993, 『단군을 찾아서』, 살림터.
이형구, 1999, 『단군과 고조선』, 살림터.
장우진, 2000, 『조선 민족의 발상지 평양』, 사회과학출판사.
장우진, 2002, 『조선 민족의 력사적 뿌리』, 사회과학출판사.
장우진, 2002, 『조선민족의 원시조 단군의 유골감정보고』, 사회과학출판사.
조동걸, 1998, 『現代韓國史學史』, 나남출판.
채미하, 2008, 『신라 국가제사와 왕권』, 혜안.
최광식, 1994, 『고대한국의 국가와 제사』, 한길사.
하정용, 2005, 『삼국유사 사료비판-편찬과 간행과정에 대한 연구-』, 민족사.
한국학문헌연구회 편, 1983, 『佛國寺誌(外)』, 韓國寺志叢書 11, 아세아문화사.
허종호 등, 1999, 『고조선력사개관』, 사회과학출판사.
허흥식, 2006, 『한국 신령의 고향을 찾아서』, 집문당.

3. 논 문

1) 국 문

강돈구, 2000, 「새로운 신화 만들기-재야사학계에 대한 또 다른 이해-」 『정신문
    화연구』 78, 한국정신문화연구원.
강룡남, 1996, 「단군에 대한 고구려사람들의 리해와 숭배」 『력사과학』 1996-2.
강룡남, 2004, 「단군에 대한 우리 선조들의 리해와 숭배」 『조선고대사연구』 2,
    사회과학출판사.
강만길, 1969, 「李朝時代 檀君崇拜」 『李弘植博士回甲紀念韓國史學論叢』.
강병수, 2005, 「조선후기 성호학파의 단군조선 인식」 『선도문화』 2, 선도문화연구원.
강인숙, 1999, 「단군의 출생지에 대하여」 『력사과학』 1999-3, 과학백과사전종합
    출판사.
권승안, 2003, 「동방문명국건설에 이바지한 단군의 신하들」 『민족문화유산』
    2003-3, 조선문화보존사.
권오영, 2003, 「단군릉 사건과 대동강문화론의 전개」 『북한의 역사만들기』, 푸
    른역사.
김두진, 2000, 「단군에 대한 연구의 역사」 『한국사시민강좌』 27, 일조각.
김명섭, 2008, 「발해의 령역확장에 반영된 고구려계승의식에 대한 고찰」 『력사

과학』 206.

김봉환, 「강동과 성천일대에 분포되어 있는 단군 및 고조선 관계지명에 대하여」
　　　『력사과학』.

김성미, 2003, 「단군릉기적비」『민족문화유산』 2003-3(누계 11), 조선문화보존사.

김성준, 2006, 「고려의 서경(평양)중시정책에 대하여」『김일성종합대학학보』 396.

김성환, 1992, 「朝鮮初期 檀君認識」『明知史論』 4, 명지사학회.

김성환, 1996, 「고려시대 강화지역이 단군숭배」『대학원논문집』 1, 명지대대학원.

김성환, 1996, 「高麗時代 三聖祠의 檀君崇拜」『백산학보』 46, 백산학회.

김성환, 1998, 「高麗時代 平壤의 檀君傳承」『문화사학』 10, 한국문화사학회.

김성환, 1999, 「단군신화의 기원과 고구려의 전승」『단군학연구』 3, 단군학회.

김성환, 1999, 「檀君傳承의 類型(Ⅰ)」『中央史論』 12·13합집, 중앙사학연구회.

김성환, 1999, 「檀君傳承의 類型(Ⅱ)」『사학지』 32, 단국대 사학과.

김성환, 2000, 「高麗時代 妙香山의 檀君傳承」『명지사론』 11·12, 명지사학회.

김성환, 2000, 「高麗 前·中期의 檀君認識」『백산학보』 57, 백산학회.

김성환, 2003, 「高麗時代의 檀君傳承과 古朝鮮 認識」『단군학연구』 8, 단군학회.

김성환, 2005, 「고려왕실의 '龍孫'認識-神聖認識에 관한 예비적 검토-」『동봉신
　　　천식교수정년기념사학논총』, 경인문화사.

김성환, 2006, 「일제강점기 ≪강동지≫의 편찬과 내용」『한민족연구』 1, 한민족학회.

김성환, 2006, 「대종교계 사서의 역사인식-상고사 인식을 중심으로-」『한민족
　　　연구』 2, 한민족학회.

김성환, 2006, 「대종교 관련 필사본「佈明本教大旨書」에 대하여」『단군학연구』
　　　14, 단군학회.

김성환, 2006, 「고려시대 단군관의 역사적 정립」『白山學報』 75, 백산학회.

김성환, 2006, 「朝鮮時代 檀君墓에 관한 認識」『한국사학사학보』 13, 한국사학사학회.

김성환, 2007, 「일제강점기「檀君陵記蹟碑」의 건립과 단군전승」『사학연구』 86,
　　　한국사학회.

김성환, 2008, 「단군 연구사의 정리와 방향-단군릉 발굴 이후 역사학 분야 성과
　　　를 중심으로-」『단군학연구』 18, 단군학회.

김성환, 2008, 「강화도 단군전승의 이해와 인식-문집 자료를 중심으로-」『인천
　　　학연구』 8, 인천학연구원.

김성환, 2009, 「국가제사에서의 단군과 참성단 제사」『강화도 참성단과 개천대
　　　제』, 경인문화사.

김성환, 2008, 「선가 자료『청학집』의 자료적 검토」『한국 선도 관련자료의 수
　　　집·교감·심화해제』 발표 자료집, 국학연구원.

김성환, 2009, 「전통시대의 단군묘 인식」『고조선연구』1, 고조선학회.

김세준, 2008, 「고조선건국전설과 부여건국전설의 호상관계」『민족문화유산』30.

김송현, 2006, 「동명왕제사를 통하여본 고구려의 조선적 성격」『北方史論叢』9, 고구려연구재단.

김아네스, 2008, 「고려시대 산신 숭배와 지리산」『역사학연구』33, 호남사학회.

김영경, 1984, 「삼국사기와 삼국유사에 보이는 '고기'에 대하여」『력사과학』2.

김영관, 2005, 「고구려 동명왕릉에 대한 인식변화와 東明王陵重修記」『고구려연구』20, 고구려연구회.

김유철, 2006, 「고조선은 군주제가 지배한 고대국가」『김일성종합대학학보』387.

김은택, 2004, 「고구려는 고조선의 계승국」『력사과학』2004-3.

김정배, 1987, 「檀君記事와 관련된 '古記'의 性格」『韓國上古史의 諸問題』, 한국정신문화연구원.

김철수, 2004, 「<강계고>에 반영된 단군조선 관계 력사지리 자료에 대한 고찰」『력사과학』2.

김현우, 2005, 「고조선의 건국시조 단군의 출생지에 대하여」『력사과학』193.

노태돈, 1982, 「三韓에 대한 認識의 變遷」『한국사연구』38, 한국사연구회.

로승민, 2000, 「≪평양지≫의 사료적 가치」『력사과학』174(2000년 1호).

리광희, 2007, 「고구려의 왕호에 대한 몇가지 고찰」『력사과학』202.

리기원, 「단군 및 고조선의 지명과 '정주읍도록'에 대하여」『력사과학』.

리기원, 1996, 「성천의 옛 지도 ≪성주읍도록≫에 반영된 단군 및 고조선관계 지명에 대하여」『력사과학』157(1996년 제1호).

리명철, 2008, 「위대한 수령 김일성동지께서 고조선, 고구려, 고려시조왕릉들의 개건발굴사업을 이끄신 현명한 령도」『김일성종합대학학보』417.

리 성, 2007, 「단일민족의 유구성을 긍지높이 노래한 ≪제왕운기≫」『민족문화유산』25.

리성호, 2003, 「고려시기의 '4선'과 단군숭배관념에 대하여」『사회과학원학보』2003-4(40), 사회과학원학보편집위원회.

문 혁, 2006, 「≪환단고기≫에 대한 사료학적 검토」『한민족연구』2, 한민족학회.

문 혁, 2007, 「단군과 조선민족의 형성」『민족문화유산』27.

박걸순, 2004, 「白巖 朴殷植의 古代史 認識論」『植民地 시기의 歷史學과 歷史認識』, 경인문화사.

박광석, 2004, 「≪標題音註東國史略≫의 歷史敍述과 歷史認識」『역사교육논집』32, 역사교육학회.

박광용, 1980, 「箕子朝鮮에 대한 認識의 변천」『한국사론』6, 서울대 국사학과.

박광용, 1997,「檀君 認識의 變遷」『韓國史學史硏究』-우송조동걸선생정년기념논총 (Ⅰ).

박광용, 2000,「북한학계의 단군 인식과 '단군릉' 발굴」『역사비평』 52, 역사비평사.

박선미, 2006,「근대사학이후 고조선사 연구의 현황과 쟁점」『한국사학보』 23, 고려사학회.

박옥성, 2007,「위대한 수령 김일성동지의 현명한 령도밑에 동명왕릉을 발굴하기위한 투쟁」『김일성종합대학학보』 399.

박인호, 2003,「유형원의 역사지리인식」『조선시기 역사가와 역사지리인식』, 이회.

박종서, 1998,「한말 국가제사의 변화에 대한 사회학적 연구」, 서울대 석사학위 논문.

박혜령, 1999,「민족주의 전통담론과 단군의 수용」『실천민속학연구』 1, 실천민속학회.

사회과학원, 1993.10.2,「단군릉 발굴 보고」.

사회과학원, 1994,「단군릉발굴보고」『단군과고조선에관한연구론문집』, 사회과학출판사.

서영대, 1987,「檀君崇拜의 歷史」『정신문화연구』 32, 한국정신문화연구원.

서영대, 1994,「檀君關係 文獻資料 硏究」『檀君-그 이해와 자료-』, 서울대출판부.

서영대, 1994,「민속종교」『한국사』 16-고려전기의 종교와 사상-, 국사편찬위원회.

서영대, 1999,「강화도 참성단에 대하여」『한국사론』 41·42, 서울대 국사학과.

서영대, 2000,「신화이해의 역사적 변천-북한의 경우를 중심으로-」『정신문화연구』 78, 한국정신문화연구.

서영대, 2001,「한말의 檀君運動과 大倧敎」『韓國史硏究』 114, 한국사연구회.

서영대, 2006,「조선후기 선가문헌에 보이는 상고사 인식-단군문제를 중심으로」『한민족연구』 2, 한민족학회.

서영대, 2008,「韓國 仙道의 歷史的 흐름」『선도문화』 5, 국학연구원.

서영수, 2007,「고조선사의 연구 쟁점과 역사 현장-남북한 학계의 연구를 중심으로-」『고조선사 연구의 현황과 쟁점』, 고조선사연구회 제4회 학술발표회자료집.

서율국, 2008,「≪단군기≫에 반영된 고유명사표기의 특성과 후기표기와의 관계」『조선어문』 151.

서인원, 2000,「訥齋 梁誠之의 歷史地理認識」『龜泉元裕漢敎授停年紀念論叢』下, 혜안.

손영종, 2005,「단군 및 고조선관계 비사들에 대한 리해」『단군과 고조선 연구』,

지식산업사.

송호정, 2005,「재야사학자들의 환상적인 고대사 인식과 그 문제점-단군과 고조
  선사 인식을 중심으로-」『청람사학』12, 한국교원대 청람사학회.

신두환, 2005,「눌재 양성지의 예악사상-시문에 나타난 '조선예악'과 단군」
  『유교사상연구』22, 한국유교학회.

양영걸, 2007,「고려는 동방강국 고구려의 계승국」『민족문화유산』26.

오강원·윤용구, 2003,「북한학계의 고조선·단군 연구 동향과 과제」『북한의 한
  국사 연구동향(1)』, 한국정신문화연구원.

오영철, 2007,「고구려령역인식에 대한 력사적 고찰」『력사과학』201.

이강래, 1996,「三國遺事 引用 古記의 性格」『三國史記典據論』, 민족사.

이선복, 1997,「최근의 '단군릉' 문제」『한국사시민강좌』21, 일조각.

이익주, 2003,「고려후기 단군신화 기록의 시대적 배경」『문명연지』4-2, 한국문
  명학회.

이필영, 1994,「檀君 硏究史」『檀君;그 理解와 資料』, 서울대출판부.

이형구, 1995,「단군릉 기적비 비문」『단군과 단군조선』, 살림터.

이형구, 1999,「단군과 고조선사 연구의 현황과 과제」『단군학연구』1, 단군학회.

임재해, 2005,「산신설화의 전승양상과 산신숭배의 문화」『비교민속학』29, 한
  국비교민속학회.

전주농, 1963,「전동명왕릉 부근 벽화무덤」『각지유적 정리보고』, 과학원출판사
  (1985,「東明王陵附近の壁畫古墳」『五世紀の高句麗文化』, 雄山閣)

전형택, 1980,「朝鮮後期 史書의 檀君朝鮮 敍述」『韓國學報』21, 일지사.

정구복, 1975,「東國史略에 대한 史學史的 考察」『歷史學報』45, 역사학회.

정구복, 1977,「16~17세기 私撰史書에 대하여」『전북사학』1, 전북사학회.

정구복, 1985,「標題音註東國史略 해제」『校勘 標題音註東國史略』, 한국정신문화
  연구원.

정구복, 1993,「高麗 初期의 '三國史' 編纂에 대한 一考」『國史館論叢』45, 국사
  편찬위원회.

정두희, 1976,「朝鮮初期 地理志의 編纂」『歷史學報』69·70, 역사학회.

정영훈, 1995,「檀君과 近代 韓國民族運動」『한국의 정치와 경제』8, 한국정신문
  화연구원.

정영훈, 2001,「근대 한국에서의 단군민족주의」『한국민족운동사연구』29.

정옥자, 1994,「허목」『한국의 역사가와 역사학(상)』, 창작과비평사.

정창열, 1985,「韓末의 歷史認識」『韓國史學史의 硏究』, 을유문화사.

조법종, 1999,「古朝鮮關聯硏究의 現況과 課題-단군인식을 중심으로-」『단군학

연구』창간호, 단군학회.

조법종, 2005, 「한국 고대사회의 고조선·단군인식 연구-고조선·고구려시기 단군인식의 계승성을 중심으로」『先史와 古代』23, 한국고대학회.

조현설, 2000, 「동아시아 신화학의 여명과 근대적 심상지리의 형성-시라토리 쿠라키치, 최남선, 마오둔(茅盾)을 중심으로」『민족문학사연구』16, 민족문화사학회.

조현설, 2006, 「근대계몽기 단군신화의 탈신화화와 재신화화」『민족문학사연구』32, 민족문학사학회.

조희숙, 2004, 『유구한 력사를 자랑하는 단군조선』, 사회과학출판사.

佐佐充昭, 2003, 「한말·일제시대 檀君信仰運動의 전개-大倧敎·檀君敎의 활동을 중심으로-」, 서울대종교학과박사학위논문.

최몽룡, 1994, 「단군릉 발굴에 대한 몇 가지 이견」『한국상고사학보』15, 한국상고사학회.

최병헌, 1994, 「高麗時代 檀君神話 傳承文獻의 檢討」『檀君-그 이해와 자료-』, 서울대출판부.

최석영, 2002, 「한말 일제강점기 國家祭禮 공간의 변화」『한국사연구』118, 한국사연구회.

최인철, 2000, 「전조선왕조의 존속기간」『력사과학』176·177(2000년 2·3호).

최인철, 2004, 「규원사화의 사료적 가치」『력사과학』2.

최인철, 2006, 「≪규원사화≫의 사료적 가치」『한민족연구』2, 한민족학회.

최혜주, 1998, 「시태하라(幣原坦)의 顧問活動과 한국사연구」『國史館論叢』79, 국사편찬위원회.

통일문학편집위원회, 2003, 「단군릉에 깃든 전설」『통일문학』58(2003년 3호), 평양출판사.

하정룡, 1999, 「『三國遺事』所引『古記』考」『書誌學報』23, 한국서지학회.

한영우, 1980, 「16세기 士林의 歷史敍述과 歷史認識」『동양학』10, 단국대 동양학연구소.

한영우, 1981, 「15세기 官撰史書 편찬의 추이」『朝鮮前期史學史研究』, 서울대출판부.

한영우, 1983, 「高麗와 朝鮮前期의 箕子認識」『朝鮮前期社會思想研究』, 지식산업사.

한영우, 1989, 「17세기 중엽 南人 許穆의 古學과 歷史認識」『朝鮮後期史學史研究』, 일지사.

한우근, 1976, 「朝鮮王朝初期에 있어서의 儒敎理念의 實踐과 信仰·宗敎-祭祀問題를 中心으로-」『韓國史論』3, 서울대 국사학과.

허흥식, 1997, 「雪巖秋鵬의 妙香山誌와 檀君記事」『淸溪史學』 13, 청계사학회.

허흥식, 1999, 「九月山 三聖堂史跡의 祭儀와 그 變化」『단군학연구』 1, 단군학회.

허흥식, 2006, 「명산대천의 신령과 신화」『한국 신령의 고향을 찾아서』, 집문당

2) 일문·중문

堀田幸由, 2005, 「北朝鮮における'始祖檀君'教化の政治的背景」『東亞世亞地域研究』 12.

桑野榮治, 1990, 「李朝初期の祀典を通してみた檀君祭祀」『朝鮮學報』 135, 朝鮮學會.

桑野榮治, 1990, 「檀君祭祀儀の分析」『年報朝鮮學』 1, 九州大學朝鮮學研究所.

田中俊明, 1982, 「檀君神話の歷史性をめぐって-史料批判の再檢討-」『韓國文化』 4-6.

佐佐木五郎, 1941, 「平壤附近の傳說と昔話」『旅と傳說』 14-9(통권 165), 東京 三元社.

佐佐充昭, 2000, 「檀君ナショナリズムの形成-韓末愛國啓蒙運動期を中心に-」『朝鮮學報』 174, 朝鮮學會.

佐佐充昭, 2000, 「檀君ナショナリズムの形成-1894～1910を中心に-」『宗教研究』 73-4, 宗教研究會.

佐佐充昭, 2001, 「韓末における檀君教の·重光·と檀君ナショナリズム」『朝鮮學報』 180, 朝鮮學會.

宗 岩, 2003, 「朝鮮的箕子陵與檀君陵」『中國東北邊疆研究』, 中國社會科學出版社.

이 책에 실린 논문들 대부분은 최근 발표한 것들이다. 책을 내면서 약간의 수
정을 하였으며, 한 편의 논문은 새로운 것이다. 그 출전은 다음과 같다.

Ⅱ-1. 2008, 「단군전승檀君傳承과 단군묘檀君墓」『역사민속학』24, 한국역사민속
        학회.
Ⅱ-2. 2009, 「세조의 평양 순행巡幸과 단군묘」『한국사학사연구』19, 한국사학사
        학회.
Ⅲ-1. 2009, 「조선 전기의 단군묘 인식」『정신문화연구』제32권 제1호(통권 114
        호), 한국학중앙연구원.
Ⅲ-2. 2008, 「조선 후기의 단군묘 인식」『단군학연구』18, 단군학회.
Ⅲ-3. 「한말 단군묘 인식과 능陵으로의 숭봉崇封」 -신고新稿

<Abstract>

The Recognition of Tangun's Tomb in Joseon Period

Kim, Sung-hwan

The tales of the Asadal Mountain God and the posthumous transmission of Tangun's tomb(檀君墓) are separate legends. One cannot treat them equally. Mount Asadal(阿斯達), otherwise known as Mount Guwol(九月), is located in North Korea's Hwanghae province, while Tangun's tomb is located in Pyeongyang, the first capital of Old Joseon(古朝鮮). Far from complementing each other, each story shows inconsistencies with the other. The legend dealing with Tangun's tomb had possibly been previously transmitted through the generations in the area of Pyeongyang. leading up to the Koryo period. Daoist geomancers had already made use of this handing down of the tale for political purposes during the middle period of the Koryo dynasty. Some of them had perhaps recognized Tangun as the founder of Old Joseon. They understood themselves as being successors to the lineage originating with the ancestors Tangun, Hwanin(桓因), and Hwanwung(桓雄). The materials relating to a number of the geomancers would have been included in the works Tangungi(壇君記) and Tangunbongi(檀君本紀), books which have long since been lost to the passage of time; however we know that they recognized the existence of Tangun as a historical fact. This recognition was the impetus driving the transmission of the legends. One can set the transmission of these legends as coinciding with Tangungi and Tangunbongi as well as with the transmission of the legends concerning Gija's tomb (箕子墓) down through the generations.

The first record dealing with the site of Tangun's tomb is thought to be contained in PyeongandoJiriji (The Geography of Pyeongan Province), which was compiled in 1455. It relays an administrative policy recommendation made by Yang Seong-ji(梁誠 之) in March of 1456 dealing with the sacrificial rites of ministers and the preservation of the former generation of tombs, in which he broached the subject of the Jeon Jeseon(前朝鮮) emperors' tombs. The significance of this recommendation lies in the fact that he acknowledged the information about Tangun's grave site in the PyongandoJiriji.

Likewise, King Sejo clearly acknowledged the historicity of Tangun as well as ancient Joseon. In the year following his coronation, he ordered the repair of Tangun's shrine, which had collapsed while inventing a system of dressing for sacrificial ceremonies. The perception of Tangun as having been a historical contemporary of Gija from the late Joseon period resulted in "The Founder of Joseon" being inscribed on his ancestral tablet. This inscription also reflected King Sejo's intention to consolidate his power by expelling the newly-instituted political structure. He advanced into Pyeongyang and celebrated the Tangun sacrificial rites which he himself had created, This was the only time these rites were performed at a dynastic shrine. This was an expression of his belief in the legality and tradition of his rule in Ancient Joseon and a conscious symbol linking his consolidated power to the concept of Tangun's historical existence as the founder of Korean history. It was also an expression of his intention to restore the territory of Korguryo. Also, King Sejo's celebration of his own sacrificial rites was performed with the separate aim of paving the way for Tangun's grave site in Kangdong-hyeon to be included as a site of historical interest in Paldo Jiriji(Geography of the Eight Provinces) and Dongkukyeojisungram(Geography of Joseon); he accomplished this by expanding the recognition of Tangun's tomb site among the inhabitants of Joseon.

Located in Kangdong-hyeon, the two tombs of the Korean leaders Tangun and Hwangje (The term means "emperor," as the actual name of the leader had been lost.) represent both the history and culture of this region; from the beginning, however, their historical existence has remained in doubt. The people of Kangdong have naturally concluded that they are in fact Hwangje and Tangun's grave sites. The records related to Wanggum(王儉), the predecessor to Samguksagi(History of Three kingdom period), take the relationship between Pyeongyang and Tangun into consideration when examining this belief. If one assumes that the Pyeongyang listed in these records is the same as present-day Pyeongyang, one can refer to a record contained in Gogi(古記) from Samgukryusa(三國遺事) revealing the Pyeongyangsong (Pyeongyang Castle) to be located in Seogyeong(西京). If we can take this record as an original annotation in Gogi, we can then consider this record to be the oldest documented example of the legend of the Tangun tomb site found in Gogi and assign it to the early Koryo period.

This paper will examine the conveyance of the legends dealing with Tangun's tomb during the first term of the Joseon dynasty in Kangdong, Pyeongan-do. I will begin by discussing in depth the relationship between the transmission of the legends and the Ungjesi(應製詩) type. This type is the result of great efforts to get Tangun declared the father of the Joseon dynasty from a historical point of view.

The first record verifying the transmission of legends concerning Tangun's tomb appears in Dongkukyeojisungram. This document, however, was excluded from the record of Hwangje's tomb in the geographical treatise Sejongsilrok(世宗實錄), which was compiled prior to Dongkukyeojisungram. During the first term of the Joseon dynasty, Tangun was worshiped as a natural God in the area of Mount Guwol; in the Kangdong region, which housed his tomb, however, worship of Tangun almost ceased, and his divinity came close to being entirely rejected by the populace.

Through a version of the Tangun legend appearing in his work Pyojeumjudongku ksaryack(標題音註東國史略), Ryu Hee-ryong(柳希齡) named himself the last of the Tangun emperors. His title of 'National Foundation of Tangun' is one of several in this book. His work is especially significant, because he wrote about the chronological and political aspects of his reign in Old Joseon. He focuses on the death of Tangun and the subsequent funerary rites rather than the belief in Tangun's divinity among the inhabitants of the Mount Asadal region.

The exact period of the Tangun legends cannot be pinpointed accurately. The version circulated in Kangdong located in the Pyeongan province in present-day North Korea includes the birth, life, and death of Tangun. Through the biographical details contained in this legend, knowledge about Tangun's life and deeds, as well as his death and subsequent funeral, spread throughout the Kangdong region.

Scholars began actively debating this topic in the middle of the seventeenth century. One faction considered Hwangje's tomb and Tangun's tomb to be one and the same. This hypothesis must be examined in this discussion, in spite of the fact that most scholars doubt its validity.

Considering the historicity of Hwangje's tomb, Gim Jung-ho(金正浩) conjectured that it might be a royal tomb dating to the Korguryo period sometime after King Jangsu's reign during the fifth century. Gim Jung-ho's research in this area no doubt contributed to his reverent attitude toward learning. As the grave site of a founder of Korea, however, Tangun's tomb was considered to have dated from the late Joseon period.

After the conclusion of a debate begun in 1900 during the late Joseon period, Emperor Sunjong put forth an edict conferring royal mausoleum status to Tangun's tomb. Even as national religious ceremonies commemorating the founding of the Korean empire had been expanded, and the statuses of both the Gija and Dongmyeong (東明) tombs were upgraded to those of royal mausoleums, Tangun's tomb site had been excluded from this honor in spite of pressure by Kangdong-hyeon Confucius scholars. This advocacy was closely connected to the influences of Tangun Nationalism, which had begun to be observed around this time. In fact, Tangun's tomb site had been referred to as a royal mausoleum and his death formally recognized even before Emperor Sunjong's edict.

Reading into the text of Korea history books during the late Joseon period, one should take special note of the modern historical approach to the understanding of Tangun's tomb introduced in Sin Chae-ho(申采浩). In contrast to Bak Un-sik(朴殷植) who merely acknowledged the historical existence of Tangun tomb site this record, emphasizing Tangun's role as conqueror, approached this issue through the explanation of Tangun's tomb as having been formed because of his death in Kangdong during his long journey.

Japanese national scholars, however, while opposing these assertions, denied the Tangun's very existence. Their arguments centered around the belief that the theories of Tangun's historical existence were based on legends equating Tangun with Susano Nomikoto(素盞明尊), which had been circulating since the middle of the seventeenth century. The Nokimoto legend was an important justification for Japan's distortion of Joseon history, becoming the center of the Tangun denial theory after the occupation of Korea had commenced. Basing their arguments on this legend, Japanese scholars sought to refute historical facts about ancient Joseon. Under the guise of modern historical treatises, they further expanded these theories to apply to other aspects of Korean history. After accepting Buddhism, they attempted to reinterpret the Yeongiseolhwa(Story of Fate) as a local legend which sought to place the center of Korean civilization in the Pyeongyang area. Due to these influences, the concept of the grave site as Tangun's final resting place could not avoid being excluded from serious historical consideration.

In 1909 the concept of Tangun underwent a transformation in which it transcended mere concerns about his existence or mausoleum status following a trip to the tomb made by Emperor Sunjong and Ito Hirobumi(伊藤博文). Ultimately, however, this visit and the subsequent re-imaging proved to be merely the result of both Japanese and Emperor Sunjong's elaborate political machinations. Moreover, from the Korean empire's point of view, this conceptual expansion proved to be merely the last gasp of Korea in its attempt to hold on to its national power which had already disappeared in all but name. In other words, the expanded understanding of Tangun led to Japan's calculated political maneuvering, consisting of using the issue of Tangun's tomb site as the justification for consolidating its colonial power in Joseon and exploiting the Korean empire's attempts to promote the successor to Korean history.

Scholars cannot verify the historical accuracy of the transmitted legends at all.

Scholars have debated the veracity of the events contained in this legend since the middle of the seventeenth century. Some of them understood the Hwangje's tomb to be an additional tomb of Tangun. Once again, we must include this theory in the discussion in spite of the fact that they are met with general skepticism among Korean scholars.

Key Words : Tangun Transmission(檀君傳承), Tangun's Tomb(檀君墓), Asadal Mountain God(阿斯達山神), Tangungi(壇君記), Tangunbongi(檀君本紀), Hwangje's tomb(皇帝墓), Kangdong(江東), Gim Jung-ho(金正浩)

찾아보기

ㄱ

경인한국학연구총서

*학술원 우수학술 도서   **문화관광부 우수학술 도서